CB136437

OPTIMAL

Daniel Goleman e Cary Cherniss

Optimal

Como atingir o desempenho máximo nas equipes e na liderança

TRADUÇÃO
Cássio de Arantes Leite

OBJETIVA

Copyright © 2024 by Daniel Goleman e Cary Cherniss

Grafia atualizada segundo o Acordo Ortográfico da Língua Portuguesa de 1990, que entrou em vigor no Brasil em 2009.

Título original
Optimal: The Emotionally Intelligent Organization

Capa
Alceu Chiesorin Nunes

Preparação
Natalia Engler

Índice remissivo
Probo Poletti

Revisão
Marise Leal
Luciane H. Gomide

Dados Internacionais de Catalogação na Publicação (CIP)
(Câmara Brasileira do Livro, SP, Brasil)

Goleman, Daniel
Optimal : Como atingir o desempenho máximo nas equipes e na liderança / Daniel Goleman e Cary Cherniss ; tradução Cássio de Arantes Leite. — 1ª ed. — Rio de Janeiro : Objetiva, 2024.

Título original : Optimal : The Emotionally Intelligent Organization.
ISBN 978-85-390-0810-0

1. Administração 2. Inteligência emocional 3. Liderança 4. Sucesso nos negócios I. Cherniss, Cary. II. Título.

24-193047 CDD-658.4

Índice para catálogo sistemático:
1. Inteligência emocional : Administração 658.4

Tábata Alves da Silva - Bibliotecária - CRB-8/9253

Todos os direitos desta edição reservados à
EDITORA SCHWARCZ S.A.
Praça Floriano, 19, sala 3001 — Cinelândia
20031-050 — Rio de Janeiro — RJ
Telefone: (21) 3993-7510
www.companhiadasletras.com.br
www.blogdacompanhia.com.br
facebook.com/editoraobjetiva
instagram.com/editora_objetiva
twitter.com/edobjetiva

Sumário

PARTE IV: O FUTURO DA INTELIGÊNCIA EMOCIONAL

Introdução

Nossa disposição otimizada

Imagine-se na pele da atleta croata Ajla Tomljanović na quarta rodada do US Open de 2022: ela derrotaria a estadunidense Serena Williams no que seria a última partida dessa lenda do tênis. Serena vencera o torneio de Grand Slam 23 vezes, e nesse dia jogava no auge de suas habilidades. Além disso, os 24 mil espectadores espremidos no maior estádio de tênis do mundo estavam claramente do lado dela.[1]

Quase todos "torciam pela vitória de Williams", inclusive os milhões que assistiam à transmissão da partida. Pense em "todo o barulho, os gritos a favor de Williams, as vaias indecorosas quando Tomljanović errava um saque, as celebridades presentes na arquibancada, os vídeos em homenagem a Williams". Mas Tomljanović tinha uma arma secreta. Seu pai, ex-campeão de handebol profissional e seu primeiro treinador, ensinou-a a se concentrar e acalmar os nervos. "Ele lhe mostrou o que o arremessador no filme *Por amor*, interpretado por Kevin Costner, faz no meio de uma partida perfeita, direcionando seu foco para a luva do receptor e ignorando todo o resto no estádio." Tomljanović lembrou o conselho do pai e manteve o foco.

Depois do jogo, ela afirmou: "Assim que pisei na quadra, mal olhei para o que acontecia ao meu redor. Permaneci completamente fechada em minha pequena bolha". Ela manteve esse foco intenso por mais de três horas e disputou a melhor partida de sua carreira, derrotando Serena Williams em três sets.

O maravilhoso desempenho da croata nesse jogo de tênis exemplifica o *flow*, um estado de completa imersão em que a pessoa executa algo no máximo de sua capacidade. Esse foco extraordinário nos ajuda a dar nosso melhor, como examinaremos em detalhes. E o estado emocional também é importantíssimo, pois qualquer pensamento incômodo tira nossa total concentração. É a isso que atletas de alta performance se referem quando falam em "jogo mental": estão competindo com outros que dominam o esporte no nível mais elevado, de modo que o estado interno e o foco de cada um são determinantes para a vitória.

Porém, como na maioria das vezes o *flow* se refere a eventos raros e até efêmeros em nossa vida, nós, autores deste livro, preferimos um objetivo mais realista e fácil de executar: a sensação gratificante de que tivemos um dia bom, produtivo segundo as premissas válidas para cada um. É a isso que nos referimos com o termo "*optimal*", ou "otimização".

Nosso argumento é o de que os holofotes sobre realizações espetaculares como a de Tomljanović negligenciam os indícios e as condições — no caso dela, o foco extremamente aguçado — que nos possibilitam encontrar esse estado otimizado em que obtemos o melhor desempenho possível.

Suspeitamos que a busca por alcançar o patamar mais elevado — independentemente do que corresponda para cada um à fama irretocável de Tomljanović no tênis — nos deixa propensos a um perfeccionismo que facilmente gera exaustão e esgotamento. É impossível permanecermos no auge o tempo todo, mas sempre podemos nos esforçar para dar nosso melhor. A procura incessante pelo *flow* nos conduz a extremos, enquanto buscar o melhor dentro de nossas possibilidades proporciona uma meta mais realista.

Em termos de desempenho, nosso modelo otimizado oferece o equivalente à ideia de que ninguém pode ser a mãe ou o pai perfeito em todos os momentos, mas que é possível dar o melhor de si. Enquanto o ideal do *flow* nos faz aspirar a um padrão excessivamente elevado — essa visão perfeccionista de "ser o melhor" —, o padrão otimizado nos permite relaxar e desfrutar do que estamos fazendo sem um autojulgamento constante. Ele afirma simplesmente: silencie a voz crítica em sua cabeça e se concentre na tarefa do momento.

Por nós, autores, sermos ambos psicólogos, procuramos embasar nosso pensamento em resultados de pesquisas rigorosas. É o que nos leva a ver que um componente fundamental do estado otimizado é encarar inteligentemente as próprias emoções — em outras palavras, ser dotado de inteligência emocional, ou IE. Para nós, foi uma epifania constatar que os indicadores de excelência no trabalho refletem o que os indivíduos relatam de sua experiência interior, uma vez que isso indica que a IE proporciona uma porta de entrada para a excelência também em nível pessoal. Embora as habilidades ligadas à inteligência emocional recebam diversos nomes hoje em dia, concluímos que os componentes que formam a performance otimizada giram em torno dela.

Nosso trabalho é respaldado por décadas de descobertas científicas sobre o tema, com implicações diretas para o estado otimizado — e para as circunstâncias que nos impedem de atingi-lo. Almejar ter um dia simplesmente satisfatório, e não uma experiência fantástica na condição de *flow*, proporciona a chave para a conquista e a realização — sem mencionar que previne o esgotamento emocional.

Identificamos muitos modos pelos quais a IE oferece os recursos internos para acessar mais prontamente esse estado *optimal*, e, aqui, o leitor encontrará os métodos práticos para chegar lá.

POR QUE ESTE LIVRO AGORA?

Para Dan, este livro representa a culminação e a confirmação de um palpite que teve há quase três décadas: de que a IE constitui um mapa para atingirmos nosso melhor desempenho possível. É sua quinta obra sobre o tema, valendo-se de uma ampla pesquisa que reitera sua hipótese original.

Nós, Cary e Dan, somos cofundadores do Consórcio de Pesquisa sobre Inteligência Emocional nas Organizações, criado alguns anos depois da publicação do primeiro artigo acadêmico sobre o tema, em 1990, e juntos o presidimos em seus primeiros 25 anos de existência. A missão desse consórcio é incentivar pesquisas rigorosas que integrem os parâmetros da metodologia acadêmica às necessidades operacionais das organizações,[2] alinhando profissionais que estão experimentando as aplicações da IE em ambientes como empresas e escolas a pesquisadores acadêmicos capazes de aplicar suas habilidades metodológicas a tais experimentos.

Atualmente, mais de um quarto de século depois, há vários estudos com essa finalidade. Embora lá no início diversos críticos se queixassem (com justiça) da escassez de evidências para comprovar como o conceito se aplica, por exemplo, ao desempenho profissional e à liderança, hoje podemos demonstrar de forma substancial sua importância para a eficácia em todas as áreas – sobretudo em ambientes em que autocontrole, empatia, habilidades sociais e resiliência ao estresse sejam importantes, algo que quase sempre costuma ser o caso.

Neste livro, nos reunimos para colher o fruto dessa rica pesquisa. Na primeira parte, delinearemos como é a sensação de um estado otimizado com base em diários mantidos por centenas de pessoas, mapeando a arquitetura interna do que constitui um "dia bom". Depois observaremos o aspecto desse edifício íntimo visto do lado de fora pelo prisma do desempenho excepcional no local de trabalho. E nos debruçaremos sobre os elementos do que acontece quando brilhamos e como a inteligência emocional pode nos ajudar a chegar lá.

Na segunda parte, atualizaremos nossa compreensão das competências que traduzem a inteligência emocional em ação efetiva. Analisaremos os componentes básicos da IE em nossa autoconsciência (*self-awareness*), gerindo nosso "eu" para nos sintonizar aos demais e cultivar bons relacionamentos.

Na terceira parte, exploraremos um aspecto particularmente importante de nossa vida: dar o melhor no que fazemos. Examinaremos de que formas a inteligência emocional nos ajuda a obter um desempenho otimizado, seja individualmente, seja na condição de líder, seja como integrante de uma equipe. Em todos esses casos, a IE promove a efetividade, apresentando uma notável semelhança entre o estado otimizado e os modos pelos quais a pesquisa mostra como a inteligência emocional potencializa o desempenho individual no ambiente de trabalho. Detalharemos formas de ajudar qualquer pessoa a atualizar tais habilidades. E consideraremos o real significado de uma organização emocionalmente inteligente – onde a IE está incorporada ao DNA da cultura da empresa.

Finalmente, na quarta parte, exploraremos o futuro da IE, sugerindo como essas competências, combinadas a outras capacidades mentais e emocionais, podem nos deixar mais preparados para as incertezas que enfrentaremos.

Essa, aliás, é uma análise urgente. A grosseria parece ter se espalhado como um vírus em anos recentes, basta observar a recorrência de notícias sobre passageiros descontrolados sendo detidos assim que o voo chega ao aeroporto. As vozes do ódio na redes sociais se tornaram difíceis de ignorar. Nas escolas, presenciamos uma incidência crescente de brigas, bullying, depressão e ansiedade entre crianças e adolescentes.[3] E, como veremos na terceira parte, o conjunto de habilidades da inteligência emocional proporciona uma vantagem crucial no atual ambiente competitivo dos negócios. A necessidade de IE não só em nossa vida pessoal, mas na sociedade como um todo parece ser maior do que nunca.

Parte I

O caminho da inteligência emocional para o desempenho *optimal*

1. Chegue ao estado *optimal*

Pense em quando você consegue dar o seu melhor. Qual é sua condição interna durante um pico de eficiência, em que seus talentos, sejam quais forem, manifestam-se com plena capacidade?

Esse tipo de excelência vai além dos limites de "raro momento", como o *flow*, para a experiência mais geral de ter um dia muito satisfatório, no qual percebemos que nos saímos bem nas coisas que são importantes para nós, desfrutamos de estado de espírito que facilitou nossas realizações e nos sentimos preparados para enfrentar qualquer desafio que surgisse pela frente – em suma, nosso estado *optimal*, ou otimizado.[1]

Há diversas maneiras de saber se estamos em tal estado otimizado. Nele, ficamos mais criativos e somos capazes de encontrar soluções inéditas e úteis.[2] Nossa produtividade, para garantir um trabalho de alta qualidade, permanece alta. Nos sentimos comprometidos com o que fazemos, independentemente das dificuldades. E nosso estado interior se manifesta na forma como tratamos os demais ao redor: somos positivos, solidários, divertidos.

Podemos pensar esse estado de espírito como uma condição de "eficiência cognitiva máxima", em que a mente opera com todo o potencial. Esse pico em nossa vida mental depende, por sua vez, do nosso estado emocional. As áreas do cérebro que nos permitem usar nossos talentos em seu auge florescem quando conseguimos manter a turbulência das emoções sob controle e nosso envolvimento elevado.

Nossas potencialidades cognitivas operam à plena força quando os sistemas de alarme do cérebro permanecem silenciosos e o circuito motivacional positivo ativo. Quanto mais calmos ficamos, mais nítidos e lúcidos são nossos processos mentais, e conseguimos externar nossos talentos da melhor forma possível.

O bom humor é um sinal subjacente do alto desempenho e acentua tanto a atenção quanto a intenção – por exemplo, ficamos mais capazes de enxergar o cenário mais amplo, em vez de nos fixarmos em detalhes, e sentimo-nos energizados para assumir uma gama maior de projetos e tarefas.[3]

Uma pesquisa realizada pela consultoria McKinsey com mais de 5 mil gestores e executivos revelou que parte deles considerava estar em sua melhor disposição durante cerca de 50% do tempo, enquanto outros em apenas 10% do tempo.[4] A mesma pesquisa mostra que quando os executivos relatavam estar nessa condição, a produtividade deles era cinco vezes maior do que em um estado simplesmente "mediano" ou neutro. Embora esses dados relativamente subjetivos não possam ser considerados uma comprovação científica, indicam como nos sentimos altamente eficientes quando estamos num estado otimizado.[5]

UM DIA REALMENTE BOM

Pesquisadores da Harvard Business School solicitaram a centenas de homens e mulheres para registrar em um diário os eventos de seu dia de trabalho, o que sentiram durante esses momentos e quais foram suas realizações.[6] Ao final do expediente, as pessoas preenchiam um formulário sobre os acontecimentos do dia, totalizando quase 12 mil relatos. Essa riqueza de dados revelou elementos específicos que formavam os dias realmente bons para cada um.

As conquistas cotidianas anotadas representaram um sinal de efetividade cognitiva – a superação de desafios intelectuais como: solucionar um problema complexo de programação, criar novos utensílios de cozinha, ou gerenciar a fabricação e a distribuição de ferramentas. E todos afirmaram que o bom desempenho no trabalho estava diretamente ligado ao ânimo elevado.[7]

Sem dúvida não há uma única forma de medir a produtividade; cada um precisa encontrar sua própria métrica em função dos resultados que considera mais importantes. Pense nas "pequenas vitórias" que nos motivam para um objetivo maior: no caso de um programador de software, significou encontrar um modo de clonar um código antigo, reduzindo em muitas horas o tempo exigido para a conclusão de um projeto em grupo.[8] Ou para Shannon Watts, fundadora de uma organização sem fins lucrativos, o que importa são as pequenas vitórias diárias. Para ela, "isso pode ser diferente a cada dia, e aos olhos de alguns talvez não seja grande coisa. Muitas vezes significa escrever um bom editorial ou ter uma conversa produtiva". E adiciona que "essas pequenas vitórias podem não parecer nenhum grande triunfo, mas o que conta realmente é fazer as coisas de corpo e alma".[9]

É claro que suas conquistas não precisam estar sempre voltadas a metas maiores, mas alinhadas com o que é importante para você. No caso de alguém cuidando de cinco filhos, pode ser algo tão simples quanto terminar de dobrar a roupa lavada, preparar uma fantasia para a peça escolar de algum deles ou supervisionar suas lições de casa. Para uma pessoa gestora ou executiva, concluir sua tarefa do momento, obter um excelente indicador-chave de desempenho (KPI, na sigla em inglês) ou dar um pequeno passo para algum objetivo da empresa pode gerar um sentimento de vitória.

Naqueles que foram considerados dias "bons", houve relatos de maior positividade em relação aos colegas, à organização e à natureza de seu trabalho, o que fez as pessoas se mostrarem mais comprometidas com ele. Nesses momentos, sentiam-se mais criativas para resolver os problemas do dia. Seja um programador finalmente conseguindo solucionar um bug, seja um pai ou uma mãe que trabalha em casa e reúne um grupo de responsáveis para organizar um esquema de carona solidária, a clareza cognitiva aumenta as chances desses pequenos triunfos — uma sensação de vitória na tarefa em questão.

Logo, essas pequenas conquistas frequentemente deixavam as pessoas de bom humor e com uma lembrança positiva. Relatos sobre o que consideravam um dia bom mostravam uma sensação vitoriosa em cerca de três quartos do tempo, com raros reveses em tais ocasiões — uma mentalidade positiva ajuda muito a lidar com as contrariedades. E elas achavam particularmente gratificante quando se sentiam respeitadas e encorajadas pelos outros e apoiadas pelas circunstâncias.

Quando conseguimos resolver facilmente os problemas e desafios surgidos em nosso caminho, ficamos em um estado de espírito mais elevado; nossas percepções assumem uma tonalidade leve, então encaramos as dificuldades como revigorantes oportunidades de superação; e achamos as pessoas ao nosso redor mais amigáveis — assim como somos com elas.

Por sua vez, em dias difíceis, em que tudo parece mais complicado, os indivíduos relataram se sentir frustrados e ansiosos, até mesmo tristes. E as pessoas em quem se confia para dar conta de suas tarefas lhes pareciam menos solidárias, ao mesmo tempo em que eles sentiam não dispor dos recursos necessários para realizá-las. Estudos do cérebro mostram que níveis muito elevados das substâncias neuroquímicas liberadas sob estresse podem prejudicar nossas habilidades cognitivas — um estresse incontrolável, por exemplo, prejudica o foco e a capacidade de reprimir reações inadequadas.[10]

E é claro que há um ciclo de feedback em operação aqui. Enquanto sentimentos positivos aumentam a probabilidade de termos um dia bom, resolver os problemas e desafios, por sua vez, pode fazer com que nos sintamos ótimos. A sensação de dever cumprido às vezes significa não apenas satisfação como também até euforia.

Da mesma forma, enquanto o mau humor pode dificultar a resolução de problemas, ser incapaz de resolvê-los leva a emoções negativas como frustração, autopiedade e desgosto. Em seus piores dias, as pessoas afirmaram ficar frustradas por coisas como falta de apoio emocional ou circunstâncias abertamente desencorajadoras — que por sua vez exerciam um efeito tóxico em seu humor. Se acabamos por nos sentir completamente desanimados, há boas chances de que tenhamos ficado chateados com algum revés nesse dia; e os reveses intensificam os sentimentos de tristeza, medo ou simplesmente frustração.

REPENSANDO O *FLOW*

Escolha dentre todos os seus dias bons o melhor de todos, que tenha sido marcado por uma realização única e espetacular — seu equivalente pessoal à partida de tênis em que Ajla Tomljanović derrotou Serena Williams.

Por exemplo, um neurocirurgião contou de sua insegurança sobre uma operação muito complicada que deveria realizar, mas que foi bem-sucedida a despeito de sua apreensão inicial. Ao encerrá-la, ele notou alguns entulhos em um canto da sala de cirurgia. Virando para a enfermeira, perguntou o que era aquilo. A enfermeira respondeu: "O teto desabou no meio da operação, mas o senhor estava tão concentrado que nem percebeu".

A anedota ilustra os milhares de relatos colhidos por um grupo de pesquisa da Universidade de Chicago, que foi o primeiro a identificar esse momento fugaz do estado de *flow*, quando nos encontramos no nosso melhor absoluto.[11] O momento do *flow* põe em destaque nossa conquista máxima numa dada área — seja cirurgia, basquete, balé... o que preferir.

Na pesquisa original sobre o *flow*, uma ampla série de perguntas era feita às pessoas para identificar os momentos em que tinham se superado — aqueles em que se surpreenderam com a excelência do próprio desempenho. O domínio de especialização dos consultados variava amplamente: havia mestres enxadristas, artistas, cirurgiões, jogadores de basquete, dançarinos etc. Independentemente dos detalhes do desempenho excepcional em suas respectivas áreas de atuação, a experiência interior do entrevistado era igual, e os pesquisadores a chamaram de *flow*.

No uso popular, *flow* virou sinônimo de situações em que estamos em nosso auge. As empresas são encorajadas a propiciar as condições para que seus funcionários atinjam tal estado.[12] Mas o *flow* tem um problema: ele é por definição um evento raro, exatamente por se tratar de um pico. Uma experiência de *flow* é algo prodigioso, diríamos até quase milagroso — não se pode contar com ela. Parece acontecer do nada, quando ocorre um alinhamento de elementos cruciais (como no caso do cirurgião absolutamente concentrado). Por isso damos preferência ao estado *optimal*, que pode vir em decorrência de nossos esforços e com muito mais frequência do que tais episódios culminantes de *flow*.

Essa ampliação do alvo ajuda a deixar nossas expectativas em relação a nós mesmos mais realistas. Não precisamos estar em nosso melhor absoluto todos os dias. Em vez disso, podemos nos sentir bem progredindo constantemente rumo a um objetivo maior, sem nos censurarmos por não conseguir a experiência de pico (e que não temos como sustentar, muito menos produzir ao bel-prazer). Ter um dia bom significa que nos saímos bem o bastante para um comedido sentimento de autocongratulação por nosso próprio desempenho. Ao contrário do *flow*, um dia bom pode não constituir algo a ser alardeado, mas mesmo assim talvez seja altamente satisfatório.

ESTADO DE *FLOW* VERSUS ESTADO *OPTIMAL*

A extensa pesquisa sobre o *flow* destaca diversas dimensões cruciais em que atingimos nosso máximo. Mas esse foco no *flow* significou que apenas os eventos superiores foram apreendidos – embora, sem dúvida, parte da pesquisa do *flow* se sobreponha ao que consideramos um estado otimizado. Eis aqui porém a distinção crucial que fazemos entre o *flow* e o desempenho *optimal*: entendemos os elementos da alta performance não como um evento único, e sim como pontos em um espectro mais amplo. E esse espectro em si nos oferece os elementos-chave da receita para termos um dia em que fiquemos com uma merecida sensação de satisfação.

A pesquisa sobre *flow* identifica esses elementos específicos:

- equilíbrio entre o desafio e as habilidades;
- ausência de pensamentos inibidores;
- tempo colapsado, que parece se contrair ou se alongar na experiência;
- sensação de bem-estar;
- percepção de não ter tido esforço.

Mas considere como esses mesmos elementos não precisam se restringir a esse raro evento de *flow* e como cada um deles aponta para uma dimensão que pode fazer parte de nossos momentos otimizados, que são mais prevalentes.

Consideremos, por exemplo, a ausência de pensamentos inibidores quanto a nosso próprio desempenho, em que manifestamos pouco ou nenhum autoquestionamento sobre como os outros nos veem. Essa ausência da sensação de constrangimento é um indício de que abandonamos o habitual foco em nós próprios – "eu" em primeiro lugar. A inexistência do autojulgamento sobre como estamos nos saindo sinaliza a diminuição desse senso de eu no qual normalmente gastamos energia demais protegendo, inflando e defendendo.

A preocupação consigo próprio se dissolve à medida que somos absorvidos pelo que fazemos. Essa absorção na atividade em questão nos permite alijar nossa bagagem emocional – concentração plena exige que deixemos a bagagem do lado de fora. Nesses momentos de foco intenso, o fluxo normal dos pensamentos se torna uma distração. Somos forçados a abandonar as preocupações com o futuro, assim como as lembranças do passado, especialmente os arrependimentos, e trazer a mente de volta à tarefa do presente.

Segundo o relato de um alpinista, um dos motivos para gostar de escalar montanhas era que isso o forçava a prestar total atenção a cada movimento, e assim suas preocupações sumiam. Quando nos esquecemos de nós mesmos – nossas obrigações diárias, problemas, esperanças e temores pessoais –, a atenção fica liberada para se concentrar na tarefa diante de nós.

Talvez o sinal mais revelador desse estado otimizado seja a *sensação de bem-estar*. O jargão que os pesquisadores costumavam usar para esse tipo de prazer era "autotélico".[13] Ficamos em um estado de espírito tão positivo que nos afeiçoamos ao próprio ato de fazer aquilo em que estamos envolvidos (nesses momentos, a remuneração como elemento motivador parece ficar em segundo plano).

Por fim, há a percepção de não ter tido esforço. Algo que visto de fora parecia exigir um empenho tremendo, para a pessoa em estado de *flow* transcorria com relativa facilidade. Esse aspecto de nosso estado otimizado, suspeitamos, indica a aplicação de uma habilidade bem aprendida.[14] Uma descoberta intrigante sobre alguém que dominou uma habilidade é que no momento em que a pessoa realiza uma sequência de ações, digamos um mestre enxadrista ou um jogador de basquete, seu cérebro emprega *menos* energia durante a atividade do que o iniciante em seja lá o que for. Essa aparente falta de esforço de pessoas extremamente hábeis em um domínio significa que estão seguindo uma sequência habitual criada pelo cérebro.

A ciência da formação de hábitos nos diz que essa facilidade marca uma mudança neural, em que a sequência de ações envolvidas foi internalizada e ocorre de forma automática e inconsciente. Tais sequências habituais são ativadas no gânglio basal, uma das áreas mais primitivas do cérebro, localizada em sua parte inferior. Assim que o gânglio basal assume o controle de uma sequência aprendida, podemos realizar o novo hábito sem esforço nem pensar a respeito. Soa como *flow*, não? Mas, na verdade, isso indica uma habilidade bem desenvolvida.

E depois há a *total concentração*. Ficamos completamente absorvidos na tarefa do momento, imunes a distrações. Perdemos a noção do tempo – que se acelera ou desacelera – de tão imersos no que estamos fazendo. Praticamente nada é capaz de nos tirar dessa plena absorção. Como detalharemos adiante, essa condição de perfeita tranquilidade da mente é vista como um caminho para chegar à disposição otimizada, e não como um efeito colateral, ao contrário do que propunha a teoria original do *flow*.

ALÉM DO *FLOW*

Ao mapear a paisagem interior de nossa disposição otimizada, nós, autores, questionamos a necessidade de incluir todas as dimensões identificadas pelo grupo de Chicago como elementos do *flow*. Além do mais, não vemos a receita para a "otimização" como uma condição absoluta – ou temos ou não temos –, e sim como pertencente a um espectro, projetada na região mais ampla de nossos estados interiores. Assim, em um dia bom, sentimos bem-estar, temos agilidade para resolver os problemas à medida que se apresentam, e mantemos um foco total no que estamos fazendo. Porém isso não quer dizer que estejamos desfrutando do tão propalado *flow*; apenas que tudo corre bem. O estado *optimal* pode surgir em um escopo mais amplo de nossa vida do que o *flow*.

Além do mais, nós questionamos alguns pressupostos básicos do paradigma do *flow*. Os pesquisadores postularam que a chave para entrar em *flow* era a pessoa ser desafiada no auge de suas capacidades e, portanto, ter de recorrer ao máximo de seu conjunto de habilidades (seja ele qual for para o desafio em questão). Segundo eles, a pessoa em estado de *flow* também era ágil em lidar com o desafio, independentemente de como as demandas mudassem de um momento para outro. A regra prática era igualar a habilidade ao desafio. No mundo dos negócios ou do ensino, isso poderia significar atribuir a alguém uma incumbência que exigisse muito de suas habilidades, mas não demais.

Mas entendemos isso de forma diferente. Enquanto outros argumentaram que as chances do *flow* são maiores quando as exigências de um desafio requisitam nosso conjunto mais elevado de habilidades, nós sugerimos que essa correspondência entre desafio e habilidade pode não ser suficiente para entrar em um estado otimizado. A nosso ver, a proficiência em manifestar nossos maiores talentos depende não apenas de como a situação nos requisita e do quanto fomos aprimorados, mas também do nosso estado interior. Quando nos sentimos com a disposição errada – desinteressados pelo desafio ou muito estressados, por exemplo –, dificilmente estamos em nosso melhor, a despeito de todo nosso potencial.

Em um caso no qual alunos de uma faculdade de arquitetura registraram seu ânimo e desempenho diariamente, estar em estado de espírito positivo e com o sentimento de serem livres para escolher como fazer o trabalho, e não uma correspondência específica entre habilidades e desafio, foi associado a eles estarem absortos.[15] Outra revisão de estudos sobre *flow* revelou que o fenômeno tinha menos a ver com a razão entre habilidades e desafio do que com a aparente importância da tarefa em questão para os objetivos da pessoa.[16] Em nosso ponto de vista, a concentração plena, possivelmente motivada pela sensação de significado do que fazemos e de controle sobre como o fazemos, mostra-se mais crucial para nosso estado otimizado do que a correspondência entre as habilidades e o eventual desafio.

Enquanto a pesquisa original sobre *flow* via tal absorção como um efeito do fenômeno *flow*, nós vemos a concentração – estar livre de distrações – como o caminho para um estado otimizado. Em outras palavras, é a concentração que leva a um dia bom de trabalho, não o contrário. Os demais elementos, como a ausência de pensamentos inibidores, são subprodutos da plena absorção na tarefa. Essa reestruturação do *flow* como acessível mediante nossa capacidade de concentração revela uma porta de entrada para nossa disposição otimizada, que não depende do acaso nem de um momento único da vida.

Eis uma lista de elementos subjetivos necessários para alcançar um estado otimizado e ter um dia bom de verdade:

- ser mais criativo, vendo os obstáculos como desafios;
- ser mais produtivo, entregando um trabalho de alta qualidade;
- sentir-se bem, em um estado de espírito positivo;
- estar mentalmente lúcido, obtendo pequenas vitórias rumo a um objetivo mais amplo;
- assumir uma perspectiva positiva, de comprometimento com seus esforços;
- oferecer e receber apoio nos relacionamentos.

Esses elementos de nossa experiência subjetiva do estado *optimal* revelam uma visão interna. Mas, como veremos no próximo capítulo, observar de fora como operamos quando nos encontramos nesse estado reflete os benefícios da inteligência emocional em um grau surpreendente.

2. Inteligência emocional e o resultado financeiro

Até que ponto a inteligência emocional ajuda alguém a progredir no trabalho? Quando o primeiro livro de Dan sobre IE foi publicado, há mais de 25 anos, não tínhamos como responder a essa pergunta. Havia pouca pesquisa sobre uma conexão direta entre IE e resultados significativos como desempenho no trabalho e engajamento, além de considerável ceticismo entre líderes de negócios e pesquisadores acadêmicos. Mas na ciência, assim como nos negócios, o ceticismo pode ser proveitoso, estimulando-nos a trabalhar duro para provar que nossa convicção é acertada – ou para renunciarmos a nossas crenças à luz de dados confiáveis.[1]

Muitos tópicos populares sobre como ter sucesso nos negócios deixam de ser devidamente analisados por pesquisadores imparciais – nada mais são que modismos passageiros, que logo desaparecem assim que uma nova onda surge. Felizmente com a inteligência emocional isso não aconteceu. Graças aos esforços do Consórcio de Pesquisa sobre Inteligência Emocional nas Organizações, juntamente com os de muitas outras pessoas nas universidades e no mundo corporativo, houve um fluxo incessante de pesquisa a partir de meados da década de 1990. Isso mostra que a IE pode fazer uma grande diferença para o desempenho em todos os níveis de uma organização.

Um dos estudos mais interessantes acompanha um grupo de alunos universitários no Meio-Oeste dos Estados Unidos.[2] Os alunos fizeram um teste de inteligência emocional antes de se formarem e outro dez ou doze anos depois. O estudo revelou que suas pontuações no teste de IE na época da universidade antecipavam o nível de remuneração futura até mais do que QI, personalidade, notas e gênero.

Na carreira universitária, a influência é medida, por exemplo, pelo número de outros acadêmicos que citam seus artigos publicados em periódicos revisados por pares — a capacidade intelectual é de vital importância. Depois, para se tornar professor, é preciso mestrado ou doutorado, em que procuramos o tema que mais nos interessa e realizamos um trabalho independente sobre ele — e é isso o que será recompensado.

As regras básicas do meio acadêmico e do mundo dos negócios diferem muito. Quando ingressamos em uma empresa, precisamos focar o que ela considera essencial para sua estratégia e trabalhar como parte de uma equipe, não de forma independente. Diferentemente de um professor universitário, no mundo dos negócios a segurança de sua posição depende inteiramente do desempenho — e da saúde financeira da empresa. Há toda uma indústria voltada a adequar acadêmicos à realidade corporativa.

O salário sem dúvida é um parâmetro grosseiro, medindo antes o grau de sucesso em galgar a hierarquia da empresa do que o desempenho. Pessoas com salário mais elevado nem sempre são as mais eficientes. (É provável que você consiga pensar em alguns exemplos bem gritantes!) No entanto, muitas pesquisas hoje em dia analisam diretamente a IE e a performance.

Estudos com representantes de vendas são particularmente proveitosos não só porque os dados de vendas oferecem uma medida concreta do desempenho, mas também porque as vendas em si exigem habilidades de IE. Em uma grande imobiliária que atua em todo o território nacional, por exemplo, os corretores com maior pontuação em inteligência emocional geraram mais receita que os demais.[3] Com corretores de seguro, deu-se o mesmo — e, além de realizarem mais vendas, retinham mais clientes.

Os pesquisadores sugeriram que a IE pode ajudar de diversas formas no setor de vendas, como para manter a compostura ao interagir com um cliente ansioso ou frustrado e para compreender como ele se sente, permitindo direcionar a mensagem de vendas adequadamente e lidar com quaisquer sentimentos subjacentes que possam servir de obstáculo. Combinar o equilíbrio emocional à empatia — duas habilidades de IE — fez toda a diferença.

As implicações dessa pesquisa vão muito além das vendas nos setores imobiliário e de seguros. Há inúmeras ocupações em que é necessário "vender" alguma coisa. Considere o exemplo de Martha, responsável por um programa voltado a pessoas que perderam um ente querido. Como diretora-executiva, a principal função de Martha era convencer potenciais doadores. No início de sua carreira, em uma dessas reuniões, ela compartilhou a história de como perdera o pai para o câncer aos oito anos de idade. Conforme contava seu próprio caso, ela foi notando a mudança na atmosfera da sala. As pessoas de repente ficaram mais atentas. Algumas começaram a chorar. Martha se deu conta também de que falava sobre o programa com mais paixão e que aquilo era uma ferramenta poderosa para se conectar com os outros. Sua inteligência emocional – a capacidade de perceber, compreender e lidar com suas próprias emoções e as dos demais – potencializou sua eficácia em conquistar doadores para o programa.

INTELIGÊNCIA EMOCIONAL EM OCUPAÇÕES STEM

Não é difícil perceber como a inteligência emocional pode contribuir para o desempenho otimizado em trabalhos envolvendo uma "venda" de algum tipo. Mas e quanto às diversas áreas em que talvez não seja o caso, como engenharia? Richard Boyatzis e seus alunos na Faculdade de Administração Weatherhead da Universidade Case Western Reserve realizaram um estudo com engenheiros da divisão de pesquisa de uma empresa automotiva.[4] Eles próprios avaliaram a respectiva eficácia de cada um. O resultado foi que a IE serviu como um prognóstico significativo de eficiência, enquanto o QI, medido pela capacidade mental geral, não; tampouco os traços de personalidade.

A inteligência emocional ganhou importância para as ocupações STEM (ciência, tecnologia, engenharia e matemática) em anos recentes porque cada vez mais os engenheiros atuam em equipes, nas quais o desempenho depende em grande parte de como se lida com as relações de trabalho. O trabalho em equipe pode ser um desafio quando pessoas com diferentes personalidades, experiências culturais e especialidades se juntam, trazendo diferentes ideias sobre como fazer as coisas. Competências emocionais e sociais como equilíbrio, adaptabilidade, empatia e trabalho em equipe podem ajudar a lidar com as dificuldades de maneiras que levem a soluções mais inovadoras para problemas desafiadores.

A inteligência cognitiva continua sendo importante. Para ocupar um cargo de engenharia a pessoa precisa ter um nível intelectual relativamente alto. Mas, no dia a dia do trabalho, as diferenças de QI não exercem grande impacto no desempenho. Assim, a inteligência cognitiva é necessária, mas não suficiente; e a IE se torna especialmente importante.

Consideremos outra profissão STEM: a tecnologia da informação. Quase toda empresa de médio ou grande porte agora conta com ao menos um profissional de TI responsável pelo funcionamento dos computadores, telefones e outros sistemas eletrônicos. Como a inteligência emocional faz diferença para eles?

Há vários anos, Cary trabalhava em um departamento universitário com dois profissionais de TI, ambos qualificados. Um deles tinha embasamento técnico mais sólido, mas, sempre que algo dava errado com um computador, a equipe costumava chamar o outro. Isso acontecia por ele ser mais amigável e transmitir um ar mais tranquilizador quando o funcionário ficava preocupado de ter "quebrado" algo. Se esse profissional com mais inteligência emocional não estava disponível, as pessoas tendiam a evitar chamar o outro e a tentar resolver o problema por conta própria.

Surpreendentemente talvez, dar conselhos financeiros é outra área em que a IE desempenha papel importante. Uma pesquisa realizada pela organização Harris revelou que as pessoas valorizavam mais a inteligência emocional do que as habilidades digitais ao procurar um consultor financeiro.[5] Encomendada pela Million Dollar Round Table, uma associação de agentes de seguro e consultores financeiros cujas vendas ultrapassam um milhão de dólares anuais, foram mais de 2 mil pessoas entrevistadas, e mais da metade afirmou preferir consultores que "ouvem e reconhecem as necessidades de seus clientes", "comunicam-se de maneira facilmente compreensível", "cumprem o que prometem" e "mostram se importar com seus clientes".[6] Por outro lado, apenas 30% dos entrevistados disseram preferir consultores cujos sites eram atualizados; e apenas 25% disseram o mesmo de consultores que regularmente recomendam conteúdo relevante.

Não é que a competência digital de um consultor não seja importante, mas quando se trata de confiança, algo crucial na escolha de um consultor financeiro, as pessoas estão mais preocupadas com a IE. Como o relatório assinala, "Embora a habilidade digital torne as operações comerciais mais eficazes e ajude a trazer mais clientes, por si só não transmite maior confiabilidade".

Estudos como esses podem ser persuasivos, mas o resultado de um único estudo às vezes constitui uma anomalia. Para avaliar melhor a relação entre IE e desempenho otimizado em uma ampla variedade de cargos e ocupações, podemos recorrer à meta-análise — técnica que combina os resultados de muitos estudos independentes. Esse método leva em consideração o fato de que um estudo pode ter resultados positivos, enquanto a maioria dos outros são negativos — diferença que pode se dever, por exemplo, a maneiras divergentes de medir os resultados, a alguma característica dos indivíduos analisados, ou ao grau de eficácia de uma intervenção (a lista de fatores pode ser interminável). Mesmo o momento do dia ou o ano em que o estudo foi realizado às vezes faz diferença. Mas, quando a meta-análise combina resultados de um grande número de estudos, cada um deles avaliando um grupo diferente e até utilizando parâmetros diferentes, o impacto de um ou dois resultados anômalos é neutralizado.

Em um desses conjuntos de 99 estudos envolvendo um total de mais de 17 mil participantes, a IE foi um indicador significativo de desempenho.[7] As medidas utilizadas para aferição nesses estudos variaram amplamente. Em alguns, ela foi feita segundo as avaliações dos supervisores; em outros, a métrica utilizada foi relacionada a resultados financeiros ou ao próprio desempenho no trabalho. A ligação entre IE e desempenho também variou de um cargo ou setor para outro. Entre banqueiros e policiais, por exemplo, a IE foi um indicador de excelência particularmente forte.

Ao menos cinco outras meta-análises renderam resultados similares: a IE regularmente aparece como um indicador significativo de desempenho no trabalho.[8] Quando os pesquisadores examinaram os dados mais minuciosamente, descobriram que a IE era particularmente importante em funções que exigiam controle emocional ou envolviam uma frequência elevada de interações sociais.[9] Entretanto, mesmo nas ocupações menos ligadas a autocontrole dos sentimentos e habilidades inter-relacionais, a IE mais elevada estava associada a um melhor desempenho.

O TRABALHADOR ENGAJADO

Imagine um funcionário que está digitando relatórios escritos por seu chefe. Por ter uma boa habilidade no teclado, ele consegue fazer seu trabalho muito bem, mesmo enquanto pensa em outras coisas (como quão idiota é o chefe dele). Essa pessoa não está *engajada* no que faz, mas seu desempenho é satisfatório.

Há inúmeras situações como essa em que nossa produção pode ser adequada, mas nossas atitudes e sentimentos não. Uma performance otimizada envolve mais do que apenas executar bem seu trabalho. Imagine quão melhor o aproveitamento desse funcionário seria se, além de sua aptidão em digitação, ele também estivesse suficientemente envolvido para se empenhar ao máximo. Um especialista descreveu o engajamento no trabalho como "um estado de espírito positivo e gratificante caracterizado por vigor, dedicação e absorção".[10] É a definição por excelência de um trabalhador no estado *optimal*.

Considere a experiência da professora de ensino médio Eugenia Barton. Ela gostava de dar aulas de educação vocacional, mas depois de alguns anos começou a ficar um pouco entediada e a procurar algo em que sentisse maior envolvimento. Então teve a ideia de simular uma loja com os alunos. Eles a administrariam sob sua supervisão e no processo aprenderiam sobre o mundo dos negócios. A loja se mostrou um sucesso e as horas passadas nessa atividade com os alunos eram o ponto alto de seu dia. Em suas próprias palavras, "foi a ideia mais maravilhosa que já tive".

O engajamento não apenas contribui para nossa satisfação no trabalho; também aprimora nosso desempenho. Uma meta-análise revelou que o engajamento dos funcionários estava diretamente ligado ao grau de satisfação do cliente, à produtividade e até aos lucros da empresa, bem como à diminuição da rotatividade e dos acidentes de trabalho.[11] Infelizmente, o engajamento dos empregados tem declinado constantemente nos últimos anos. Em 2016, o Instituto Gallup registrou que a proporção de funcionários engajados no mundo era de 32%; em 2022, caiu para 21%.[12]

Vários estudos mostram que funcionários com maior IE são mais engajados no trabalho, como uma pesquisa envolvendo mais de 2100 enfermeiros.[13] De modo similar, a IE em professores está ligada a seu engajamento, que, por sua vez, levou a maiores realizações dos alunos.[14] E entre policiais a IE também foi indicativa de mais engajamento no trabalho e menor probabilidade de largar o emprego.[15]

Um dos motivos para a IE possivelmente levar a maior engajamento e satisfação no emprego é que ela nos ajuda a procurar situações que sejam mais adequadas para nós. Indivíduos com autoconsciência emocional elevada são mais eficazes em identificar quando determinada oportunidade profissional será gratificante e significativa ou encontrar maneiras de tornar seu trabalho mais envolvente.

Tome o caso de Maggie, uma advogada que trabalha para um departamento jurídico municipal de uma cidade grande:[16] seu trabalho era rotineiro e insatisfatório, até um dia em que ela encontrou uma série de antigos processos de falência em que ninguém mais no escritório prestara atenção. Ao examiná-los mais de perto, descobriu que um alto valor era devido aos cofres públicos. Assim, debruçou-se sobre esses processos e adquiriu um grande destaque em sua profissão. Com o reconhecimento e a admiração conquistados graças a um trabalho analítico e desafiador que adorava, Maggie prosperou no emprego. Muitos dos processos eram mentalmente mais estimulantes do que qualquer coisa em que já trabalhara antes. Seu ponto alto foi entrar com parte desses processos no tribunal federal de recursos e apresentar argumentações legais perante alguns dos melhores juízes do país. Finalmente, ela estava em seu estado otimizado.

Maggie ficou tão satisfeita com seu trabalho quanto engajada. Embora a satisfação no trabalho esteja intimamente relacionada ao engajamento, não são exatamente a mesma coisa. A pessoa pode estar satisfeita com seu emprego, mas não necessariamente engajada. Esse era o caso de Maggie: em uma firma de assistência jurídica em que trabalhara antes, raramente estava em um estado otimizado.

Pessoas com IE elevada tendem a ser mais satisfeitas e engajadas no emprego. Uma meta-análise que agregara 120 estudos, com um total de 29 119 indivíduos, mostrou uma relação significativa entre satisfação no emprego e IE,[17] e revelou também que trabalhadores com baixa IE tinham maior propensão a mudar de emprego.

A rotatividade de funcionários pode impactar fortemente o resultado financeiro da empresa.[18] Os custos de substituir um empregado costumam ser consideráveis. Segundo um relatório da Gallup, "substituir trabalhadores custa de metade a duas vezes o salário anual do funcionário. Supondo-se um salário médio de 50 mil dólares, esse custo de reposição representa algo entre 25 mil e 100 mil dólares por empregado".[19] Para um alto executivo, o custo pode ser várias vezes maior.

Depois, há a perda de produtividade dos que permanecem, devido à ansiedade quanto ao que pode acontecer com eles, assim como uma perda intangível mas inestimável de conhecimento especializado, lacuna que traz custos de longo prazo. Além disso, quando uma organização substitui alguém que saiu, o período de adaptação do novo funcionário pode representar uma sobrecarga para os demais por tempo considerável. Logo, não surpreende o fato de a baixa rotatividade estar ligada a melhores resultados empresariais, como retorno sobre os investimentos, sobre os ativos, e lucro.[20]

À medida que o comprometimento do funcionário com a empresa declina, seu desempenho otimizado vai junto. Uma meta-análise revelou que trabalhadores comprometidos têm desempenho superior — e a inteligência emocional aumenta o comprometimento.[21]

O BOM CIDADÃO ORGANIZACIONAL

Quem em seu local de trabalho fez alguma coisa para ajudá-lo recentemente? Essa pessoa representa algo que ultrapassa a bondade corriqueira — personifica alguém que vai além das atribuições de seu cargo para estender a mão quando um colega precisa.

Às vezes chamada de "bom cidadão organizacional", tal definição indica a realização de qualquer atividade útil fora do sistema de recompensas tradicional de determinado cargo.[22] Ser um bom cidadão no trabalho significa apoiar os demais de maneiras que transcendem as exigências de sua função — por exemplo, oferecendo-se para ajudar um colega sobrecarregado ou prontificando-se a participar da limpeza depois de algum evento interno da organização. Isso também está relacionado à inteligência emocional. Compreensivelmente, o esforço extra para ajudar um colega — especialmente quando feito por várias pessoas — também contribui para o desempenho do grupo ou de toda a empresa.[23]

Uma meta-análise com mais de 16 mil trabalhadores mostrou que aqueles com IE mais elevada apresentavam maior tendência a serem bons cidadãos organizacionais.[24] Ao passo que os de menor IE mostraram maior tendência a hábitos problemáticos como ociosidade, intimidação e atrasos.[25]

Agora pense no impacto que uma enfermidade pode ter em seu estado otimizado. Imagine acordar com uma enxaqueca no dia em que há uma importante reunião marcada para o período da manhã e é preciso finalizar um relatório a ser apresentado ao chefe. Você se arrasta para fora da cama, veste uma roupa, sai sem tomar café porque está enjoado, vai ao escritório e, de algum modo, faz as coisas que deve fazer, mas se sente fora de si o dia todo. Na reunião, pouco contribui, e seu relatório não ficou grande coisa. Imagine isso se repetindo alguns dias por mês.

Dores de cabeça, dificuldade para dormir, problemas estomacais e outras enfermidades mais graves podem impedir que estejamos em nosso melhor. Embora haja inúmeros fatores de contribuição para doenças físicas e mentais, a pesquisa mostra uma significativa ligação com a IE.[26] Um dos motivos para pessoas com IE elevada serem mais saudáveis é que isso as auxilia a ficarem mais resilientes para lidar com o estresse, como veremos no capítulo 6.[27]

A autoconsciência, junto à autorregulação emocional, ajuda a pessoa a identificar o estresse antes de se tornar insuportável e, dessa forma, conseguir um manejo mais eficaz das emoções. Muitos programas de controle da raiva, por exemplo, ensinam a identificar os primeiros sinais da frustração e irritabilidade, bem como estratégias para abrandar nossa reação antes que atinja um ponto de explosão.

A autogestão também ajuda as pessoas a serem mais saudáveis fazendo exercícios, seguindo uma dieta nutritiva e dormindo bem — e elas também seguem as orientações médicas com mais frequência.[28] Além do mais, pessoas com competências de IE como empatia e capacidade de trabalhar em equipe mostram maior propensão a ter redes de apoio social fortes, que constituem uma prevenção contra as enfermidades em geral.[29]

RESUMO DOS BENEFÍCIOS DA IE

Conforme concluído pela pesquisa, o amplo leque de benefícios de ter a inteligência emocional mais elevada pode ser encarado como o estado otimizado visto de fora, através da perspectiva do que é importante para uma organização.

Para sermos mais específicos, as evidências empíricas de ambientes de trabalho indicam que ter maior IE fazem você:

- ser mais produtivo, engajado e ter melhor desempenho em qualquer emprego, em todos os níveis;
- progredir na carreira;
- ser melhor em vendas, em todos os sentidos da palavra;
- gerar mais receita para sua organização;
- ser mais eficaz, inclusive em áreas STEM, como engenharia e TI;
- ser visto como mais confiável;
- sentir-se mais satisfeito com seu trabalho e comprometido com o que faz;
- apresentar menor tendência a mudar de emprego;
- ajudar os outros quando precisam;
- evitar comportamentos como intimidação, atrasos recorrentes ou ociosidade;
- desfrutar de uma saúde melhor.

Consideramos tudo isso, em conjunto, como visões externas de alguém em estado otimizado. Para destacar apenas algumas delas: um sinal do estado otimizado eram os relacionamentos positivos, que figuram nessa lista como ser prestativo com os colegas. Ou o indicador de disposição otimizada, que consiste em se sentir muito envolvido com a tarefa do momento — do ponto de vista externo, isso pode ser visto como alto engajamento, uma qualidade muito valorizada no trabalho. Uma forte sensação de comprometimento, bem como de satisfação, aparece em ambas as listas.

Sem dúvida os indicadores do ambiente de trabalho correlacionados com a IE elevada não foram projetados tendo o estado otimizado em mente, e sim refletem indicadores que são mais importantes para um empregador. E esse é mais um motivo para que seja notável a ressonância entre os indicativos de IE elevada vistos de fora e a experiência íntima de alguém com uma disposição otimizada.

Na segunda parte, exploraremos em maior profundidade as competências da IE, que agora entendemos como elementos ativos de nossa disposição otimizada. Cada aspecto da inteligência emocional nos ajuda a seu próprio modo a entrarmos e permanecermos no melhor estado para nosso desempenho pessoal. A autoconsciência oferece uma plataforma interna a partir da qual fica mais fácil administrar nosso estado interior. A empatia — estar sintonizado com as emoções do outro — faz o mesmo por nossos relacionamentos.

Parte II

Detalhes da inteligência emocional

3. A inteligência emocional revisitada

Bobby conhecia indiretamente Dan Goleman por terem frequentado na infância a mesma escola dominical (onde sua mãe era professora da quarta série), embora estivesse algumas séries à frente. Ele reapareceu na vida de Dan depois da publicação de *Inteligência emocional*, em 1995. Nesse período, emigrara para Israel e mudara de nome: agora se chamava Reuven Bar-On. Ele então entrou em contato com Dan para contar que acabara de concluir a dissertação de doutorado sobre um tema que a seu ver tinha interseções com a IE: o bem-estar.

Embora a tese de Reuven, defendida na Unisa, a Universidade da África do Sul, fosse sobre esse tema, ele remodelou seus parâmetros para se adequarem àqueles usados na avaliação da inteligência emocional – na época, uma abordagem nova e menos acadêmica para falar sobre as habilidades pessoais e interpessoais. A pesquisa dele captura uma das variadas formas de ver a inteligência emocional e seu método – entre muitos outros – originou um sem-número de estudos. Assim, quando se trata de definir com exatidão os benefícios da IE, as respostas agora podem ser encontradas em um mapeamento bem fundamentado e detalhado.

Se digitamos "inteligência emocional" em uma ferramenta de busca, obtemos milhões de resultados. Isso ocorre porque a IE foi incorporada ao vocabulário do dia a dia e a expressão é bastante empregada atualmente. Devido às ambiguidades de significado que isso gera e à proliferação de teorias sobre o assunto, sentimos que é hora de explicar novamente o que queremos dizer com ela – e de ajudar o leitor a dissipar qualquer confusão sobre o que exatamente inteligência emocional significa aqui.

Há mais de uma dezena de modelos influentes de inteligência emocional, criados quando um psicólogo de Yale, Peter Salovey (que depois se tornou reitor da Universidade Yale) e seu aluno de pós-graduação na época, John "Jack" Mayer, escreveram seu primeiro artigo sobre o conceito em 1990.[1] Os dois desenvolveram um modelo de IE amplamente utilizado nas pesquisas acadêmicas sobre o tema.

Anos depois, quando Dan concluía *Inteligência emocional*, ele e Cary formaram o Consórcio de Pesquisa sobre Inteligência Emocional nas Organizações e diversos especialistas na área se juntaram ao grupo, incluindo Reuven.

Ao longo dos últimos 25 anos, acolhemos no consórcio uma ampla gama de profissionais e pesquisadores ligados a diversos modelos de IE propostos desde o artigo original de Salovey e Mayer. Essa proliferação significa que desde o início há o questionamento: "O que se entende por inteligência emocional?". Apesar das controvérsias na área, existe um entendimento sobre alguns princípios básicos.[2] Em uma pesquisa com integrantes do consórcio, que representam a maioria das principais linhas de pensamento sobre IE, o seguinte modelo era aceitável para quase todos:

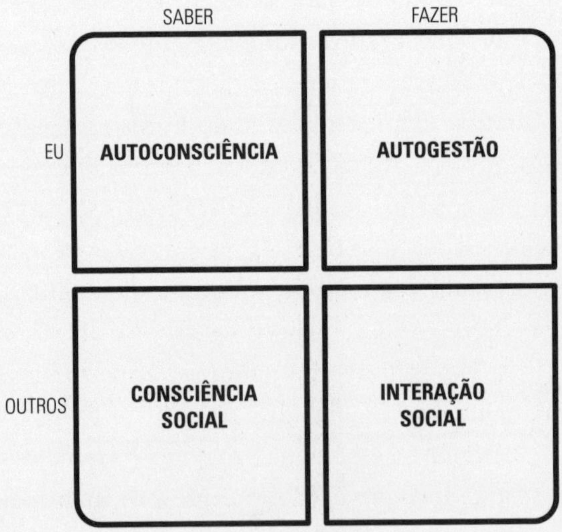

Figura 1. O modelo básico de IE aceito por todas as linhas de pensamento é composto de quatro domínios: autoconsciência; autogestão; consciência social; interação social. Cada abordagem da IE os mapeia a seu próprio modo.

Os quadrantes da IE representam um dos incontáveis modos de dividir e rotular esse conjunto essencial de habilidades pessoais e interpessoais. A autoconsciência nos proporciona uma percepção contínua do que sentimos a cada momento, da causa de nossas reações emocionais e de como elas moldam nossos pensamentos, sentimentos e impulsos para agir. A autogestão nos permite usar essa consciência interior para lidarmos efetivamente com as emoções: impedir que as emoções perturbadoras interfiram em nossa atividade, ressaltar os sentimentos positivos, ajudar na recuperação de aborrecimentos, manter o foco nos objetivos a despeito das distrações e ser ágil nas respostas aos desafios em transformação. Tais habilidades contribuem para que permaneçamos em uma disposição otimizada.

Então, a empatia nos permite manter a sintonia com os outros: perceber como veem determinada situação, como se sentem, e fazer com que nos preocupemos com seu bem-estar. Isso estimula a positividade nos relacionamentos típica de um "dia bom".

Finalmente, uma boa gestão dos relacionamentos e interações nos possibilita orientar e persuadir, e até mesmo inspirar, os outros a dar seu melhor. Podemos assim lhes fornecer orientação e treinamento, ser um membro de equipe eficaz, ajudar a identificar e resolver conflitos latentes. Tudo isso significa que podemos levar os outros a alcançarem o estado otimizado *deles* e permanecer nele.

Embora praticamente todas as teorias de IE estejam de acordo sobre a importância desses quatro domínios, o modo como cada um de seus proponentes os preenche varia muito. Os dez ou mais diferentes modelos e definições de IE (e aproximadamente a mesma quantidade de ferramentas de avaliação diferentes) baseiam-se em pressupostos distintos sobre o que estão medindo.[3] A grande quantidade de modelos revela assim a intensidade do interesse científico e prático — o que é um bom sinal.

UMA PROPOSTA RADICAL

David McClelland, orientador de pós-graduação de Dan em Harvard, fez uma proposta radical para a época: ao escrever um artigo para o principal periódico de psicologia, ele argumentou que seria melhor contratar pessoas com base na competência do que em outros indicadores. A seu ver, os candidatos deveriam ser testados com base nisso, não na inteligência.[4]

O que McClelland quis dizer foi o seguinte: se queremos identificar a pessoa mais indicada para determinado trabalho, não devemos olhar para suas pontuações de QI ou seu desempenho acadêmico. Em lugar disso, devemos primeiramente observar aqueles que detêm o cargo na organização e que atuam entre os 10% melhores — os de maior competência —, segundo a métrica que faça sentido para a ocupação que exercem. A seguir, compará-los com pessoas na mesma função cujo desempenho é apenas mediano. E então fazer uma análise sistemática para determinar as capacidades ou competências que geram esses melhores desempenhos.[5]

Isso nos proporciona um "modelo de competência". Atualmente, a maioria das organizações que conta com pessoal operacional de alta qualidade utiliza um modelo de competência para suas principais posições. Isso as auxilia nas decisões sobre quem contratar, quem promover e quais pontos fortes contribuem para que os funcionários se desenvolvam ainda mais na carreira.

Há dois tipos de competência. As de *limiar* são as habilidades que todo mundo precisa para obter e manter determinado emprego. Habilidades cognitivas como QI ou conhecimento de negócios são em grande parte uma competência de limiar: quando nos candidatamos a um emprego, queremos mostrar que possuímos inteligência e experiência para lidar com a complexidade cognitiva do cargo em questão. Mas, assim que somos contratados, trabalhamos e competimos com pessoas tão inteligentes quanto nós, gerando o assim chamado *efeito chão* (*floor effect*), ou efeito de nivelamento inferior, para o QI. Ou seja, algumas habilidades cognitivas específicas são os requisitos mínimos que todos devem possuir para ocupar tal posição.

O outro tipo de competência é chamado de *distintiva*, pois diferencia os desempenhos excepcionais daqueles medianos em determinado emprego. São as competências distintivas que contam — ou deveriam contar — para fins de promoção, destacando um desempenho excelente ou um líder excepcional.

Quando Dan fez uma palestra no Google sobre as competências de IE, encontrou muita resistência: um executivo insistiu que algumas competências que Dan chamara de "distintivas" haviam se tornado o "limiar" de lá — ou seja, todos precisavam mostrá-las para fazer o trabalho. Logo, as competências que mais importam para um desempenho excepcional dependem das normas de cada organização.

Mesmo assim, as competências de IE proporcionam um mapa que pode ter utilidade para qualquer um, semelhante a um check-up de exames laboratoriais, que fornecem os valores de referência altos e baixos numa série de indicadores biológicos, como colesterol e triglicérides. Seu perfil de IE poderá ajudar na identificação do ponto de onde se deve partir para melhorar, como veremos no capítulo 12.

O PAPEL OCULTO DA INTELIGÊNCIA EMOCIONAL

Em seu primeiro semestre na faculdade, Cary aguardava o início de uma prova sobre Platão que seria determinante para a nota final. A exigência era alta: escrever fielmente três dos oito diálogos estudados durante o curso.

Enquanto se preparava, ele memorizara praticamente todos os diálogos. Mas, assim que o professor distribuiu a prova que duraria três horas, Cary ficou paralisado. Sua mente estava em branco. Ele começou a suar copiosamente, o coração ficou acelerado. Depois do que pareceu uma eternidade — mas que provavelmente durou cinco minutos, quando muito —, seu sistema nervoso pouco a pouco se aquietou. Com os nervos no lugar, sua cabeça voltou a funcionar. A tensão não sumira, mas seus mecanismos mentais entraram em ação. Assim que começou a recordar o primeiro diálogo, ele engrenou. Quanto mais escrevia, mais calmo e confiante ficava de que iria bem na prova.

O modo como Cary conseguiu se acalmar fez toda a diferença para acessar o conhecimento acadêmico memorizado, e assim ele obteve a nota máxima numa prova em que tanto temera fracassar. Essa interação entre as habilidades cognitivas e as emoções turbulentas indica por que a inteligência emocional é crucial para o sucesso na vida.

A importância da autogestão emocional no mundo acadêmico — ou em qualquer área em que as habilidades cognitivas sejam relevantes — pode ser difícil de perceber durante nossos anos de estudos. Mas considere o seguinte: as notas raramente refletem as capacidades de um aluno no que diz respeito a trabalho em equipe ou liderança, muito menos a criatividade. Geralmente, as notas recompensam o talento de dominar um novo conhecimento, ou a capacidade de ir bem numa prova. Para obter sucesso na carreira, porém, tais habilidades cognitivas, amplamente recompensadas durante os anos escolares, podem até ser necessárias, mas não bastam para o indivíduo se tornar um líder ou se destacar no trabalho em equipe.

Muitas empresas avaliam seus funcionários por meio de KPI. Ele é talvez o paralelo mais próximo das notas escolares no mundo dos negócios, pois é a métrica mais importante para o sucesso estratégico da organização. Exemplos de KPI incluem a quantidade de clientes obtidos em determinado período ou a retenção de clientes antigos; quantos fregueses entraram numa loja e quantos efetuaram uma compra; quantos downloads foram feitos em um link; entre outros. Segundo essas medidas, um bom desempenho exige um limiar das habilidades cognitivas relevantes, mas ao mesmo tempo requer IE de maneiras variadas.

No futuro, isso poderá ser cada vez mais verdadeiro. Levemos em consideração, por exemplo, a capacidade de sentir a experiência de um cliente com determinada marca. Essa habilidade empática, possivelmente fundamental para a sobrevivência de empresas que vendem direto ao consumidor, vai além da forma como KPIs são normalmente formulados hoje em dia.

A interação entre habilidades cognitivas e inteligência emocional pode ser complexa. Ambas importam para o sucesso e para estarmos com uma disposição otimizada, mas cada uma a seu modo.

Nossa "capacidade mental geral" (GMA, na sigla em inglês), outro rótulo para o que normalmente pensamos como QI ou competências cognitivas, tem se revelado repetidamente o melhor prognóstico das notas escolares, da renda futura e do sucesso profissional de modo geral.[6] Mas há algumas exceções à regra: no momento em que a vida ou o trabalho vira uma montanha-russa emocional; ou nos relacionamentos, em que a empatia é muito importante. Nesses casos, nossa autogestão e as habilidades interpessoais fazem toda diferença.[7]

Os dados sugerem que os conjuntos de habilidades do QI e da IE se localizam em diferentes circuitos cerebrais. Nossas habilidades cognitivas — determinadas, por exemplo, pela memória operacional e pela velocidade com que a mente processa a informação — tendem a diminuir à medida que envelhecemos. A IE, por outro lado, parece se manter bem preservada, ou até mesmo melhorar, com a idade, conforme indicado por maior positividade, controle emocional e equilíbrio.[8]

Por ora, sejamos mais específicos sobre os blocos de construção básicos desse conjunto de habilidades. Para nossos propósitos, usaremos o modelo mostrado na figura 2 a seguir, desenvolvido por Dan e Richard Boyatzis, professor de administração na Universidade Case Western, elaborado com base em décadas de pesquisa sobre as competências de IE que se encaixam em algum dos quatro domínios da inteligência emocional. Usaremos esse modelo para explorar aspectos da IE que são menos apreciados ou recém-adquiriram proeminência — e que são úteis para alcançar uma disposição otimizada.

Essa versão da inteligência emocional se baseou em competências específicas dentro do domínio da IE que distinguiram os funcionários excepcionais dos profissionais medianos em um emprego.[9] Ela foi originalmente construída com base em dados que indicam o que diferencia os 10% de profissionais de melhor desempenho no ambiente de trabalho, mas pode beneficiar a todos, independentemente de como nosso dia a dia esteja estruturado.

A tabela genérica de IE abaixo foi produzida pelos membros do nosso consórcio e é preenchida com as competências baseadas em proficiência em cada um dos quatro domínios:

Figura 2. Os domínios genéricos da inteligência emocional e as competências que se encaixam em cada um. Cada competência de IE depende do domínio subjacente.

A lista de uma dúzia de competências de IE apresentada na figura 2 foi frequentemente (embora não exclusivamente) aplicada a líderes.

Mas vamos expandir nossa ideia de quem exatamente pode ser chamado de "líder". A essência da liderança se resume a influenciar outras pessoas de alguma forma. Nesse sentido, todo mundo é um líder: cada um tem sua esfera de influência, seja sobre um pequeno grupo, seja com um alcance mais amplo. Professores, chefes de família, círculos de amizades — todos lideramos, de um modo ou de outro. Assim, as competências de IE se aplicam a cada um de nós.

Os capítulos seguintes mapearão uma dúzia de competências de IE essenciais e explorarão facetas que parecem mais oportunas. Lançaremos um olhar renovado sobre as competências da inteligência emocional e em alguns casos ressaltaremos os benefícios pouco apreciados. Revisaremos os fundamentos dessas competências tanto para refrescar a memória dos que já estão familiarizados com eles, como para repensar esses blocos de construção da IE conforme operam em nós mesmos, nos líderes, nas equipes e nas organizações como um todo. E, é claro, cada uma dessas competências facilitará nossa busca por um estado otimizado.

4. Autoconsciência aplicada

> O que chama a atenção da maioria dos atletas é a ideia de estar *in the zone* – uma disposição mental em que ele obtém seu melhor desempenho, não comete erros e, aconteça o que acontecer, está sempre um passo à frente. Ela se caracteriza pela ausência de inibição, concentração relaxada e sensação de leveza [...].[1]

Essa síntese do estado otimizado é de George Mumford, que trabalhou com atletas de ponta por muitos anos, incluindo as equipes de basquete do Chicago Bulls e do Los Angeles Lakers. Mumford utiliza a promessa de ensinar a entrar em um estado otimizado para convidar atletas a realizar um curso para melhorar a atenção: "Explico-lhes que, se mantiverem a concentração, a disposição para estar *in the zone* virá como um subproduto; se permanecerem no momento presente e absorvidos pela atividade, jogarão seu melhor".

Enquanto os pesquisadores do *flow* entendiam a absorção total na atividade realizada como um *resultado* do *flow*, consideramos a capacidade de ficar plenamente sintonizados com o que fazemos como uma *porta de entrada* para o estado otimizado. A concentração se encarrega de deixar as distrações de fora; quanto mais concentrados ficamos, menos distraídos somos pelos pensamentos e sensações – e, em nosso máximo empenho, ficamos à prova de distrações.

A neurociência se refere a esse estado cerebral em que damos nosso melhor como "harmonia neural". Os circuitos exigidos pela tarefa do momento são ativados mais plenamente, enquanto os irrelevantes permanecem relativamente calmos. Isso nos permite ficar totalmente concentrados no que estamos fazendo. Se por um lado a atenção em sintonia fina pode vir a ser uma porta de entrada para nosso estado de máximo desempenho, a distração — que se manifesta no cérebro como ativação de circuitos irrelevantes para a tarefa em questão — representa uma rápida saída dessa disposição. Vemos isso, por exemplo, nos hábitos de multitarefa (ou pior, clicar compulsivamente em desgraças nas mídias sociais), quando nos perdemos em coisas irrelevantes em relação às urgentes e importantes. Nos casos mais graves, somos arrastados para uma condição de esgotamento emocional.

Pense em um indivíduo absorto em um jogo de videogame no qual é preciso desviar vertiginosamente de asteroides conforme captura cristais flutuando pelo espaço. Essa pessoa está em um experimento laboratorial, e, enquanto se entretém jogando, seu cérebro é escaneado por um aparelho de ressonância magnética: quanto mais ela se envolve nas "missões", maior a força de um padrão cerebral específico, no qual seus circuitos de atenção são acionados e se conectam à rede neural de prazer.[2] É uma sensação boa estar totalmente concentrado. Essa porta de entrada de plena concentração para nosso estado otimizado tem outros benefícios: silenciando as redes neurais ligadas às preocupações e ao autoquestionamento, sentimo-nos mais confiantes e livres de inibições.

Uma boa notícia aqui: décadas de pesquisa mostram que nossa capacidade de concentração plena pode ser aprendida e aprimorada com a prática.[3] Claro, treinadores esportivos e praticantes de ioga sempre souberam disso. Como George Mumford afirmou aos jogadores de basquete, o resultado de aprender a manter o foco e permanecer calmo é um desempenho em seu estado otimizado.[4] Quem faz ioga, naturalmente, pratica habilidades de atenção similares, mas em um contexto espiritual.

Amishi Jha, neurocientista da Universidade de Miami que pesquisa como prestamos atenção, ensinou o foco na respiração à equipe de futebol no início do estressante período de pré-temporada dos jogos universitários, o qual envolve pesados exercícios aeróbicos e de fortalecimento muscular.[5] Ao final dessa temporada, os atletas que dedicaram mais tempo a esse treinamento obtiveram resultados melhores tanto em atenção como em humor. Esse é apenas um dos muitos estudos demonstrando ser possível aperfeiçoar tais habilidades mediante a prática correta, que equivale a exercitar os músculos da inteligência emocional.

A habilidade fundamental em IE representa a consciência das nossas próprias emoções e seu papel em moldar o raciocínio, as percepções, as memórias e os impulsos que nos levam a agir. Essa autoconsciência exige que estejamos sintonizados com a nossa experiência interior.

Com a autoconsciência, uma definição básica nos diz: "Você sabe o que está sentindo e por quê — e como isso auxilia ou prejudica o que está tentando fazer".[6] Outros elementos essenciais: podemos alinhar nossa autoimagem ao modo como os outros nos veem; temos uma percepção precisa de nossos próprios limites e pontos fortes e assim uma autoconfiança mais realista; temos clareza acerca de nosso senso de propósito e valores, o que nos ajuda a ser mais determinados.

Os cientistas cognitivos chamam essa atenção autorreflexiva de "metaconsciência". Podemos observar nossos pensamentos e sentimentos à medida que vêm e vão e saber no que a atenção está focada — e mudar o foco, se quisermos. Esse controle deliberado do foco da atenção é uma habilidade mental. Pense na mente como uma espécie de academia de ginástica, um lugar onde podemos treinar o fortalecimento das faculdades mentais.

Lembre-se de que a pesquisa sobre o *flow* revelava que o foco da pessoa nesse estado era de 100%, uma concentração unificada e plenamente presente no momento. Essa absorção indica a metaconsciência, isto é, a capacidade de monitorar e gerir o próprio foco. Mas não necessitamos desse foco de raio laser o tempo todo: o fortalecimento da musculatura da atenção aumenta as chances de conseguirmos entrar em um estado otimizado.

O foco — prestar atenção ao que queremos e quando queremos — tem uma infinidade de usos. A concentração deliberada no que é importante para nós no momento nos permite dar nosso melhor, enquanto as distrações prejudicam esse esforço. O controle sobre a própria atenção corresponde em termos mentais ao que o condicionamento cardiovascular é para o corpo: da mesma forma que o coração saudável potencializa uma tarefa física, o foco pleno intensifica o que estivermos fazendo.

LEMBRETES PARA A AUTOCONSCIÊNCIA

Permaneça atento

Existe um exercício simples de atenção plena (*mindfulness*) para fortalecer o foco; muitas pessoas, especialmente no ambiente de trabalho, mas até crianças na escola, já praticam o método. Funciona assim: direcione sua atenção para a respiração, concentrando-se em todo o movimento de inspiração, na pausa entre respirações e na expiração. Mantenha o foco nisso pelo maior tempo que puder. Mas permaneça plenamente atento: quando notar que sua mente começa a divagar (e pode apostar que isso vai acontecer), direcione seu foco de volta à respiração e preste total atenção na inspiração e na expiração seguintes. Continue a praticar. Muito simples.

Francamente, talvez não seja tão simples assim: à medida que seguimos praticando, inevitavelmente percebemos que o foco na respiração e os nossos pensamentos travam um cabo de guerra mental pela nossa atenção. A chave para manter a concentração na respiração, vale repetir, é notar quando a mente começa a divagar e trazer o foco de volta a partir da inspiração seguinte. Isso exige autoconsciência; na verdade, a atenção plena pode ser entendida como a autoconsciência em ação.

Os neurocientistas afirmam que quanto mais repetimos uma sequência como essa, mais fortes se tornam os circuitos neurais envolvidos. Com essa prática de prestar atenção e ignorar as distrações, são fortalecidos os elementos de foco que nos permitem fazer isso.[7]

Faça uma autoavaliação interna

Podemos usar esses momentos da nossa rotina, como escovar os dentes ou esperar o computador iniciar, para realizar uma verificação de como estamos internamente. Essa autoavaliação pode ser feita nomeando a emoção predominante que sentimos ou inspecionando mentalmente nossas sensações corporais para identificar os pontos que mais precisam de atenção e, se necessário, relaxá-los.[8]

Controle a conversa mental

Uma enfermeira visitava o paciente de um lar para idosos que sofria de uma série de enfermidades crônicas. No último contato que tiveram, o paciente disse: "Não sei por que você perde tempo comigo. Só estou esperando para morrer". A maioria teria atribuído tais palavras à depressão e à confusão mental, mas Sarah, como essa enfermeira se chamava, entendeu isso como um fracasso pessoal e não conseguia parar de pensar: "Nossa, qual o problema comigo? Onde foi que errei? Só posso ter feito alguma coisa errada".

Há um antídoto simples para esse constante autojulgamento: assumir expectativas mais realistas. Professores que entenderam que nem sempre é possível inspirar todos seus alunos ou advogados que compreenderam que a derrota em alguns processos era parte do ofício têm desempenho muito melhor. Eles continuam a estabelecer metas ambiciosas e a acreditar que o sucesso é possível, mas também estão preparados para o fracasso.

As distrações mais fortes derivam dos sentimentos turbulentos. Combater os pensamentos que alimentam essas emoções ajuda a superar a perturbação e a manter o foco.

Permaneça focado

O contrário de um foco lúcido, sem dúvida, é a mente divagando. Um estudo clássico revelou que nossa mente divaga mais ou menos durante metade de nosso tempo desperto.[9] Os momentos em que a divagação se mostrou mais elevada ocorriam em três situações: no transporte público, olhando para uma tela, e ao longo do dia de trabalho. Quando a mente se distrai do que estamos fazendo no momento, nosso desempenho é prejudicado — nenhuma surpresa aqui.[10] Mas treinar a atenção para perceber quando a mente vagueia nos permite permanecer focados na tarefa, lidar melhor com as distrações e extrair nosso melhor desempenho.[11]

A pesquisa sobre esse tipo de atenção unificada revela os seguintes ganhos:[12]

- *Ficamos mais calmos.* Podemos simplesmente dizer "não" a toda agitação e preocupação e até aos impulsos ocasionados pelas emoções. Os dados revelam que os circuitos no córtex pré-frontal capazes de inibir o impulso emocional ficam mais fortes com a prática da atenção plena. Pessoas que realizam diariamente o treinamento de *mindfulness* ficam menos propensas a reações emocionais e mais resistentes a seus gatilhos, e também se recuperam mais rápido quando eles são acionados.

- *Ficamos mais concentrados.* Toda prática de meditação e atenção plena gira em torno do treinamento da atenção — mas esse aprimoramento sistemático de nossa capacidade de foco não precisa estar baseado em nenhum sistema de crenças particular: a melhoria da concentração por meio da prática segue os princípios básicos de qualquer outro programa de treinamento de habilidades.
- *Temos mais facilidade para ser multitarefas.* Os cientistas da cognição consideram a ideia popular de "multitarefas" uma ficção — é impossível fazer diversas tarefas separadas ao mesmo tempo. Como a pesquisa revela, mudamos rapidamente de uma tarefa para outra. Um estudo seminal da Universidade de Stanford revelou que a prática de exercícios de respiração leva mais prontamente à retomada do foco em uma tarefa importante, mesmo depois de a mente ter divagado por algum tempo.[13]
- *Aprendemos melhor.* Um benefício notável da concentração aguçada é que ela fortalece a memória operacional — as coisas que conseguimos guardar a qualquer momento.[14] Quanto mais distraídos ficamos, mais fraca é nossa memória operacional; quanto mais focados, melhor. Há muito a ganhar aqui: toda aprendizagem exige que prestemos atenção para que o conhecimento novo seja registrado na memória operacional. Esse treinamento da atenção parece fazer sentido como uma parte integrante da educação.[15]
- *Raciocinamos com mais qualidade.* O treinamento da atenção aprimora também outras capacidades cognitivas, como a memória, permitindo-nos dar mentalmente nosso melhor mesmo sob forte estresse.[16] Isso expande o alcance de nossa disposição otimizada, tornando esse treinamento atraente em qualquer área em que as capacidades cognitivas sejam parte do critério de seleção: direito, medicina, contabilidade, forças especiais e outras.

Quando nosso foco é sólido como uma rocha, ficamos impermeáveis às distrações — um recurso precioso numa era em que vivemos inundados por informações e seduções digitais. A concentração também significa que podemos permanecer direcionados aos nossos objetivos, ao que é importante, a despeito da multiplicidade de chamarizes cruzando nosso caminho. De forma que a autoconsciência — base de nossa capacidade de concentração — funciona como uma porta de entrada para o estado otimizado.

NOSSO LEME INTERIOR

Mark Connor sabia desde pequeno que queria trabalhar com crianças. Assim que terminou a faculdade, arrumou emprego numa escola de um bairro carente.[17] E, para ele, a melhor parte do dia era o momento de conversa com as crianças com traumas e outros problemas.

Mas esse seu primeiro emprego como psicólogo escolar foi um desastre. Ele ficava quase o dia inteiro aplicando testes, redigindo relatórios e comparecendo a reuniões. E seu chefe era insuportável. O trabalho, a seu ver, tinha pouco significado, sem mencionar como era estressante. Não foi preciso muita autoconsciência para perceber como se sentia horrível a cada dia que passava.

Assim Mark decidiu trabalhar em meio período para poder se especializar em psicoterapia e encontrou um novo emprego como psicólogo escolar para pagar as contas. Para sua surpresa, esse novo emprego era altamente gratificante. Não precisava perder tanto tempo aplicando testes, o que lhe deixava com tempo de sobra para atuar no aconselhamento e na terapia das crianças — algo que lhe trouxe muito mais satisfação. Seu chefe o apoiava. Mark percebeu que se sentia numa disposição otimizada com mais frequência.

A sensação de estado otimizado aumentou. Depois de alguns anos, Mark passou a supervisionar estagiários, função que adorou. Ele deu início a um amplo programa de estágio no bairro, o que lhe proporcionou ainda mais tempo para fazer o que considerava significativo. A seu ver, o trabalho com escolas públicas junto a um grupo diverso de alunos e supervisionando a geração seguinte de psicólogos, aliado a um chefe e a colegas solidários, era ainda mais gratificante do que teria sido atender a pacientes em um consultório particular.

A capacidade de reconhecer a melhor situação de trabalho para si próprio o direcionou a uma carreira de sucesso. A trajetória de Mark ilustra como a autoconsciência emocional — essência da IE — pode ser particularmente útil nas escolhas de carreira, levando-nos a trabalhar em um local onde podemos operar em um estado otimizado na maior parte do tempo.

Consultores da McKinsey analisaram a "fórmula" interior dos indivíduos em seus estados otimizados — aqueles que mostravam um extraordinário nível de energia, autoconfiança e eficácia e eram altamente produtivos.[18] E concluíram que a motivação para esses desempenhos excepcionais é um senso inabalável de significado: quando o que a pessoa faz realmente importa, tanto para si como para os demais envolvidos.

Junto com o foco, outra função subvalorizada da autoconsciência é como ela nos ajuda a encontrar o que é importante para nós, nosso sentido de propósito.

ESCUTANDO NOSSA VOZ INTERIOR

Quando Steve Jobs descobriu o câncer de fígado que o levaria à morte, o cofundador da Apple fez um discurso emocionado para alunos de Stanford: "Não deixem a voz da opinião alheia abafar sua voz interior. E, o mais importante, tenham a coragem de seguir seu coração e sua intuição. Eles de alguma forma já sabem o que você realmente quer ser".

Suas sábias palavras são respaldadas pela neurociência. Ao que tudo indica, nossa configuração cerebral dificulta a articulação dessa "voz interior", a bússola interna que nos orienta para nosso senso de significado e propósito na vida. Ela pode apontar a direção certa para nós, mas não nos fornece as palavras para nomear aonde estamos indo.

O cérebro armazena a sabedoria da nossa vida — a soma total das experiências que tivemos — em circuitos localizados em seus recessos mais profundos. Esses circuitos remotos se conectam a uma estrutura do mesencéfalo chamada ínsula, que monitora os sentimentos ao longo do corpo. São esses circuitos que, como disse Jobs, "já sabem o que você realmente quer ser".

Mas esses circuitos profundos não têm nenhuma conexão com a parte do cérebro que pensa por meio de palavras, nosso córtex verbal nas camadas superiores do cérebro, o neocórtex. Além disso, em termos de tempo cerebral, esses circuitos situados embaixo reagem mais rapidamente do que os circuitos de raciocínio no neocórtex. Em relação a pensar rápido e devagar, para usar a expressão cunhada por Daniel Kahneman em seu best-seller sobre nossa vivência mental, as intuições são acessadas antes da racionalidade.[19]

Embora esse circuito intuitivo não possa "falar" diretamente com o córtex verbal, possui uma forte conectividade com o trato gastrointestinal. Considere esta questão importante: "O que estou prestes a fazer vai contra meu senso de valores e propósito?". Em razão da configuração cerebral, a resposta para isso não se dá em palavras, mas numa sensação, o "frio na barriga", um pressentimento que temos lá no fundo, em nossas "entranhas".

Por exemplo, no início de sua carreira, Oprah Winfrey trabalhou como apresentadora do noticiário das seis horas da manhã de um canal de TV em Baltimore. Mas nunca ficou muito à vontade nesse trabalho, sentia-se deslocada. Então foi transferida — na verdade, rebaixada — a apresentadora do talk show diurno da rede, *People Are Talking*.

Desde o primeiro dia na nova função, recorda ela, "Me senti iluminada por dentro, como se eu tivesse regressado à minha essência. Assim que o programa terminou, fiquei com uma sensação de compreensão ressoando em meu interior e se irradiando para os pelos na minha nuca. Meu corpo todo me dizia que era aquilo que eu deveria fazer".[20]

Para o neurocientista António Damásio, essas sensações corporais que nos informam se uma decisão parece acertada ou incorreta são "marcadores somáticos". Tais sinais internos nos orientam em todas as decisões importantes na vida, desde com quem nos casar a como pôr em prática nosso senso de propósito. Mas os sentimentos vêm antes da ação. Isso não significa que devemos ignorar os prós e contras racionais de nosso processo decisório, e sim que essa sensação também nos fornece dados inestimáveis.

Considere o caso de uma consultora de negócios que acabara de ter um bebê e estava exausta e sobrecarregada. Ela fez um curso de IE que lhe mostrou como se sintonizar às sensações de seu corpo — e quando combinou isso a um exercício para descobrir como dar o melhor de si, percebeu que era no trabalho que se sentia plenamente "ela mesma", onde alcançava sua disposição otimizada com mais frequência.[21] Abandonando a ideia de pedir demissão, ela conversou com seu chefe, que se mostrou surpreendentemente compreensivo e solidário, e juntos encontraram um modo de fazer com que continuasse envolvida no emprego que amava, ao mesmo tempo que atentava pelas necessidades familiares e pela própria saúde.

Mas a sintonia com os próprios sentimentos pode levar a um resultado bem diferente. Nesse mesmo curso de inteligência emocional, outra mulher com dilema similar — família, filhos e trabalho — realizou os mesmos exercícios. "Ela se sentia esgotada e frustrada com o emprego e aprender a escutar seu corpo a levou a tomar a decisão de se demitir", conta Michael Stern, seu instrutor no curso de IE.

Quanto melhor ficamos em interpretar nossa intuição, mais aproveitamos nossa experiência de vida para tomar decisões. A autoconsciência nos proporciona clareza acerca de nossos valores e senso de propósito, permitindo-nos ser mais determinados ao traçar um curso de ação. Claro que a pessoa pode cometer equívocos ao achar que está seguindo sua intuição, mas a autoconsciência nos ajuda a ler esses sentimentos entranhados de forma mais precisa.

O VALOR AGREGADO DA AUTOCONSCIÊNCIA

Uma nova perspectiva sobre a autoconsciência enxerga que seus benefícios vão muito além do entendimento convencional de que saber o que estamos sentindo e por que nos sentimos de determinada forma nos ajuda a perceber como esses sentimentos ajudam ou prejudicam nossas ações. Mais do que isso, o modelo otimizado valoriza outras duas vantagens da autoconsciência.

A primeira se resume a aplicar a autoconsciência para fortalecer nosso foco e concentração, ajudando-nos a identificar e afastar as distrações. A segunda aplicação da autoconsciência é escutar as sutis sensações em nosso corpo que nos informam se o que estamos fazendo no momento nos proporciona os sentimentos de um estado otimizado ou não. Pense outra vez naquela estimativa relatada por consultores da McKinsey de que nosso estado otimizado nos leva a sentir que somos até cinco vezes mais eficazes do que em nosso estado costumeiro. Eles descobriram que, para entrar e permanecer nessa disposição, era fundamental que o próprio esforço se harmonizasse à percepção do que mais importava para a pessoa, seu senso de significado e propósito.

Há mais uma capacidade crucial derivada da autoconsciência que nos ajuda a permanecer com essa disposição otimizada: a boa autogestão. Acompanhe o caso de Seth que, para lidar com seu emprego altamente estressante e os desafios de noites insones com um filho recém-nascido, utilizava um sistema de aprimoramento da autoconsciência desenvolvido por um membro do nosso consórcio, Marc Brackett, diretor do Centro de Inteligência Emocional da Universidade Yale.[22] Ao longo do dia, Seth verificava periodicamente como se sentia no momento considerando um "medidor de humor" que listava dezenas e dezenas de sentimentos dispostos em dois eixos: agradável/desagradável e energia alta/energia baixa. Essa grade o ajudava a dar nome à emoção, como "esgotado" (baixa energia) ou "desesperado" (muito desagradável).

Rotular a emoção é um dos cinco passos no sistema de Brackett, intitulado RULER.* Para rotular, é preciso primeiro compreender como nos sentimos no momento e o que isso nos leva a fazer. Depois, expressamos essa emoção: "Se estou feliz com meu filho", observou Seth, "posso expressar isso rindo e brincando com ele. Mas se estou frustrado no trabalho — uma combinação de energia alta e sensação desagradável — posso decidir dar uma caminhada para refrescar a cabeça ou adiar uma conversa para ter oportunidade de fazer uma pausa e avaliar a situação. Nem sempre podemos controlar o que acontece conosco, mas sempre podemos controlar nossa reação".

O último passo, o de regular, sugere o quanto lidar com nossas emoções depende antes de mais nada de tomar consciência delas, como veremos no próximo capítulo.

* "Régua", em inglês, acrônimo para *recognising, understanding, labelling, expressing, regulating* (reconhecimento, compreensão, rotulagem, expressão, regulação). (N. T.)

5. Autogestão e controle cognitivo

Pense num dia de inverno na Nova Inglaterra. Uma criança de cinco anos quer sair para brincar na neve. Sua mãe diz: "Claro... mas primeiro vá vestir seu macacão". O pequeno tem um chilique e abre um berreiro. "Não quero!", diz, desafiadoramente. De repente, para de chorar e se dirige em silêncio ao quarto. Depois de alguns minutos, volta vestido com o traje de neve e vai até a porta. A mãe, espantada, pergunta: "Ei... o que aconteceu?". "Ah", explica o menino, "meu Cão de Guarda ficou irritado, então falei pra minha Coruja Sábia conversar com ele."

A criança está explicando um bê-a-bá da neurociência para a mãe. O Cão de Guarda, conforme ele havia aprendido na escola, refere-se aos circuitos de emoção e atenção que atuam como sentinela para o perigo e nos alertam a ficarmos preparados para uma emergência. Na vida moderna é frequente que isso signifique ficar irritado, furioso ou assustado de forma desproporcional em relação ao real perigo. Até ameaças simbólicas — nesse caso, a mãe obrigando a criança a vestir a roupa apropriada antes de poder sair para brincar na neve — podem despertar o Cão de Guarda.

A mera capacidade de prestar atenção ao que queremos e quando queremos depende de uma habilidade mental intimamente relacionada chamada "controle cognitivo".[1] É ele que permite nos concentrarmos em uma dada tarefa e ignorar as distrações — especialmente as que vêm embaladas em fortes emoções.

Os psicólogos usam o termo "controle cognitivo" para descrever um conjunto de habilidades de autogestão, incluindo a capacidade de inibir nosso impulso inicial de modo a não fazermos a primeira coisa que nos venha à mente, e sim agir com mais sensatez. Entre outras, está a habilidade de manter em suspenso os pensamentos negativos e repetitivos — o tipo mais perturbador de distração. Cada um tem seus gatilhos, e é nesses momentos que fazemos o melhor uso do controle cognitivo para gerenciar nossos pensamentos e impulsos.

Pense na cena infame durante o Oscar de 2022, em que o comediante Chris Rock fez uma piada constrangedora sobre Jada Pinkett-Smith. Ele se referiu ao fato de que ela não tinha cabelos, deixando de mencionar que o motivo para isso era sua luta contra a alopecia. A piada mexeu com o marido dela, Will Smith, que subiu ao palco e desferiu um tapa na cara do comediante. Porém — e aqui está a questão —, Rock conseguiu manter a compostura depois de ser agredido. Como apresentador da premiação, estava no meio de seu stand-up e, para manter o clima leve, fez imediatamente um comentário sobre o incidente: "Essa foi a maior noite da história da televisão". Depois anunciou calmamente o vencedor do Melhor Documentário: Ahmir "Questlove" Thompson, por *Summer of Soul*.

A reação imperturbável de Chris Rock poderia perfeitamente ser atribuída à Coruja Sábia — os centros executivos do cérebro no córtex pré-frontal e além. Essa rede neural nos ajuda a reconsiderar as contrariedades e encontrar uma maneira mais razoável de agir. Isso parece ter entrado em ação tanto no caso de Rock como no da criança de cinco anos.

Quando o assunto é nossa vida emocional, grande parte do que acontece gira em torno da interação entre essas duas regiões do cérebro: a impulsividade derivada de nossos centros emocionais e a área pré-frontal capaz de simplesmente dizer "não" para o impulso. A lição-chave no nível cerebral é não reagir ao impulso inicial quando ocorre o sequestro emocional.

Nas emergências, nossos gestos mais ensaiados vêm à tona quando a amígdala e os circuitos relacionados assumem o controle das áreas pré-frontais. Recaímos em um hábito arraigado, agindo antes de conseguir pensar no que fazer. Por exemplo, em um trágico incidente, uma policial novata pretendia pegar sua arma de choque para subjugar um suspeito, mas, em vez de fazer isso, levou a mão à arma de fogo e atirou, mesmo dizendo que iria usar a arma de choque.

Do mesmo modo, pilotos de helicóptero precisam reaprender a soltar o cinto de segurança por um simples motivo: na aeronave, esse equipamento não é projetado da mesma forma que em um automóvel. O fecho fica no centro do tronco. Embora qualquer motorista tenha desafivelado o cinto no carro incontáveis vezes levando a mão à lateral da cintura, em um helicóptero, numa situação de emergência, esse hábito pode ser fatal, tomando preciosos segundos do piloto antes de ele se dar conta de que precisa desafivelar o cinto na frente do corpo. Assim, é preciso treinar o gesto repetidamente até se habituar.

O controle cognitivo é de suma importância em situações como essas, mas também é a qualquer momento em que precisemos administrar impulsos e pensamentos incontroláveis. Esse talento serve de base para manter o foco onde queremos — ajudando-nos a permanecer em uma disposição otimizada —, bem como para todas as habilidades de autorregulação.[2]

Emoções turbulentas, como todos sabemos, interferem em nosso desempenho. Uma pesquisa mostra que a alteração emocional em grau moderado — digamos, um professor contando uma história envolvente para seus alunos — estimula o aprendizado e o intelecto. Mas, quando nossas emoções ficam alteradas, todos nossos esforços vão por terra.[3]

Não temos controle sobre quais emoções sentiremos, nem sobre sua intensidade, tampouco sobre quando virão à tona. Mas há um ponto de escolha assim que as sentimos; isto é, não somos obrigados a reagir de acordo com elas. Alguns definem maturidade como a capacidade de aumentar o intervalo entre o impulso inicial e a atitude subsequente.

Podemos observar a diferença comparando crianças em idade pré-escolar, que são notoriamente impulsivas e caóticas, a alunos da terceira série, capazes de ser bem mais focados e comportados. Na ciência do desenvolvimento humano, essa mudança é chamada de "passagem dos cinco aos sete anos" (*five-to-seven shift*) e se refere à formação de circuitos no córtex pré-frontal capazes de inibir impulsos emocionais durante esse período da vida. Essa habilidade de autorregulação traz inúmeras vantagens para a criança, entre elas prestar atenção ao que o professor está dizendo.

Tal habilidade crucial de autocontrole está no cerne de todas as competências de IE para a autogestão: manter o equilíbrio emocional, perseguir objetivos, ser flexível diante de novos desafios e conservar uma perspectiva positiva. A falta de controle cognitivo prejudica todas essas competências. A autogestão, em suma, depende dele.

OS MARSHMALLOWS DE NOVO!

Talvez a forma mais conhecida de medir o controle cognitivo tenha sido o "Teste do Marshmallow", feito por um grupo liderado pelo psicólogo Walter Mischel quando era professor na Universidade Stanford (e pedimos desculpas aos leitores familiarizados com esse famoso estudo, mas, de toda forma, para os que ainda não o conhecem, aqui vai).[4] Eles ofereceram a crianças de quatro anos a opção de comer um marshmallow imediatamente ou aguardar enquanto o pesquisador realizava uma tarefa e receber dois depois. Catorze anos mais tarde, aqueles que esperaram e ganharam dois apresentavam melhor relacionamento com os colegas, continuavam capazes de adiar a gratificação na busca por seus objetivos e, para surpresa dos pesquisadores, pontuaram mais em testes de desempenho escolar ao concluir o ensino médio.[5]

E, melhor ainda, essa ferramenta para ser bem-sucedido na vida pode ser ensinada; crianças de quatro anos com menos aptidões de controle cognitivo que adquiriram essa habilidade mental aos oito anos mostraram os mesmos benefícios das que sempre a tiveram. Alunos de ensino médio com controle cognitivo mais desenvolvido obtiveram notas maiores do que as previstas por seu QI, provavelmente porque seus professores basearam as notas não apenas em pontuações de testes, mas também em fatores como participação em sala de aula, frequência, lição de casa e empenho — habilidades sem ligação com o QI.[6]

Os benefícios do controle cognitivo na infância parecem persistir ao longo da vida. Monitorados na casa dos trinta anos, os indivíduos que aos quatro anos haviam impulsivamente comido o marshmallow revelaram menor tendência a desfrutar de situação financeira sólida e uma saúde mais precária. E, de maneira notável, a capacidade de conter o impulso aos quatro anos (ou adquiri-la aos oito) foi um previsor de envelhecimento biológico mais lento e cérebro mais jovem cerca de quarenta anos depois.[7] O controle cognitivo em adultos se mostrou ser independente da família de origem ou do QI na infância.

A boa notícia é que nunca é tarde demais para dominar essa habilidade mental. Sempre que controlamos nossos impulsos e esperamos por uma opção melhor, estamos fortalecendo os circuitos cerebrais do controle cognitivo. Essa estratégia — potencializar o autocontrole — é central para programas contra a dependência como alcoolismo, compulsão alimentar ou vício em jogos. Tratamentos para controlar a raiva seguem o mesmo princípio. Não é à toa que a sabedoria popular nos ensina a contar até dez antes de agir quando estamos muito exaltados.

Mesmo quando adquirido na vida adulta, o controle cognitivo nos deixa mais preparados para a velhice em termos biológicos, financeiros e sociais – ou seja, conter a impulsividade em qualquer idade aumenta a chance de vivermos mais e com melhor saúde.

E isso é importante também de outras maneiras. Em adultos, por exemplo, um baixo controle cognitivo parece ser uma característica neural de depressão clínica em etapas mais avançadas da vida, segundo uma meta-análise que envolveu 16 806 adultos.[8] Os indivíduos com mais controle cognitivo apresentaram funcionamento melhor do córtex pré-frontal, que nos ajuda a tomar decisões mais ponderadas. E, de forma mais geral, quanto mais nossos pensamentos são atraídos para algo que nos perturba – ruminações e preocupações insistentes –, maior nossa tendência a apresentar problemas emocionais graves como transtornos de ansiedade.[9]

Por outro lado, tanto nos negócios, esportes, artes como em qualquer outra área, um estado de espírito singular influencia a obtenção de um desempenho excepcional. Um dos componentes que propiciam nosso estado otimizado é o domínio emocional: a capacidade de manter as emoções equilibradas e mostrar resiliência diante das dificuldades.

Um sinal desse estado se manifesta na agilidade para se adaptar a novos desafios. Nosso humor permanece ou regressa à positividade independentemente do que aconteça conosco. E é claro que o pico de desempenho proporciona uma agradável excitação emocional. Tudo isso indica autodomínio emocional – versões adultas daquela Coruja Sábia.

AUTODISCIPLINA

Em 1905, um grupo de pessoas se reúne no coração de uma floresta russa, atentas aos soldados do czar, que as matariam assim que as vissem. No meio delas, uma garotinha de doze anos lê um panfleto em voz alta – à exceção da maioria das crianças de sua idade nessa região, ela foi alfabetizada por um professor particular. Suas palavras exortam o grupo a derrubar os proprietários de terras que as mantêm em regime de servidão — mas a revolta contra o governo czarista acabará sendo abortada.

Essa menina se chamava Emma e era a avó materna de Dan. Fugindo de sua vida na Rússia, ela acabou por chegar aos Estados Unidos. Seu marido, Jacob, também um imigrante, que ela conhecera a bordo do navio para a Filadélfia, sonhava em ser engenheiro, mas nunca pôde pagar pela educação necessária. A exemplo dos avós paternos de Dan, igualmente imigrantes, que, até onde ele sabe (eles faleceram antes que nascesse), tinham pouca ou nenhuma instrução formal.

Mas os pais de Dan, nascidos nos EUA, dedicaram-se com grande afinco aos estudos, assim como outros jovens ambiciosos dessa geração filha de imigrantes.[10] A mãe dele se formou na Universidade de Chicago e fez mestrado em serviço social no Smith College; o irmão dela também estudou em Chicago, diplomou-se em física e se tornou diretor de um laboratório nacional. O pai de Dan era formado em filologia pela Universidade Yale. Os pais dele eram um caso típico de tantos filhos de imigrantes recém-chegados nos Estados Unidos que viam a excelência escolar como um caminho para os filhos obterem a segurança econômica.

Uma ampla meta-análise sobre QI e desempenho escolar revelou que a dedicação aos estudos, indo além de meramente fazer as tarefas designadas, resulta em notas apenas um pouco inferiores às obtidas por indivíduos de QI elevado[11] — e às vezes até superiores.[12] Em outras palavras, não é preciso ser a criança mais inteligente da turma para obter notas altas empenhando-se nos estudos. Não precisamos de pesquisas revisadas por pares para saber disso: é senso comum.

Interpretada à luz da IE, esse ímpeto em dar mais duro do que a média para ser bem-sucedido indica uma competência específica, cuja história remonta ao orientador de Dan na pós-graduação, David McClelland, e sua pesquisa seminal sobre o que ele chamava de "motivação para realização". Essa ênfase na motivação levou Dan a incluí-la como um dos cinco elementos da IE, embora a considere atualmente um tipo de autogestão, sendo agrupada sob esse campo hoje em dia.

A marca registrada de quem tem alto desempenho inclui um foco intenso no objetivo e a conscientização das etapas necessárias para alcançá-lo e de medidas que mostrem seu progresso, como a tenacidade de persistir em direção à meta a despeito dos contratempos e obstáculos. Tais competências ocupam o centro do conceito de "garra", tema da psicóloga Angela Duckworth, da Universidade da Pensilvânia.[13]

A garra exige resiliência, perseverança e paixão na busca por um objetivo, permitindo que mantenhamos o foco mesmo quando parece distante e difícil. A pesquisa de Duckworth revelou que a presença de garra identifica alunos com média de notas mais elevada (e que passam menos tempo diante da TV), cadetes com menor tendência a abandonar os estudos na Academia Militar de West Point, e campeões em torneios de soletrar – habilidade que exige anos de prática persistente.[14]

Duckworth teve sua primeira noção sobre o poder dessa motivação em ser bem-sucedido quando dava aulas para o oitavo ano. Ela percebeu que, assim como acontecera com a geração dos pais de Dan, essa determinação fazia a diferença entre alunos com um mesmo nível intelectual.

A garra permite continuar a perseguir os objetivos de longo prazo com confiança e coragem, mesmo diante dos ocasionais obstáculos. Embora Duckworth não faça referência específica ao trabalho anterior de McClelland, suas descobertas vão pelo mesmo caminho. A pesquisa de McClelland revelou, por exemplo, que empreendedores de sucesso demonstravam uma elevada "necessidade de realização", como a chamou; a de Duckworth apontou a garra como a habilidade básica necessária para a excelência. O tema comum subjacente a esse desempenho excepcional se resume a manter o foco nas metas de longo prazo – a vontade exigida para alcançá-las.

A equipe de pesquisa de Harvard que investigava o que constitui um "dia bom" de trabalho descobriu que o benefício mais poderoso reside na sensação de caminhar rumo a um objetivo que é importante para a pessoa.[15] Esse é um sinal-chave do estado otimizado. Em seus piores dias, por outro lado, os indivíduos afirmaram que se sentiam assoberbados, ocasionando um efeito tóxico em seu humor; as contrariedades provocaram sentimentos de tristeza, apreensão ou frustração.

O medo de não se sair bem no trabalho também afeta os mais jovens. Seu ambiente de trabalho é a escola, e a pressão pela excelência é uma grande fonte de estresse. O paradoxo é que filhos de famílias ricas e privilegiadas que frequentam escolas muito exigentes sofrem de três a sete vezes mais de ansiedade, depressão e outros sintomas de estresse.[16] Isso acontece porque mais da metade desses alunos cita a pressão dos pais para ter bom desempenho escolar, um casamento bem-sucedido, saúde e felicidade, além de contribuir de alguma forma para o mundo, entrar nas melhores faculdades e obter um trabalho bem remunerado depois de se formar.

Para alguns terapeutas infantis, valorizar os filhos por suas conquistas é problemático, pois isso passa a mensagem de que o afeto que sentem por eles está vinculado ao bom desempenho escolar.[17] O estresse sobra também para os pais: em uma pesquisa, 70% deles afirmaram se sentir pressionados em relação ao desenvolvimento acadêmico, social e emocional dos filhos.[18]

É nesse sentido que uma forte motivação para realização, como tantas características positivas, pode ser levada longe demais. Mas uma orientação saudável em direção a objetivos, combinada a boas habilidades de manejo do estresse, oferece outro tipo de vantagem.

Estudos envolvendo pessoas com alto nível de realização – como empreendedores bem-sucedidos – revelam outra característica que será de grande valor em anos vindouros: a busca por feedback a fim de se aperfeiçoar continuamente. Indivíduos com esse ímpeto para o sucesso gostam de obter métricas precisas sobre como estão se saindo e as utilizam para testar como melhorar ainda mais; assim, eles incorporam uma curva de aprendizado a seus esforços.

Há sinais específicos desse impulso pela realização.[19] Para começar, essas pessoas costumam se esforçar em ultrapassar o padrão de excelência da maioria. Isso as leva a atentar para métricas sobre seu desempenho e a sempre buscar formas de melhorar, estabelecendo metas desafiadoras e assumindo riscos calculados ao mesmo tempo que procuram alcançar um equilíbrio entre suas metas pessoais e as de sua organização.

Aqui entra mais uma vez em operação o controle cognitivo.[20] A habilidade de regular a atenção, as emoções e os impulsos nos permite, por exemplo, manter o foco nos objetivos de longo prazo a despeito das distrações cotidianas. Para ter garra é preciso até certo ponto ter controle cognitivo.

Embora ter um objetivo em mente seja muito importante, pode não bastar. O aventureiro Colin O'Brady, depois de visitar os polos Norte e Sul e escalar o Everest, atualmente treina atletas "para se relacionar com suas metas de forma sábia". Ele afirma: "Ao perceberem que estão obcecados em ensaiar, criar estratégias ou focar nos resultados futuros, eles conseguem se obrigar a voltar ao momento presente".[21] Isso permite que os anos de treinamento assumam o controle e impede que a mente atrapalhe.

Outro sinal da competência de realização é assumir "riscos inteligentes", em que a pessoa sabe possuir alguma habilidade específica que não fica tão evidente para os demais. Isso lhe dá confiança para o que espera realizar, como é o caso frequente de empreendedores. Mas alguém de fora que apenas veja os riscos envolvidos e não a experiência em que estão fundamentados pode achar que o comportamento nada tem de inteligente.

POSITIVIDADE, OU *MINDSET* DE CRESCIMENTO

Assim como a "garra" parece ser, em grande parte, um novo rótulo para a competência conhecida como "realização" no modelo da IE, outras competências receberam atenção renovada pelo mesmo motivo: dar uma nova embalagem a algo que já existe. Considere a "positividade", uma competência de IE em que mostramos uma atitude otimista em relação ao futuro e ao desenvolvimento não só de nossas habilidades como também das capacidades dos demais.

Essa atitude de "posso aprender e me aprimorar", um axioma fundamental da positividade, está no cerne do que Carol Dweck, da Universidade de Stanford, chama de um "*mindset* de crescimento".[22] Dweck argumenta que a forma como pensamos sobre nossas habilidades pode se constituir numa profecia autorrealizável. Se nosso *mindset* é rígido e fixo, encaramos os fracassos e reveses como resultado de nossa incapacidade e desistimos.

O conceito de *mindset* de crescimento de Dweck combina ambas as competências de IE: realização e positividade. À positividade em relação ao nosso próprio potencial, ela acrescenta a ideia de que os contratempos e fracassos são oportunidades de aprendizado, não obstáculos. A garra, ou competência de realização, e o *mindset* de crescimento, ou positividade, reforçam um ao outro, embora sejam diferentes.[23]

Como os psicólogos sabem há muito tempo, atribuir nossos reveses a alguma falha pessoal intransponível leva à desistência em face das dificuldades. Martin Seligman, da Universidade da Pensilvânia, identificou esse modo de pensar como o motivo para muitos casos de depressão. Seu nome para isso é "impotência aprendida". Seligman procura reverter essa postura ajudando as pessoas a desenvolver uma perspectiva mais positiva, que chama de "otimismo adquirido".[24]

Mudar o *mindset* significa aprender a pensar de forma alternativa. Um modo de passar do *mindset* fixo ao de crescimento, por exemplo, seria acrescentar a palavra "ainda" a um pressuposto limitante: "Não sei fazer tal coisa *ainda*". Outro dispositivo de mudança de *mindset*, descobriu Seligman, é desafiar a ideia de que nossas capacidades são rígidas e limitadas, lembrando-nos de que podemos aprender a desenvolver novas aptidões.

Com o *mindset* de crescimento, nos vemos capazes de aprender com os fracassos e contratempos e de desenvolver outros pontos fortes. O princípio se aplica a muitos domínios, de criação dos filhos a treinamento esportivo, de ministração de cursos a administração de negócios, e oferece motivação para seguirmos em frente (estimulando a garra). Nossas convicções acerca das nossas habilidades e capacidades acrescentam energia ao que fazemos e abrem o caminho para sermos bem-sucedidos. A atitude "eu-consigo-fazer" funciona em sinergia com a competência de realização, criando uma orientação interior no sentido de melhorarmos cada vez mais — algo essencial para conquistar qualquer objetivo e particularmente para o aprimoramento de nossa IE.

APRENDA A FAZER MELHOR

Quando Tom, um engenheiro bem-sucedido, estava no início da carreira, enfrentou críticas contundentes que elevaram seu nível de estresse à estratosfera. Porém, aprendendo a extrair o que poderiam ter de construtivas, conseguiu controlar os nervos e foi capaz de fazer questionamentos que o ajudaram a explorar a natureza delas. Podemos aprender mesmo nas piores situações, desde que recebamos feedback útil — e toda crítica, quando fundamentada, é uma forma de fazer isso.

A competência da positividade nos proporciona a capacidade de enxergar o que há de melhor em nós mesmos, nos outros e nos acontecimentos, permitindo-nos persistir na busca de nossos objetivos a despeito dos contratempos ou obstáculos que eventualmente encontramos.[25] Em vez de nos deixarmos desencorajar pelos reveses, aproveitamos oportunidades em situações que para outros poderiam parecer desesperadoras. O futuro soa como algo auspicioso.

Pessoas dotadas de um *mindset* positivo e de crescimento se empolgam com os desafios e são mais propensas a estar numa disposição otimizada do que alguém com atitude fixa. Se enfrentam um revés ou fracasso, veem isso como uma chance de exercitar suas habilidades, crescer e se desenvolver. Aqueles de *mindset* fixo, por sua vez, encaram os fracassos como um julgamento de suas capacidades — quando a vida os pôs à prova, falharam novamente.

Assim, pessoas de *mindset* fixo percebem qualquer teste de suas habilidades como uma avaliação de seu valor; anseiam pela aprovação concedida a um bom desempenho. Mas o *mindset* de crescimento nos faz ver esses desafios sob uma nova lente, cuja paixão por aprender — e a convicção de que "posso aprender a fazer melhor" — nos impele adiante.

Mas até a positividade pode ir longe demais se não for moderada por outras qualidades. O psiquiatra britânico R. D. Laing teorizava sobre um "nó" capaz de deixar as pessoas à vontade para ignorar os fatos ruins, ficando entrelaçadas em uma conspiração compartilhada. O nó surge da negação perante si mesmo e os demais de que estamos infelizes, levando-nos a manter essa infelicidade em segredo, de modo a sustentar a farsa de que somos todos felizes. Laing chamou isso de "jogo da família feliz", e evidentemente não ocorre apenas entre famílias, mas em qualquer grupo ou organização.

ADAPTABILIDADE = AGILIDADE

Assim como ocorre no "jogo da família feliz" de Laing, para a psicóloga Susan David apenas buscar a harmonia a despeito de nossos reais sentimentos pode abafar a infelicidade. A abordagem dela considera os sentimentos desconfortáveis como importantes e sustenta que podem indicar problemas significativos que não vêm à tona ou permanecem de outro modo inacessíveis.

Isso remete à diferença entre ser "bonzinho" e ser "bondoso". Se somos apenas bonzinhos, fazemos o possível para manter tudo em harmonia — participando do jogo da família feliz (ou qualquer variação, como o "jogo do ambiente de trabalho feliz"). Mas a bondade pode nos levar a dizer verdades desconfortáveis, de modo a lidar com problemas que são ocultados pela gentileza. Esse é mais um indicativo de agilidade emocional.

O que Susan David chama de "agilidade emocional" assemelha-se muito à competência de IE da "adaptabilidade".[26] Ela argumenta também que *toda* emoção tem seu lugar e sua mensagem para nós, uma ideia que remonta no mínimo a Charles Darwin. Assim, a eficiência no trabalho pode não corresponder a um sentimento de felicidade — ao conferirmos uma planilha ou revisarmos um texto, a capacidade de perceber pequenos detalhes pode ser facilitada antes por um estado de espírito mais sóbrio do que maníaco.

Em alguns aspectos, a "agilidade" se sobrepõe à competência da "realização". Por exemplo, um indicador de agilidade pode ser percebido em pessoas que se valem do feedback sobre seu desempenho para mudar rapidamente suas ações em busca de desenvolvimento. Esse uso instantâneo do feedback é também uma das marcas registradas da realização.

Em termos de competência emocional, adaptabilidade significa

> ter flexibilidade para lidar com as mudanças, ser capaz de equilibrar múltiplas demandas e se adaptar a novas situações com ideias renovadas ou abordagens inovadoras. Significa que podemos permanecer focados em nossos objetivos, mas ajustando facilmente como chegar lá.
>
> Um líder adaptável enfrenta os novos desafios à medida que surgem e não se detém diante de mudanças repentinas, ciente das incertezas que envolvem o papel de liderança.[27]

Um curso cujo objetivo é ajudar as pessoas a desenvolver novas aptidões nas competências de IE ensina que a adaptabilidade requer um *mindset* que vê a mudança antes como uma oportunidade do que como algo a ser evitado.[28] Reflexões orientadas, como "Qual é a sensação de deixar sua zona de conforto?", preparam a pessoa para tomar uma atitude. Foi assim que Laxman, um sujeito que sofrera durante anos em um ambiente tóxico como diretor de tecnologia de uma importante corporação, decidiu buscar uma nova posição. O curso de adaptabilidade o ajudou a perceber que estava pensando de forma muito restrita sobre suas opções e que a simples ideia de fazer um tipo diferente de trabalho o deixava ansioso. Ele passou a se conscientizar sobre as narrativas que criava para si mesmo e o tornavam receoso de novas possibilidades e, com a cabeça mais aberta, começou a utilizar sua rede de contatos de forma mais ampla.

Em resumo, cada uma das competências de autogestão se baseia na autoconsciência; a falta dessa capacidade fundamental para reconhecer nossos sentimentos e pensamentos nos impede de dar o passo seguinte, que é administrá-los adequadamente. As competências de autogestão da IE entraram para o léxico popular com nomes como "*mindset* de crescimento" (positividade), "garra" (realização) e "agilidade" (adaptabilidade). Nossa habilidade em cada uma delas pode ser aprimorada com o aprendizado adequado, como adaptar nosso *mindset* ou abraçar as mudanças e se adaptar.

Todas essas competências entram em jogo quando lidamos com as tensões inevitáveis ocasionadas por nossa vida e nosso trabalho.

6. Do esgotamento à resiliência

A enfermeira Ashley Harlow não aguentava mais trabalhar na UTI de seu hospital no auge da pandemia de covid-19. A gota d'água foi quando assistiu à morte da própria avó. Como o restante da equipe de enfermagem, a única coisa que a mantinha trabalhando eram as descargas de adrenalina. Mas, assim que a adrenalina ia embora, ela ficava esgotada — aquilo era mais do que podia aguentar. Então, pediu demissão.[1]

Essa progressão do estresse constante à exaustão emocional e depois ao esgotamento se tornou cada vez mais comum para um em cada cinco profissionais de saúde que largaram o emprego durante a pandemia. Entre funcionários de restaurante, trabalhadores de depósitos, altos executivos e muitas outras ocupações, o estresse e o esgotamento parecem mais prevalentes do que nunca: todas as pesquisas mostram que as pessoas estão cada vez mais tensas.[2] Um relatório de 2020 sobre a síndrome do esgotamento profissional, ou *burnout*, revelou que 30% dos indivíduos consultados sentiam alto nível de estresse; em 2021, essa proporção aumentou para 35%; e em 2022, voltou a subir para 38%.[3]

O estresse nos impede de entrar em um estado otimizado, levando ao esgotamento e a demissões, para não mencionar problemas de saúde, infelicidade geral, tendência a comer compulsivamente, beber demais etc.[4] A conhecida litania de impactos negativos do estresse vai desde exaustão emocional e queda de desempenho até morte prematura.

A habilidade de IE que faz uma enorme diferença entre estar em nosso melhor e nosso pior costuma ser chamada de "autocontrole emocional" ou "equilíbrio emocional".[5] Podemos manter nossas emoções intensas e impulsos sob controle de modo que não perturbem nossa eficácia, mesmo sob circunstâncias estressantes ou hostis. Para isso contamos com a resiliência: a capacidade de nos recuperar de estresse e aborrecimentos — isso não significa suprimir nossas emoções turbulentas, e sim administrá-las bem de modo a manter a calma e a lucidez.

Neste capítulo detalharemos o caminho que vai do estresse ao esgotamento, além de oferecer diversos métodos para cultivar a resiliência, permitindo-nos retomar esse equilíbrio interno essencial.

DO ESTRESSE AO ESGOTAMENTO

A passagem do estresse ao esgotamento (mais conhecido como *burnout*) em geral começa quando permanecemos sob constante tensão — por exemplo, quando as exigências de um emprego são altas e os recursos para atendê-las ficam aquém, como no caso da enfermeira Harlow. O mesmo caminho do estresse ao esgotamento pode ocorrer em muitas outras circunstâncias, de mães ou pais solteiros sobrecarregados a uma gestora sobrecarregada pois sua empresa demitira funcionários.

O modo como avaliamos a situação — por nossos pensamentos — pode agravar o problema. Expectativas muito elevadas e irrealistas costumam se tornar uma fonte de estresse. Isso aconteceu com frequência durante a pandemia, quando as equipes de enfermagem nas UTIs tiveram de cuidar de uma quantidade avassaladora de pacientes em estado grave que em muitos casos não sobreviveram, ao mesmo tempo convivendo com a falta de equipamentos essenciais como ventiladores pulmonares, máscaras e até leitos.

Como afirmava Epiteto, o filósofo grego, não são as coisas que acontecem conosco que importam, e sim como *reagimos* a elas. Para dizer de outra forma: a severidade do estresse não depende da tensão envolvida nos eventos, e sim da avaliação que fazemos deles.[6]

Reconsiderar nossas avaliações iniciais muitas vezes ajuda. Se percebemos o potencial estressor como uma ameaça, devemos antes de mais nada lidar com nossa própria agitação emocional. Um pensamento como "Tenho um projeto para entregar amanhã e estou muito atrasado, não vou conseguir!" levará a uma sensação de pânico e nervosismo. Mas podemos fazer a seguinte reformulação cognitiva: "Pensando bem, não vai ser nenhum fim do mundo se eu demorar mais alguns dias". Essa abordagem para lidar com a turbulência do estresse tem inúmeras variações — algumas das quais veremos mais adiante neste capítulo. Ambas as avaliações ocorrem quase instantaneamente e em geral inconscientemente.

Se prosseguimos numa trajetória de exaustão emocional, ficamos propensos ao *burnout*. O corpo foi feito para lidar com breves períodos de intenso estresse seguidos de uma fase de recuperação. O equilíbrio emocional inclui a resiliência, que é a capacidade de se recuperar. Mas se o estresse permanece elevado por um longo tempo, sem chance para a recuperação, pode desencadear o esgotamento. Um de seus primeiros indícios é a exaustão emocional, quando achamos difícil encontrar motivação até mesmo para trabalhos que antes considerávamos envolventes. Compreensivelmente, passamos a apreciar cada vez menos nosso trabalho e até os colegas. O que antes dava prazer passa a evocar menosprezo ou cinismo.

Pegue o caso de Connie, que frequentou uma das melhores faculdades de direito do país.[7] Seu sonho era trabalhar com pessoas desfavorecidas e "mudar o mundo". Assim ela recusou entrevistas com recrutadores de grandes empresas e foi trabalhar em um pequeno escritório de assistência jurídica. Mas depois de oito meses de demanda incessante e quase nenhum apoio, passando a maior parte do tempo ao telefone, em tarefas que ninguém precisaria de um diploma de direito para realizar, e lidando com clientes ingratos e desonestos, assumiu uma visão cínica e resolveu pedir as contas. Chegou até a pensar em trabalhar na promotoria pública para pôr muitos de seus clientes "atrás das grades, que era o lugar deles".

Esse tipo de atitude é um sinal de esgotamento; quando o idealismo dá lugar ao cinismo, um ponto baixo no ciclo do estresse-esgotamento, começamos a perceber consequências de longo prazo. Elas podem incluir uma série de problemas somáticos, como dores cabeça frequentes, ganho de peso, disfunções gastrointestinais, dificuldade para dormir e doenças cardíacas. O esgotamento entre operários, por exemplo, foi um previsor de cardiopatia grave dez anos depois.[8] O estresse pode envelhecer prematuramente nosso sistema imune.[9] As consequências psicológicas podem incluir depressão, isolamento social e uso de drogas e álcool para amenizar o sofrimento emocional. Em uma pesquisa, três quartos dos entrevistados afirmaram que o estresse no trabalho impactava seus relacionamentos pessoais, e dois terços que atrapalhava seu sono.[10]

Não surpreende que o esgotamento prejudica a produtividade e a qualidade do trabalho.[11] Outros sinais incluem absenteísmo e, talvez compreensivelmente, desejo de pedir demissão, descaso com a empresa e insatisfação no trabalho em geral. Uma quantidade pequena mas significativa, 16%, afirmou ter largado o emprego devido ao estresse.[12] Esqueça a performance otimizada.

SEU CÉREBRO SOB ESTRESSE

Imagine que você esteja fazendo uma apresentação importante para um grupo que quer impressionar. De repente, o PowerPoint trava. Você interrompe o que está dizendo no meio da frase para mexer em seu notebook e todos ficam em silêncio esperando que resolva o problema. Mas sua mente fica em branco — algo que normalmente seria resolvido num piscar de olhos, agora parece levar uma eternidade. Você sente desmoronar por dentro, suas mãos tremem, sua respiração acelera e seu pescoço está úmido de suor. O pensamento de como a cena deve parecer estúpida não sai da sua cabeça. Algo assim aconteceu com Deborah, esposa de Cary, quando fazia uma apresentação pelo Zoom. No fim, deu tudo certo — mas ela nunca conseguiu esquecer esses momentos de tensão.

O exemplo acima ilustra muitas das alterações no cérebro e na mente ocorridas em momentos de estresse. Ficamos distraídos e desorganizados, não conseguimos lembrar coisas simples, e parecemos incapazes de fazer qualquer coisa que não seja automatizada pelo hábito — que dirá solucionar um problema técnico. E a lembrança desses momentos constrangedores parece perdurar.

A neurociência nos diz que esses sinais de episódios de estresse se devem a uma família de substâncias químicas cerebrais chamadas catecolaminas — dopamina, norepinefrina e epinefrina. Elas acionam a famosa reação de "lutar ou fugir" que nos prepara para uma emergência: o coração se acelera para irrigar os músculos, enquanto os sistemas digestivo e imune, entre outros, reduzem a atividade, direcionando a energia do corpo para onde será necessária no curto prazo. Ao mesmo tempo, o cérebro cede o controle para nossos circuitos emocionais, em vez de fazê-lo para os centros executivos no córtex pré-frontal.

Paradoxalmente, as catecolaminas também asseguram que não nos esqueçamos do episódio tão perturbador, acentuando a consolidação da memória. Tudo isso sem dúvida ajudou nossos ancestrais a sobreviver a ameaças — mas atualmente essa mesma reação biológica ao estresse é desencadeada com muita frequência ou muito fora de hora para ser útil, especialmente quando precisamos da eficiência pré-frontal para encontrar a melhor reação.

Com a escalada da tensão, outro hormônio cerebral também aumenta: o cortisol. Durante o auge do estresse, os níveis de cortisol estão em seu máximo. O pico de sua produção acarreta sinais de estresse, como respiração e batimentos cardíacos mais acelerados, junto a um aumento da pressão arterial e dos níveis de açúcar no sangue. Com as alterações corporais, vêm reações como a intensificação de medo, ansiedade, irritabilidade ou tristeza. Podemos ter dificuldade para nos concentrar ou lembrar momentos cruciais — os lapsos mentais associados à exaustão emocional.

A ansiedade e o pico de desempenho, como mostra a ciência do cérebro, são reciprocamente inibidores: quando a primeira aumenta, o segundo diminui, e vice-versa. Assim, em um estado de exaustão emocional, nosso desempenho despenca conforme a capacidade cognitiva é restringida. Durante o pico de um sequestro emocional, nossa atenção se fixa na ameaça percebida, não no que precisamos fazer. Somos dominados pela rigidez, confiando nas reações habituais do que em algo que funcione melhor no momento.

Dan costumava chamar tais momentos de prostração de "sequestro da amígdala", mas hoje faz uma avaliação diferente. Enquanto uma visão simplista da função cerebral vê uma região específica como "causadora" de uma emoção, para os neurocientistas um estado como a exaustão emocional ativa circuitos por todo o cérebro, não apenas um nodo.[13] Assim, quando dizemos que a amígdala age como o radar cerebral para a ameaça, queremos dizer que a amígdala é parte integrante de uma rede mais ampla que é ativada quando detectamos algo que nos inspira medo.[14]

Ligada intimamente aos nossos circuitos do medo há a "rede de saliência", que decide a cada momento o que é mais relevante para nós e então transfere nossa atenção para isso. A interligação dos nossos circuitos de ameaça e de foco resulta em nossa atenção sendo atraída para aquilo que nos assusta. Na pré-história humana, sem dúvida, esse elo estreito entre ameaça e foco ajudou nossos ancestrais a sobreviverem no mundo perigoso. Mas hoje podemos enfrentar "ameaças" razoavelmente constantes — as coisas que nos preocupam. E assim nossas preocupações e ansiedades se tornam contínuas fontes de distração, restringindo nossa atenção.

Em termos mais positivos, o envolvimento e a atenção confluem: prestamos mais atenção ao que é mais importante para nós e ao que mais gostamos de fazer. A disposição otimizada exige calma e clareza.

O antídoto para o estresse de uma ameaça consiste no relaxamento, em virar a chave do sistema nervoso simpático ativado para o modo de recuperação cerebral, o sistema nervoso parassimpático. Essa mudança fisiológica está baseada no equilíbrio emocional, essencial para o gerenciamento eficaz das emoções.

Embora o cortisol seja uma das substâncias neuroquímicas acionadas pelo estresse, em um nível baixo ele nos ajuda — por exemplo, é o que põe nosso relógio biológico para funcionar pela manhã e nos proporciona a energia mental necessária para o dia. Quando somos desafiados mentalmente, o cortisol nos dá a capacidade de reagir às demandas. Um nível moderado de cortisol pode produzir uma sensação agradável de bom humor que nos proporciona o cumprimento de uma série de tarefas desafiadoras com facilidade.

Agitação ou nervosismo "pode ser algo bom", afirma uma professora universitária, que acrescentou: "Minha vida é um ciclo de prazos. Conforme me aproximo do momento de entregar um artigo ou dar uma aula, a experiência se acentua e intensifica. Assim que termino, essa energia se aquieta e relaxa. Acredito tirar proveito desse tipo de ciclo de estresse-relaxamento. Ele é benéfico para nós".[15]

Essa ativação do sistema nervoso, também chamada de "eustress", ou estresse bom, nos faz seguir em frente, energizados para as tarefas que teremos pela frente. Do ponto de vista biológico, essa mobilização crescente acompanha um aumento do cortisol, o hormônio cerebral. Nossos níveis de cortisol começam a se elevar pela manhã, preparando-nos para as atividades de um novo dia. Quando sentimos que temos um trabalho a fazer que apreciamos, o cortisol predispõe nosso cérebro e nosso corpo a realizá-lo. O estado otimizado ocorre para a maioria de nós quando o cortisol nos prepara para o desafio do momento.

Mas, ao ultrapassar os níveis ideais, experimentamos seu aumento contínuo — com a ativação de outro hormônio do estresse, a adrenalina —, e assim sofremos o que costuma ser chamado simplesmente de "estresse", o do tipo ruim.

De fato, essa professora que descreveu sentir-se energizada pelos desafios observou também que níveis mais elevados de ansiedade não ajudam: "Quanto mais ansiosos e cautelosos ficamos, mais nos aproximamos do desastre [...]". Ela comentou sobre o que ocorreu com Simone Biles, que, quando "passou por uma crise de ansiedade em sua apresentação, percebeu que seria perigoso continuar nesse estado" e desistiu das Olimpíadas de Tóquio.

Associamos o estresse a emoções negativas como a ansiedade. Mas toda emoção tem sua utilidade, como já dissemos. O grupo de Salovey e Mayer cita pesquisas mostrando que a tristeza intensifica a precisão em trabalhos minuciosos.[16] Nessas situações em que a informação relevante provém de um trabalho restrito — como revisar textos ou fazer cálculos para preencher o imposto de renda —, as emoções negativas que nos deixam num estado de espírito mais sério são melhores.

Emoções positivas tendem a permitir que absorvamos uma ampla gama de informações e aumentam a eficiência cognitiva; as emoções negativas nos restringem. É por isso que lidamos melhor com a resolução de problemas e desafios do nosso dia a dia quando estamos de bom humor. "Se a informação vem de fontes diversas", diz Richard Davidson, neurocientista da Universidade de Wisconsin, "as emoções positivas aprimoram" como fazemos cognitivamente. Essa complexidade normalmente se faz presente nos desafios da nossa vida.

Sentir-se bem — ter emoções positivas — traz um benefício inesperado. Em vez de nos deixar complacentes (a teoria do "gordo e feliz"), descobriu-se que a sensação prazerosa nos torna mais propensos a agir em questões importantes, como as mudanças climáticas.[17]

DO QUE É COMPOSTO UM ESTRESSOR?

Talvez a fonte mais difundida de estresse no trabalho seja ter tarefas demais e recompensas de menos. Estranhamente, embora a sobrecarga de trabalho seja uma das fontes mais comuns de estresse, nem sempre acarreta efeitos negativos; não ter trabalho *suficiente* pode ser pior do que ter demais. Em uma pesquisa, 79% dos entrevistados afirmaram que é mais estressante ter pouco trabalho do que muito. E 74% disseram que assumiriam mais tarefas com prazer se fossem mais bem remunerados.

Mas não é apenas o salário que importa. Também sofremos com a falta de status, reconhecimento ou apreciação. Ou pior: não ter recompensas intrínsecas; a sensação de que nossos esforços não têm significado.[18] Pense num advogado que raramente tem a chance de realizar um trabalho jurídico real. Ele passa a maior parte do seu tempo em tarefas que lhe parecem banais. Como aquela advogada que atendia ligações e preenchia papelada, uma forte candidata ao *burnout*.

Ser tratado injustamente é outra fonte de estresse. Imagine uma mulher mais inteligente que os demais colegas de sua equipe, todos homens, e que é frequentemente ignorada quando tenta sugerir uma ideia nas reuniões. Para piorar a frustração, sempre que um homem apresenta a mesma ideia dela alguns minutos depois, o grupo reage com entusiasmo. Esse sexismo sem dúvida é ilustrativo da injustiça e poderia facilmente levá-la ao rancor e à amargura. E, se esse tratamento injusto continuar, um esgotamento pode estar a sua espera.

Esse viés no ambiente de trabalho pode assumir diversas formas, desde quem recebe promoções e aumentos a quem é advertido. Numa pesquisa de 2019 com respondentes dos Estados Unidos sobre causadores de estresse no mês anterior, 25% citaram esse tipo de discriminação. Em 2021, essa proporção aumentou para 32%, e em 2022 se estabilizou em 28% — ainda assim um número muito alto.[19]

O estresse gerado pela tendenciosidade se multiplica se um estereótipo negativo paira no ambiente. Por exemplo, quando um grupo de mulheres se voluntariou para um experimento em que teriam de resolver problemas matemáticos, algumas delas foram submetidas a um preparo prévio que incluía a ideia de que mulheres não são boas em matemática, como reza o estereótipo.[20] Essa "ameaça" desencadeou distrações, como o pensamento de que se sairiam mal no teste — algo que virou uma profecia autorrealizável. Essas ameaças estereotipadas demonstraram exercer um impacto poderoso e prejudicial em qualquer indivíduo dentro de um grupo que seja alvo delas.[21]

Uma terceira fonte primordial de estresse vem de nosso íntimo: o medo de que nos falte o necessário para sermos bem-sucedidos. Esse medo do fracasso normalmente ocorre quando alguém começa em um novo emprego ou tarefa e tem um sentimento de inadequação ou de inferioridade. Nosso senso de identidade e autoestima está fortemente ligado ao nosso grau de sucesso nos principais papéis que desempenhamos, no trabalho, em casa ou em qualquer área de nossa vida que seja importante para nós. Profissionais sem vida familiar tendem a vincular sua autoestima sobretudo ao sucesso no emprego — e dessa forma elevam suas expectativas em relação ao próprio desempenho.

Quando Cary entrevistou profissionais em seu primeiro ano no emprego, descobriu que a preocupação com a capacidade de atender às expectativas era generalizada. Isso não surpreende. Mas doze anos depois sua equipe de pesquisa verificou que muitos deles continuavam com a mesma apreensão. Como admitiu um professor veterano do ensino médio: "Até hoje tenho pesadelos em que peço à classe para fazer determinada coisa e todos olham para mim e dizem 'Não!'. A ansiedade continua muito alta".

Esse estresse autoinfligido aumenta com o perfeccionismo. Imaginar que sempre vamos alcançar um objetivo gera imenso estresse. Da mesma forma que a idealização de devermos entrar em estado de *flow* continuamente, essa maneira de pensar produz um estresse interno que vai além das eventuais pressões presentes num emprego. Vemos isso na forma como professores inexperientes acreditam que precisam inspirar todos os alunos, ou advogados novatos que se autopenitenciam sempre que perdem um caso.

AS VIAS DA RESILIÊNCIA

Pense naquela enfermeira de um hospital em Boston que passou longos dias na UTI cuidando de pacientes com covid-19. Ela considerou torturante a experiência de lidar com pacientes sofrendo muito e que morriam em grande número. Seu trabalho a deixou sentindo-se péssima. Mas ela tomou a decisão deliberada de não permitir que isso destruísse seu bem-estar. Acordava mais cedo para começar o dia com uma longa corrida. Organizava encontros no Zoom com amigos próximos em que não conversava sobre seu dia a dia, apenas sobre lembranças divertidas ou coisas positivas que esperavam fazer quando tivessem oportunidade de viajar juntos outra vez. Meditava diariamente. Ligava para familiares que não via fazia muito tempo, apenas para se reconectar. Sentia que disseminava a alegria.

Ela encontrou maneiras de se conectar ao seu equilíbrio emocional, essa competência que nos permite, em especial, combater os males do estresse. Nas palavras de Richard Boyatzis, seu entrevistador, "O ânimo dela era ótimo".

Existem muitos caminhos para buscar nosso equilíbrio emocional diante do estresse:

Encontre significado

Ter um senso de propósito ajuda a amortecer o estresse porque somos capazes de reavaliar os acontecimentos negativos a partir desse sentido mais profundo de propósito. Em um estudo com milhares de pessoas da meia-idade para cima, os que levavam uma vida com foco e propósito mostravam menos propensão a remoer e a ruminar os reveses, prejuízos e fracassos, e recuperavam o equilíbrio interno mais rapidamente.[22]

Concentre-se na tarefa do momento, mesmo diante de um nível tóxico de estresse

Uma prática diária de meditação – *mindfulness* ou qualquer outro tipo – pode ajudar nisso. Cada vez mais as pesquisas mostram que esses exercícios mentais tendem a nos deixar menos reativos ao estresse e mais resilientes – com capacidade para nos recuperarmos mais rápido.[23]

Administre o conflito entre trabalho e família

Não é incomum que as necessidades familiares e as exigências do trabalho formem um verdadeiro cabo de guerra.[24] Sempre há alguma tensão entre o trabalho e a vida fora dele. Para atender plenamente um lado, normalmente acabamos por negligenciar o outro; a maioria acha impossível cumprir adequadamente todas as demandas o tempo todo.

Pense numa mãe solo com dois filhos pequenos. Ela precisa trabalhar para sustentar a família, mas isso significa que não está disponível para os filhos tanto quanto gostaria. Isso é uma fonte de estresse.

Por outro lado, às vezes a vida familiar pode ajudar a aliviar o estresse decorrente do trabalho. Por exemplo, uma professora era casada com um gerente de nível intermediário em uma multinacional que não aspirava mais progredir na carreira – e era tão cooperativo com a vida profissional dela que, além de assumir muitas tarefas domésticas, também estava sempre disponível para escutar quando a esposa havia tido um dia estressante na escola.

Mude o que for possível

"Conceda-me a serenidade para aceitar o que não posso mudar, coragem para mudar o que for possível e sabedoria para perceber a diferença", diz a oração da serenidade do teólogo Reinhold Niebuhr. Essa visão se aplica amplamente ao gerenciamento do estresse. Às vezes podemos lidar melhor com o problema trabalhando em cima de nossas próprias reações – quando mudar o estressor está além do nosso alcance –, ou, digamos, contornando um prazo angustiante com um pedido de prorrogação ou de ajuda.

A resiliência pode exigir uma correção de rota, como mudar de carreira ou procurar emprego em outro lugar. Uma advogada que achava seu trabalho muito estressante voltou a estudar meio período, fez um mestrado em urbanismo e conseguiu emprego no departamento de planejamento de uma cidade grande. Não era o que havia esperado no começo de sua carreira, mas se revelou bem mais gratificante que seu trabalho anterior.

Ou podemos cultivar a resiliência fazendo alguns ajustes no trabalho. Charles, presidente de uma rede atacadista de alimentos, sempre ficava apreensivo antes de se encontrar com determinado cliente, que sabia como manipulá-lo emocionalmente. Mas certo ano resolveu enviar outra pessoa em seu lugar. O problema foi resolvido, ele evitou o estresse, e o executivo dele voltou com um novo contrato excelente.

Mantenha algum senso de controle

Ao final de seu primeiro ano lecionando, Eugenia Barton era uma das professoras com maior sinal de esgotamento do corpo docente. Relembrando aquele ano, ela disse: "Achei que tinha morrido e estava no inferno!". Mas, doze anos depois, continuava na mesma escola e permanecia notavelmente resiliente. Ela comentou sobre a autonomia proporcionada pelo trabalho: "Gosto de ser independente. Podemos nos queixar de diretores, superintendentes e qualquer um no conselho escolar. Mas, assim que fecho a porta da sala, tenho total independência".

Faça uma pausa

Uma pesquisa mostra que há um limite para a quantidade de estresse, pressão e preocupação com prazos que o corpo humano consegue aguentar. Às vezes precisamos reservar um tempo para deixar de *fazer* coisas e simplesmente *existir*. Isso foi o que nosso colega no consórcio Richard Boyatzis descobriu quando realizou uma busca minuciosa dos resultados científicos sobre as fontes comuns de estresse em nossa vida e de que maneiras podemos recarregar as baterias.[25]

A fisiologia do estresse e da recuperação se resume ao modo como o estresse estimula o sistema nervoso simpático, projetado para nos ajudar a sobreviver em uma emergência através daquele mecanismo de "fugir ou lutar". Quando esse sistema de agitação é ativado sem cessar, reagindo a crise após crise — *O bebê está doente! O carro não pega! Vou perder uma reunião importante!* —, beiramos um estado de exaustão emocional. Se esse estresse não nos deixa tempo suficiente para a recuperação, acabamos sendo levados à prostração. Quando isso continua e vira crônico, o resultado pode ser o *burnout*.

Contudo, Boyatzis descobriu haver um modo simples de combater esse ciclo vicioso: alternar os dias e as semanas com intervalos para recuperação, ativando o sistema nervoso parassimpático e recarregando as energias do corpo. A recuperação pode ser algo tão simples quanto uma caminhada na natureza, uma conversa com um amigo, ou um tempo passado com seu bicho de estimação. Um executivo sob alta pressão nos disse que "Brincar com meu gato salvou minha vida".

Trabalhando com Dan, Boyatzis projetou uma autoavaliação simples que nos permite identificar a proporção entre estresse e recuperação em nossa vida.[26] Ela lista as principais formas cientificamente embasadas de recarregar as baterias, oferecendo opções quanto ao que podemos inserir em nosso dia a dia para obter o equilíbrio adequado. E, quando a questão é reduzir o estresse, há uma ferramenta específica: equilíbrio emocional.

Respire profundamente

Nossa respiração pode refletir a condição de nossa ativação autônoma: rápida e superficial quando estamos em modo de fuga ou luta, e profunda e lenta quando nosso corpo está em modo de recuperação – ou, de forma mais técnica, ativação simpática e parassimpática, respectivamente. Podemos alterar o estado estressado para mais relaxado – ao menos temporariamente – por meio de uma respiração profunda deliberada. Às vezes isso é feito com uma contagem de 4-4-4: inspire fundo usando o diafragma, de modo que sua barriga se expanda, e conte até quatro, prenda a respiração por quatro segundos e solte o ar lentamente por quatro segundos (ou o máximo de segundos que puder sem sentir desconforto). Faça isso várias vezes seguidas para obter o melhor benefício. É uma forma rápida e imediata para alcançar mais resiliência.

Agradeça

Uma forma de sair da negatividade – como o cinismo gerado pela exaustão emocional – para uma direção mais positiva pode ser transportar a mente para pessoas ou aspectos de sua vida pelos quais se sente agradecido. Em uma versão dessa prática, as pessoas anotavam diariamente o nome de três indivíduos ou coisas pelas quais eram gratas e seus níveis de estresse diminuíram.[27]

AUTOFOCO: O QUE ESTÁ FALTANDO

As fontes de estresse em nossa vida e nosso trabalho estão por toda parte. Não podemos evitá-las. Como o estresse ativa regiões cerebrais que nos distraem da tarefa do momento, pode comprometer nossa efetividade. O estresse é um inimigo do estado otimizado.

Mas não há motivo para desespero: existem muitas maneiras de lidar melhor com as situações estressantes da vida. Desde mudar nossas condições, se pudermos, até adotar um *mindset* mais positivo, ou ajustar nossa fisiologia em busca de resiliência. Ninguém precisa ser uma vítima.

O equilíbrio emocional – ou "resiliência ao estresse" –, junto a outras competências de autogestão, nos proporciona elementos essenciais para o alto desempenho, o sucesso na carreira e uma vida "vitoriosa". Mas será suficiente? Um narcisista – uma pessoa totalmente absorvida em si mesma – poderia adotar essas competências para sua própria satisfação. A nosso ver, desenvolver essas habilidades para o sucesso individual não necessariamente fará dessa pessoa alguém que se importe com os outros, ou que se torne um ativo valioso para uma equipe, ou lute pelo propósito maior de uma organização.

Embora as competências de autoconsciência e autogestão nos proporcionem maior controle sobre nossa vida, elas não são o suficiente para melhorar nossos relacionamentos. Ser excelente para seus próprios fins não necessariamente significa que a pessoa se importa com os outros, tampouco que é compassiva. Muito menos que aprecia trabalhar em equipe, oferece uma visão e um propósito que sirvam de inspiração para os demais, ou os ajuda a desenvolver seus pontos fortes para conquistarem maior efetividade.

Ampliar seus objetivos para além do sucesso pessoal abre caminho para relacionamentos melhores, para ser um integrante valorizado da equipe e para se tornar um ativo em sua comunidade ou organização. Tudo começa pela empatia.

7. Empatia

Uma menina de três anos atende o telefone e quando sua tia do outro lado pergunta "O que você está fazendo?", ela responde: "Brincando com *ela*".

"Ela" é sua boneca, e a criança não percebe que a tia não pode ver o que está em sua mão. É porque essa menina ainda não desenvolveu uma capacidade que os psicólogos chamam de "teoria da mente", ou a habilidade de saber o que o outro percebe, pensa ou sente. Isso só virá a partir dos cinco anos.

Ter uma teoria sobre o que se passa na mente de outra pessoa representa uma habilidade essencial para nossa vida em sociedade, facilitando nossas interações. Imaginamos constantemente como é estar na pele dos outros e em nossas interações implicitamente empregamos nossas conjecturas.

Saber o que a outra pessoa pode estar pensando representa um elemento fundamental na empatia *cognitiva*, uma das três variedades de sintonia com os demais que nos tornam emocionalmente mais inteligentes. O cérebro abriga os três principais elementos da empatia em diferentes conjuntos de circuitos neurais.[1]

A empatia *cognitiva*, baseada em grande parte na área do raciocínio, ou neocórtex, permite-nos saber como o outro se sente e enxergar sua situação do momento. Podemos interpretar a perspectiva da outra pessoa e desvendar seus modelos mentais para ter uma ideia de sua linguagem, de modo a transmitir um recado preciso. Isso significa que podemos ser comunicadores altamente eficazes.

A ideia dessa eficácia na comunicação tem uma longa história. Muitas tradições, por exemplo, louvaram por séculos a capacidade de compreender como determinadas pessoas pensam e a habilidade da persuasão.[2]

A empatia *emocional*, alojada sobretudo nos circuitos emocionais do cérebro, permite-nos saber de imediato o que a outra pessoa sente porque também o sentimos. A empatia emocional depende de uma ligação cérebro a cérebro, em que os circuitos emocionais de uma pessoa ressoam com os da outra. Isso torna a empatia emocional rápida e potente – sentimos na hora a alegria ou a tristeza dela. Um perigo é quando somos dominados pelo estado tóxico da outra pessoa – pânico, raiva –, levando a um sofrimento empático. Essa patologia da empatia se tornou um problema grave em empregos como a enfermagem, em que esgotamento e pedidos de demissão resultam do fato de ter que ficar em constante contato com pacientes em situação aflitiva.

A empatia emocional nos permite sentir as emoções do outro mediante uma cascata de canais não verbais, como a expressão facial, o tom de voz e os gestos. Essa gradação emocional matiza as palavras da outra pessoa com um significado específico que nossa empatia emocional nos permite captar. Existem muitos circuitos no prosencéfalo projetados para gerar essa ligação automática, instantânea e inconsciente com o cérebro da pessoa com quem interagimos – uma ponte de tráfego emocional. Saber como a outra pessoa se sente a cada momento nos permite falar e agir mais de modo mais preciso.

Certa vez, Dan deu uma palestra em um encontro anual de profissionais de marketing em que apontou que as empatias cognitiva e emocional são as ferramentas necessárias para aprimorar uma mensagem publicitária. Houve risadas desconfortáveis – pois ele indicou que o terceiro tipo de empatia significa que a mensagem não ocorre exclusivamente a serviço do próprio interesse (ou da participação no mercado de determinada marca), mas também visando aos interesses do receptor da mensagem.

IMPORTAR-SE COM OS OUTROS FAZ DIFERENÇA

A esposa de Dan ficou frustrada quando um serviço de entrega deixou suas compras em um ponto de retirada em vez de entregá-las em sua casa. Entre os produtos havia alguns ingredientes essenciais para o jantar que faria à noite.

Então ela ligou para o serviço de atendimento ao cliente da empresa. No momento em que a ligação foi atendida, já começou a se sentir melhor.

Para começar, o atendente imediatamente passou a impressão de que estava ali para ajudá-la. Embora ela estivesse inicialmente muito irritada, o sujeito a acalmou e escutou de fato o que tinha a dizer. Ele compreendeu o problema na mesma hora, concordando que o procedimento tinha sido errado, e demonstrou solidariedade com seus sentimentos de frustração, não só refazendo o pedido para que fosse entregue no endereço certo, como também a presenteando com um cupom pelo aborrecimento.

Encantada, a esposa de Dan desligou a ligação. A irritação anterior deu lugar a uma sensação de alegria — e ela desejou que mais pessoas fossem como aquele atendente. O rapaz fora extraordinariamente empático das maneiras usuais, cognitiva e emocionalmente. Mas o mais importante de tudo: estava claramente do lado dela.

O terceiro tipo de empatia significa *se importar* com a pessoa com quem estamos sintonizados. Essa variedade de empatia abre as portas para a compaixão, para considerar o que é mais interessante para o outro, não apenas para nós. As principais religiões promovem esse sentimento, seja sob a roupagem da "caridade", da "bondade", ou da própria compaixão. Uma das famosas frases de Dalai Lama é "Minha religião é a bondade", e ele vê essa ênfase em se importar como algo comum a todas as tradições espirituais.

Religiões à parte, esse interesse entrou para o mundo científico como "preocupação empática".[3] Não só sentimos o que a outra pessoa pensa e sente, como também nos interessamos por seu bem-estar. Essa preocupação com o outro parece residir nos mesmos circuitos do amor dos pais pelos filhos e nos proporciona a base para o altruísmo e até a compaixão. Uma antiga crítica sobre a inteligência emocional sustentava que o conceito não dava margem a uma dimensão moral. Mas a preocupação empática refuta essa crítica ao colocar o "se importar com o outro" dentro do domínio da IE.

Mostrar preocupação é importante em todas as esferas da nossa vida, de nossas ligações mais próximas ao nosso ambiente de trabalho. Parece haver uma necessidade tácita desse tipo de cuidado nos ambientes corporativos. "O curso de IE aqui é imensamente popular", disse um gerente de uma das maiores redes varejistas do mundo. "É a primeira vez que alguém nesta empresa usa a palavra 'compaixão'."

Assim como não deixamos de amar uma criança porque está fazendo birra — nosso afeto não muda, por mais que desaprovemos seu comportamento —, a pesquisa mostra que, com a preocupação empática, manter nosso amor pelas pessoas conforme sintonizamos com a dor e o sofrimento delas nos permite estarmos presentes para elas, em vez de lhes dar as costas. Isso desarma o "sofrimento empático", em que desligamos da dor do outro de modo a aliviar nosso desconforto. Permanecer presente junto ao sofrimento do outro nos permite dar o passo seguinte, que é agir com compaixão e ser bondoso, não apenas calmo e lúcido — o tipo de empatia que esperamos de nossos amigos, cônjuge, chefes e entes queridos em geral.

Enquanto competência, empatia significa a capacidade de perceber os sentimentos dos outros e como eles enxergam o mundo, além de nos proporcionar uma preocupação genuína com o bem-estar das pessoas.[4] Significa que compreendemos as emoções não manifestadas seguindo pistas não verbais acerca do que sente e pensa no momento, o que por sua vez exige que o escutemos e observemos com atenção.

Provavelmente ninguém é melhor nisso do que o psicólogo Paul Ekman. Ele levou um ano observando a própria imagem no espelho para dominar como controlar voluntariamente os mais de duzentos músculos do rosto, do queixo à testa, e de uma orelha à outra. Mas, depois de obter esse controle prodigioso, ele foi capaz de mapear os padrões do movimento muscular facial subjacente a cada uma das seis principais emoções: medo, surpresa, raiva, tristeza, alegria e nojo.

Esse mapeamento serviu de base para o Sistema de Codificação de Ações Faciais (FACS, na sigla em inglês), um método para os pesquisadores lerem as emoções expressas no rosto em determinado momento (o mesmo sistema também é usado nos desenhos animados para dar expressão ao rosto dos personagens). Quando estamos estressados ou preocupados, por exemplo, contraímos os músculos entre as sobrancelhas; quando nosso sorriso é genuíno, são os músculos que produzem as rugas nos cantos dos olhos que se tensionam.

Durante a pandemia, quando a maioria usou máscaras para evitar a contaminação pelo coronavírus, os pesquisadores do Laboratório de Atenção e Cognição Social da Universidade McGill puderam usar esse mapeamento para avaliar o prejuízo na precisão empática causado pelo uso da máscara.[5] A parte inferior do rosto ficava oculta e, assim, bloqueava a visão dos músculos faciais dessa área que são mais ativos em emoções específicas. Por outro lado, o medo e a tristeza alteram principalmente os músculos ao redor dos olhos, que são mais visíveis. Raiva e surpresa alteram a musculatura tanto na parte superior como inferior do rosto.

Interpretamos essas alterações nos padrões da tensão muscular facial em termos das emoções que os movem — e nossa capacidade de reconhecer o que alguém sente no momento depende em grande parte de nossa precisão em fazer isso. Mas, compreensivelmente, tudo muda de figura quando metade do rosto está oculto sob uma máscara. O estudo da McGill descobriu que em geral a máscara reduzia em cerca de quatro vezes a precisão empática para ler emoções. O reconhecimento do nojo ficou reduzido em 46%; da raiva, em 30%; da tristeza, 23%. Por outro lado, o reconhecimento do medo, da surpresa e da felicidade foram os menos afetados.

EMPATIA NO TRABALHO

Quando o neurocirurgião Patrick Codd fez sua residência em um pronto-socorro, não estava preparado para a quantidade de pacientes com lesões cerebrais devastadoras que teria de tratar — muitos nunca se recuperaram, e muitos acabaram morrendo. E ele não estava sozinho, pois viu outros residentes chorando pelas escadas do hospital.

Mas havia uma válvula de escape: "Ignorar a dor", diz o dr. Codd, "é um mecanismo de autodefesa embutido na própria essência da neurocirurgia".[6] Não apenas da neurocirurgia: a pesquisa revela que os médicos têm uma forma única de praticar uma variedade desapegada da compaixão, pela ativação de um nódulo no cérebro que entorpece a empatia pelo sofrimento alheio. Esse mecanismo lhes permite tratar, sem se abalar, a imensa gama de sofrimento físico que presenciam tanto em um pronto-socorro como na sala de cirurgia.[7]

Reprimir sua reação à dor e ao sofrimento alheio tem suas utilidades do ponto de vista do pragmatismo, como a medicina descobriu — essa habilidade de ignorar o sofrimento da outra pessoa e manter o foco em ajudá-la parece essencial tanto no pronto-socorro quanto na sala de cirurgia. Mas, se essa indiferença ao sofrimento alheio vai além dos limites do trabalho, perdemos a capacidade de preocupação empática. Ficamos insensíveis diante da angústia geral ao redor, até daqueles que mais amamos.

Dr. Codd, que se tornou neurocirurgião do Centro Médico da Universidade Duke, pensou que um antídoto para essa atitude indiferente poderia ser ajudar os médicos residentes a enfrentar a dor emocional sentida ao ter de declarar a morte de um paciente ou ter de assumir que a decisão tomada fora equivocada. Assim, ele criou uma reunião mensal para conversarem sobre como se sentiam. No início da primeira reunião, dr. Codd imaginou que ficaria sozinho na sala. Mas todos os médicos residentes compareceram.

Um amigo que tinha acabado de ir a uma consulta em uma nova clínica ouviu o seguinte do médico: "Vou contar tudo que descobrir. Se eu estivesse na sua posição, eu gostaria de saber". E um amigo disse que: "Quando a gente sente que se importam conosco", faz toda a diferença. E acrescentou, num tom de satisfação, "eles têm empatia".

A empatia traz benefícios à medicina pois aumenta a adesão dos pacientes ao que o médico lhes diz para fazer, e aumenta a satisfação dos pacientes. Por exemplo, quando os médicos residentes receberam treinamento em empatia — um complemento incomum ao currículo padrão das faculdades de medicina —, seus pacientes os classificaram como mais atenciosos.[8]

Esse treinamento em empatia para médicos residentes foi desenvolvido pela dra. Helen Reiss, integrante do nosso consórcio e psiquiatra na Faculdade de Medicina de Harvard. Os residentes são incentivados a fazer contato visual com o paciente, reconhecer os sentimentos deles lendo suas expressões faciais (e a serem mais propensos a espelhar essas expressões em seu próprio rosto), escutar atentamente sem julgar. Melhor ainda: dar um nome ao que o paciente sente e responder de maneira que mostre compreensão, em um tom tranquilizador. Esse é um bom conselho para pais e líderes. A empatia representa uma qualidade que todos desejamos nos entes queridos — em amigos, cônjuge, familiares — e em qualquer um com quem regularmente passamos tempo, como no ambiente de trabalho.

POR QUE A EMPATIA IMPORTA?

A divisão de consultoria de uma empresa de tecnologia tinha um funcionário brilhante, mas não permitia que interagisse com os clientes. O motivo era simples: embora soubesse analisar seus problemas, ele era incapaz de se conectar emocionalmente. Não conseguia manter uma conversa amena; na verdade, simplesmente não conseguia se relacionar com os clientes de forma alguma — nunca perguntava como estavam, o que achavam, nada do tipo. Apenas se debruçava sobre o que via como a solução e depois dava as costas ao cliente. Essa pessoa carecia de empatia, a capacidade de se sintonizar com os sentimentos dos outros, de entender suas vidas e preocupações.

"As pessoas querem nos convencer", disse o CEO da Apple, Tim Cook, em uma cerimônia de formatura no MIT, "de que devemos deixar a empatia de fora das nossas carreiras. Não aceitem essa falsa premissa." Cook não está sozinho em valorizar a empatia no mundo dos negócios; mais de 80% dos CEOs numa pesquisa concordam que a empatia é imensamente importante para a colaboração, a resiliência e o moral.[9]

Enquanto uma cultura empresarial extremamente competitiva oferece uma receita para o fracasso, uma cultura que encoraja a empatia tem mais chances de prosperar, afirma Jamil Zaki, da Universidade de Stanford.[10] Ele enfatiza para seus alunos que a empatia é antes uma habilidade que pode ser reforçada do que uma característica fixa, e propõe maneiras de desenvolvê-la. Uma das formas mais poderosas de fazê-lo, descobriram pesquisadores de Stanford e Harvard, é dando o exemplo: a generosidade e a bondade podem ser contagiosas, determinando uma norma social que os outros seguem.[11] E, quando os líderes põem o foco nesses modelos exemplares, a norma se espalha mais rapidamente e se enraíza mais profundamente na cultura da organização.

Como proclamou a revista *Forbes*, "A empatia é *a* mais importante habilidade de liderança de todas".[12] As vantagens de uma cultura empática variam enormemente, compreendendo o aumento da inovação, maior engajamento, retenção de talentos, sentimentos de inclusão e até melhor equilíbrio entre a vida pessoal e o trabalho.

A integrante do nosso consórcio Ruth Malloy, que avalia altos executivos de empresas globais para a consultoria Spencer Stuart, diz que acha que toda pessoa de alto escalão bem-sucedida necessita ter força na competência de realização para chegar aonde está. Mas quando lidera outros ela precisa moderar esse seu ímpeto com outra habilidade de liderança: o aspecto atencioso da empatia.

Quando não se importa com os outros, um líder altamente realizado pode até obter resultados de curto prazo, mas a longo prazo acaba esgotando o capital humano da organização.[13] "Pessoas talentosas, com alto desempenho, ficam frustradas", diz Malloy. "Saem à procura de novas oportunidades, enquanto os medíocres permanecem."

Sentir que alguém nos encoraja, conforta ou valida o que sentimos exerce um impacto positivo no nosso humor. Isso pode ser sobre algum problema que tenhamos em nossa vida pessoal ou apenas sobre estarmos nos divertindo com alguém, revelou um estudo da Universidade Harvard.[14] Os dias em que as pessoas colaboram de alguma forma tendem a fazer com que se sintam bem. Na verdade, a pesquisa revela que simplesmente estar na companhia de alguém de que gostamos pode ser edificante.

A primeira pessoa a se beneficiar da compaixão é aquela que se sente compassiva. Esse princípio foi enfatizado em um estudo feito diariamente sobre como as pessoas se sentiam ao longo de certo período. Ser uma pessoa generosa não apenas trouxe energias positivas para os que receberam as atenções — palavras de encorajamento, elogios etc. —, como também rendeu a ela melhores avaliações de desempenho e promoções mais rápidas.[15] Por outro lado, a grosseria e a estupidez no ambiente de trabalho resultam em (surpresa nenhuma!) desempenho ruim, menos colaboração, deterioração da experiência do cliente e mais gente se demitindo.

SERVIÇO SEM EMPATIA

Certo dia, Dan levou seu carro para consertar numa oficina local. Ele foi encaminhado ao balcão de um "consultor de serviço", que não o orientou em nada — na verdade, o homem mal olhou na cara dele antes de se afastar para fazer qualquer coisa, sem dar a menor explicação nem dizer quanto tempo levaria.

Dan sentou e, depois de uma longa espera, o homem voltou, para imediatamente grudar os olhos na tela do computador, sem dizer uma palavra nem tomar conhecimento de sua presença. Para completar, isso aconteceu em pleno auge da pandemia de covid-19, e havia uma placa na porta dizendo que o uso de máscara era obrigatório, mas o sujeito mantinha a sua no queixo, com o nariz de fora.

Tudo isso constituiu uma experiência horrível. Se Dan fosse do tipo que dá notas no Yelp ou algum aplicativo similar, esse estabelecimento teria recebido a classificação mais baixa possível. E, num mundo competitivo, essas avaliações fazem diferença. Numa época em que todo mundo avalia constantemente todo mundo, há uma razão pragmática para ter mais empatia. Como explicou um *coach* executivo de renome mundial a seu cliente, que era CEO de uma empresa: "Você receberá classificações melhores" se mostrar empatia. Mesmo assim, coletar dados digitais sobre como os clientes reagem, embora seja uma abordagem popular, deixa de fora a experiência pessoal do cliente e, desse modo, carece de compreensão empática.

As normas estão mudando. Não muito tempo atrás, um alto executivo — que poderia ser também um professor, um treinador, alguém do clero... qualquer pessoa em posição de autoridade — conseguia se safar de atitudes que hoje em dia resultariam em condenação pública, quando não em cadeia. As avaliações "de baixo para cima" difundidas pelas mídias sociais, em que o cidadão comum pode expressar uma opinião pública sobre alguém mais poderoso, mudaram os padrões sociais.

Tudo isso produz um argumento pragmático em favor da maior empatia — ou seja, a capacidade de se sintonizar com o modo de ver e sentir do outro e com o que é melhor para ele. Além disso, o desenvolvimento de aptidões apenas para os próprios fins pode abrir as portas para um egocentrismo narcisista, enquanto a empatia e a preocupação com os outros fornecem um antídoto. A empatia nos encoraja a usar nossa inteligência emocional em prol de um benefício mais amplo.

NORMAS PARA SE IMPORTAR

Uma empresa de produtos para o lar passara recentemente por uma mudança na alta liderança, e os novos gestores pressionavam por reduções de custo em todos os setores. Em uma reunião numa das unidades, o chefe da divisão rejeitou a ideia de que a equipe procurasse pensar em maneiras de reduzir custos; em vez disso, mandou seu grupo encontrar formas de maquiar os resultados, mesmo que isso significasse inflar os próprios números.

Embora ninguém resistisse abertamente, todos se sentiram traídos — não só por suas ideias serem desconsideradas, mas também porque acharam que o chefe era indigno de seu respeito. Sentiram que não podiam mais confiar nele, e o clima geral foi de frustração e até desespero.

O impacto das ações dos chefes sobre seus subordinados pode ser devastador, como no caso dessa equipe. A empatia exerce um efeito direto no relacionamento dos envolvidos, para o bem ou para o mal.[16] Um motivo poderoso para isso é que nosso circuito emocional nos sintoniza com o estado de espírito das pessoas ao nosso redor, particularmente das que são mais poderosas que nós. Essa ligação interpessoal, cérebro a cérebro, pode tanto nos prejudicar como beneficiar. Anos de pesquisa mostram que as emoções são contagiosas.[17]

Conselhos ou palavras de encorajamento podem nos ajudar a alcançar nosso estado otimizado ou a permanecer nele, enquanto a crítica impensada pode nos deixar devastados. Estar totalmente presente para o outro é o primeiro passo nessa sintonia — e essencial para a outra pessoa sentir que está sendo enxergada e atendida.

Considere por exemplo o caso de Doris, uma enfermeira de UTI. A gota d'água para ela foi o dia em que manteve um paciente vivo por quarenta minutos com o último recurso: bombear manualmente um fole a cada dois segundos, para o ar entrar nos pulmões em iminente colapso. Esses minutos preciosos deram aos familiares tempo para se despedir. O esforço de bombear por quarenta minutos causou bolhas em suas mãos. Mas a família, em vez de se mostrar agradecida, questionou se o hospital fizera de fato tudo que era possível.[18]

Por outro lado, a pesquisa mostra que aumentar a preocupação empática de uma pessoa aumenta as chances de que ela fará todo o possível para ajudar alguém em necessidade — como doar dinheiro, ceder o lugar para alguém de muletas numa sala lotada, e assim por diante. Levar a preocupação compassiva a esse último passo — ajudar de fato alguém — exige a ativação de outros circuitos cerebrais além dos envolvidos em simplesmente se importar. Esse esforço extra que ultrapassa o que é feito apenas para ajudar a si mesmo se manifesta como um aumento de atividade visível no cérebro.[19] O esforço neural pode ser a diferença, por exemplo, entre a pessoa tomar uma atitude para salvar o meio ambiente ou ajudar outro em necessidade, seja segurando a porta para alguém passar, seja oferecendo um cobertor para uma pessoa em situação de rua.

AUMENTANDO A EMPATIA

Pratique o mindset *solidário*

Um método para aumentar a disposição de alguém a sentir preocupação empática envolve expandir o "círculo de solidariedade". Esse exercício mental começa com a pessoa procurando se lembrar de alguém em sua vida que foi bondoso com ela, talvez um mentor ou cuidador, e desejando que ele esteja em segurança, feliz, saudável e próspero na vida. Depois, esses mesmos votos são dirigidos a si mesma; então, para os entes queridos; em seguida, para todos os conhecidos; e, finalmente, para o mundo todo. Esse simples treino interior, se repetido diariamente, revelou aumentar a probabilidade de que alguém faça o possível para ajudar outros em necessidade.[20]

Encontre um ouvido compreensivo

O CEO de um grande residencial para pessoas com deficiências estava sobrecarregado com as incessantes audiências de alvará para a construção de um novo bloco. Ele precisou comparecer ao tribunal trinta vezes para dar depoimentos e foi brutalmente questionado pelos advogados. Mas lidou bem com o estresse — sobretudo devido a sua amizade com o diretor de serviços sociais. Eles conversavam sobre o que acontecera, e o CEO percebeu que o amigo, que passara por treinamento em um seminário de IE, realmente o escutava. Esse CEO acabou se sentindo muito melhor.

A empatia faz diferença. A forma como alguém nos escuta — se não está prestando atenção de verdade, por um lado, ou se demonstra querer nos compreender, por outro — nos faz sentir valorizados ou ignorados. Ser tratado com civilidade é importante. Um estudo revelou que a polidez e o respeito reduzem o nível de exaustão emocional.[21] Claro que o oposto, a grosseria e a falta de respeito, o elevam.

Pratique a bondade

Outra maneira de promover a compaixão é dar o exemplo. Há alguns anos, Dan descia as escadas para uma estação do metrô na rua 42 de Nova York quando se deparou com um homem caído nos degraus, inconsciente. As pessoas simplesmente passavam por cima dele ou o contornavam.

Nas semanas anteriores ao incidente, trabalhando como jornalista para o *New York Times*, Dan percorrera as ruas de Manhattan em um furgão na companhia dos membros de uma instituição beneficente que distribuía sanduíches para pessoas em vulnerabilidade social. Quando avistavam alguém na rua, entregavam o lanche e informavam sobre um abrigo e os serviços sociais disponíveis. Isso ajudou Dan a enxergar de fato as pessoas em situação de rua.

Então, na escada do metrô, ele parou para verificar qual era o problema com o homem caído. No momento em que fez isso, um círculo de pessoas se formou em volta também querendo ajudar. O homem, que não falava inglês, estava vagando sem um tostão e sem ter o que comer por dias a fio. Havia desmaiado de fome. Alguém saiu à procura de um funcionário do metrô; outros foram buscar suco de laranja e um cachorro-quente. Em questão de minutos, ele foi reanimado, alimentado e amparado.

Mas não podemos nos esquecer de que dezenas, quando não centenas, de pessoas simplesmente desviaram como se ele não existisse. Essa foi a norma implícita quebrada por todos que o ajudaram. Pessoas em situação de rua costumam se queixar de que a pior parte de sua realidade é ficar invisíveis. Todos temos um espectro de atenção que vai do egocentrismo à consciência alerta do entorno e das pessoas ao redor. A atenção plena enseja a empatia e, se necessário, a atitude compassiva.

Mostrar compaixão é um remédio para o cinismo, esse vírus mental que pode facilmente levar ao *burnout*. Desejando o melhor para alguém, reconhecemos implicitamente seu melhor lado em vez do pior. E a autocompaixão oferece um antídoto para o esgotamento emocional.[22]

Uma palavra de advertência aqui. É muito fácil "culpabilizar a vítima": a pessoa sofreu um esgotamento. Mas as próprias organizações podem ser as responsáveis, e não alguma falha de inteligência emocional da pessoa. Numa pesquisa com funcionários de unidades de oncologia, revelou-se que o estresse deles se devia menos aos encontros diários com o sofrimento dos pacientes, mas sim à sobrecarga de trabalho, às pressões do tempo, aos conflitos interpessoais e à falta de apoio da administração — fontes de estresse que podem ser encontradas em qualquer ambiente de trabalho.

Isso resultou em uma intervenção direcionada a essas fontes de estresse, na tentativa de diminuir a carga de trabalho, as pressões e tudo mais. Como resultado, depois de seis meses, as avaliações de esgotamento tanto profissional como emocional haviam se reduzido significativamente.[23] E assim eles puderam readquirir a disposição otimizada.

CONSCIÊNCIA ORGANIZACIONAL

Rachel, uma criança de sete anos, exibia uma extraordinária sensibilidade para o mundo social de sua turma na segunda série. Ela podia dizer com precisão quem era amigo de quem, quem gostava de brincar com quem, quem era o valentão repudiado por todos.

A consciência dessa rede social é prova da elevada inteligência social de Rachel — em particular, o que chamamos de "consciência organizacional". Embora a sintonia de Rachel se manifestasse em seu pequeno mundo escolar, essa consciência pode se aplicar a qualquer rede de pessoas, desde nossa família de origem a uma imensa corporação. Isso ajuda a perceber como as emoções são expressas por determinada rede social e nos proporciona um mapa rudimentar das conexões específicas entre as pessoas.

Na nossa própria família estendida, por exemplo, podemos dizer quem influencia quem — quem o tio Joe escuta e quem ele ignora. Ou, numa reunião, qual opinião parece ser mais importante para a maioria. Verifique se você consegue ter distanciamento suficiente para determinar o tom emocional de uma conversa. Ou se tem consciência das regras tácitas que determinam quem diz o que para quem no trabalho ou quem tem mais influência na tomada de decisões.

Nosso colega Richard Boyatzis faz a seguinte recomendação para fortalecer a consciência organizacional: "Reflita na sua próxima reunião sobre quem tem mais poder, depois quem vem em seguida, e assim por diante, até o último. Quem escuta os outros? Quem são os líderes? Quem são os que ajudam e quem são os que instruem?".[24]

Esse tipo de consciência empática provavelmente era muito mais pronunciado em nossos anos de ensino médio, talvez assumindo a forma de reconhecer quem era o "descolado" do grupo, quem pertencia à turma popular dos "atletas", quem eram os "maus alunos". Essa compreensão das redes sociais tende a amadurecer como um senso de consciência organizacional em nosso local de trabalho. Tal competência permite que apliquemos nossa empatia a uma esfera maior, manifestando sensibilidade em relação ao sistema do qual fazemos parte — tanto faz se for em uma rede social informal, em sua família estendida, em sua organização. Como veremos na quarta parte, a consciência organizacional forma os rudimentos do pensamento sistêmico: a habilidade de interpretar a dinâmica de grandes redes. Veja como isso se aplica à interpretação das hierarquias sociais.

O QUE PREJUDICA A EMPATIA?

Toda sociedade, cultura ou nação tem o que Vinson Cunningham chama de "hierarquia mortífera", um grupo no topo e outro que é considerado uma classe inferior. Jornalista negro que trabalha na revista *New Yorker*, Cunningham observa que "é possível ser negro e degradado na América e ao mesmo tempo lucrar com a extração desenfreada de recursos no além-mar, que oprime milhões de outros não negros e ocupa terras roubadas de povos indígenas. Estamos sempre unidos em nosso sofrimento, frequentemente por alguém que não conseguimos enxergar através da escuridão".[25] Toda forma de pensar que deixe de "imaginar a afinidade com uma criança guatemalteca detida na fronteira americana ou com o uigur funcionalmente escravizado na China está perdida em sua própria névoa", acrescenta ele.

Em um poema intitulado "A maldição de uma vida encantada", o poeta Kim Stafford afirma que mesmo quem tem uma grande fortuna um dia vai morrer. Mas a "maldição" não é essa. É que ser muito bem-sucedido — tanto em termos materiais como de status — pode enfraquecer a empatia.

Como ele diz em seu poema sobre os limites do sucesso, Stafford receia que uma vida encantada deixe a pessoa surda e cega para as necessidades das pessoas em situação de rua e com deficiências mentais.

A preocupação empática nos permite entender as diferenças e nos solidarizarmos pela humanidade que compartilhamos com o resto do mundo. Desse modo, não há excluídos, nem "outros" — pessoas que descartamos instantaneamente. Porém, muitas das formas generalizadas de enxergar nosso mundo fazem exatamente isso: excluem um ou outro grupo como não sendo merecedor de nossa ajuda ou cuidados, muito menos de empatia. Veja por exemplo um grupo ao qual o poema de Stafford se refere, apelidado de "Inteligentes" pelo jornalista George Packer.[26] Os "Inteligentes" são a "casta" dos acadêmicos, profissionais, executivos, e assim por diante, que frequentaram universidades de elite ou ascenderam de algum modo pela hierarquia meritocrática a posições de conforto socioeconômico.

Mas, como destaca o poema, o perigo dessa visão de mundo reside em ignorar os que não estão à altura dos altos padrões e aqueles cuja condição de nascimento pode significar barreiras socioeconômicas que os impediram de algum dia chegar lá. O grupo dos Inteligentes pode ser visto nos altos escalões das corporações globais, nos governos, nas universidades. Seu ponto cego para quem fracassou em ser tão bem-sucedido quanto eles pode significar que tais "fracassos" não sejam vistos nem cuidados — em outras palavras, fazendo dessas pessoas os "Outros". Assim, alguém que cresceu em redutos de privilégio branco provavelmente frequentou uma escola privada de elite e depois uma faculdade altamente seletiva. Ao longo do caminho, provavelmente só andou na companhia dos Inteligentes. Essa distância social significa que os privilegiados podem mais facilmente "culpabilizar a vítima", menosprezando a forma como os traumas de infância, a desnutrição, e os preconceitos contra determinado grupo podem prejudicar os desfavorecidos.

O grupo dos Inteligentes é uma das quatro "narrativas pessoais" muito diferentes apontadas por Packer, e cada uma impulsiona as ações de divisões poderosas no tecido sociopolítico do mundo. Outra delas, que ele chama de "Real", combina ideias libertárias com o capitalismo de consumo e a desconfiança dos governos, estimulando o individualismo. Essa visão estreita de preto ou branco rotula os que não partilham de tais crenças como "Outros" — um grupo de "Eles" que não pode ser tolerado por "Nós".

O grupo que Packer chama de "Livres" celebra o indivíduo truculento, a pessoa que triunfa a despeito de todas as probabilidades, dotada da mentalidade de que "o vencedor leva tudo". Essa atitude, por exemplo, vê o único propósito de um negócio como sendo aumentar a riqueza de seus investidores, ignorando o impacto sobre os empregados, clientes, a comunidade e a natureza. No mundo todo, esse ponto de vista justifica por exemplo a devastação de florestas para dar lugar a fazendas de gado – o lucro a despeito dos custos para o planeta. A visão dos Livres sente pouca ou nenhuma compaixão ou mesmo piedade pelos oprimidos ou explorados – aqueles cujo trabalho sustenta os Livres –, vendo-os como Outros.

Finalmente, o grupo dos "Justos" observa atentamente as injustiças inerentes às estruturas sociais e procura corrigi-las. A perspectiva dos Justos confronta abertamente tudo que os que se beneficiam da ordem social vigente querem evitar. No mundo todo, a perspectiva dos Justos assume a forma de manifestações de rua, jornalismo investigativo e movimentos que buscam corrigir injustiças de longa data. Mas, quando esses objetivos levam a uma postura inflexível, esse modo de ver esquece a conciliação e ignora potenciais aliados, descartando de imediato, assim, aqueles com posição de destaque na ordem vigente, vendo-os como Outros.

Essas narrativas criam histórias convincentes para unir cada grupo, mas ao mesmo tempo os dividem em tribos conflitantes; cada grupo de Nós cria um grupo de Eles. Claro que são estereótipos; nem todo mundo que se enquadra nessas categorias necessariamente partilha da visão "nós-eles" atribuída por Packer. E uma empatia mais ampla oferece uma alternativa para esses domínios restritos: uma visão mais compassiva com um propósito mais amplo, o *bem maior* que, assim esperamos, poderia unir todos os grupos numa missão abrangente. Nessa visão não há "Outros", apenas Nós.

Tal visão empática abraça todos, buscando um aprimoramento universal. Estradas pavimentadas, água limpa e higiene básica, como escovar os dentes, ajudam todos, independentemente de seu grupo social, identidade ou sistema de crenças. A história humana é marcada por uma sucessão de inovações que beneficiam todo mundo. No último século, melhorias incrementais, como acesso amplo a água salubre, dobraram a expectativa de vida humana. Essas melhorias são uma forma de transcender as divisões, elevando a qualidade de vida geral, independentemente de onde a pessoa se encaixe nos termos dessas narrativas.

Um foco nas coisas em que concordamos, não no que nos divide, pode ocasionar uma reformulação do pensamento de Nós-e-Eles para torná-lo menos divisivo.[27] Mas não há garantia de cura. Não fazemos ideia de quais reformulações poderiam exatamente ser mais eficazes para eliminar essas divisões.

À medida que o mundo mergulha num futuro de crises constantes, a empatia terá valor cada vez maior. Como dizia Mr. Rogers, apresentador do famoso programa infantil de televisão, quando houver problemas, "procure a ajuda de alguém". Qualquer um em apuros dá as boas-vindas a um oferecimento de auxílio da forma que for.

Às vezes temos mais a ganhar oferecendo apoio emocional do que recebendo. Estar na posição de precisar de ajuda pode fazer a pessoa se sentir incompetente ou imperfeita de algum modo, enquanto *dar* ajuda pode aumentar a autoconfiança e até a sensação de que a vida tem significado.

Os cientistas descobriram que estender a mão para os outros ativa os circuitos de dopamina no cérebro de quem ajuda. Talvez essa seja a explicação da neurociência para a sabedoria do filósofo dinamarquês Søren Kierkegaard: "A porta da felicidade só se abre para fora".

A compaixão, como sustentam diversas tradições, deve ser cultivada tanto em nosso benefício como dos outros. A autoconsciência e a autogestão da IE são uma forma de nos importarmos com nós mesmos. A consciência social — em particular a preocupação empática — e as competências de relacionamento são um meio de levar essa compaixão àqueles com quem nos deparamos.

Por exemplo, um gestor incapaz de assumir essa perspectiva pode facilmente racionalizar o estresse ao qual os funcionários são sujeitados e ignorar o sofrimento deles. Por outro lado, alguém dotado de compaixão tomaria uma atitude para aliviar esse estresse — talvez fornecendo apoio prático, mudando suas circunstâncias ou ajudando-os a desenvolver mais resiliência.

Alguns pontos essenciais para guardar sobre a empatia:

- Existem três tipos, cada um baseado em circuitos cerebrais diferentes.
- A empatia cognitiva nos permite compreender como uma pessoa pensa, a linguagem que usa e sua perspectiva, capacitando-nos a formular a mensagem de formas que ela compreenderá melhor.
- A empatia emocional significa que percebemos como a pessoa se sente. Ter esse tipo de empatia significa que nossa mensagem causará impacto no outro.
- A preocupação empática significa que também nos importamos com a outra pessoa. Mostrar esse tipo de empatia fortalece a confiança e o respeito dela por nós, assim como o relacionamento.

- A consciência organizacional conduz a empatia a um domínio mais amplo, aplicando a inteligência social para interpretar as redes de amizade e influência por trás das formalidades, seja na família, seja nos negócios.
- Enxergar determinado grupo como "outro" — criando uma divisão — inibe a empatia. Quando a empatia definha, as relações pessoais vão junto.

A efetividade dos relacionamentos depende de nossa empatia. Da empatia brota uma destreza interpessoal que nos permite influenciar, guiar e até inspirar mais prontamente os que nos cercam — assim como nos conectar para obter um impacto ideal.

8. Gestão dos relacionamentos

O presidente de uma startup ficou irritado quando um cliente se queixou. Então, na reunião seguinte com suas lideranças, repreendeu severamente o responsável pela conta, berrando e chegando a insultá-lo. A crítica feroz na frente de todo mundo deixou o pobre executivo desmoralizado.

O feedback de desempenho é sem dúvida necessário. Mas o presidente deveria ter feito isso de uma forma que ajudasse seu subordinado a executar melhor o trabalho na ocasião seguinte. Um feedback bem-feito exige tanto autodisciplina quanto empatia, duas coisas que o presidente não teve. Ele mostrou não fazer ideia de como uma crítica em público pode ser devastadora.

Nossa efetividade nos relacionamentos resulta da empatia; quando carecemos dessa conexão, como esse presidente da startup, fracassamos em nos conectar de uma maneira que fortaleça os elos humanos.

A queda de confiança nas figuras públicas – políticos e líderes das grandes corporações – tem sido dramática. A consultoria Great Place to Work, por exemplo, atesta que a confiança desempenha um papel importante para a empresa ser avaliada como um ambiente ótimo para trabalhar. Empresas onde a confiança é elevada superam as que compõem o índice S&P 500* em três vezes.[1]

* S&P 500 é considerado o principal indicador de ações dos Estados Unidos. Reúne cerca de quinhentas companhias de grande porte domiciliadas no país e listadas na Bolsa de Valores de Nova York e na Nasdaq. (N. E.)

A preocupação empática — em que a empresa demonstra se importar com os funcionários e clientes — figura entre os principais alicerces da confiança.

Muitos negócios estão percebendo que a empatia é central para a confiança e a satisfação de todos os envolvidos. Só que essa habilidade pode construir ou destruir *qualquer* relacionamento. Amizades, romance, vida familiar, relações entre pais e filhos — praticamente tudo em nossa vida pessoal — constituem um terreno fértil para a empatia. Se permitirmos, esses relacionamentos têm mais chance de prosperar; caso contrário, o fracasso é provável.

Da empatia surge a destreza interpessoal que nos permite influenciar, orientar e até inspirar as pessoas ao nosso redor — assim como nos conectarmos para obter o máximo impacto. A empatia também atua como uma habilidade fundamental nos relacionamentos, para resolver diferenças, ser um membro produtivo da comunidade, servir de instrutor para crianças, alunos, jovens atletas, colegas de trabalho.

Habilidades de relacionamento como a empatia nos encorajam a usar nossa inteligência emocional para um benefício mais amplo. Vejamos como as competências de relacionamento baseadas na empatia são importantes no ambiente de trabalho.

INSTRUTORES E MENTORES

O CEO de uma empresa de tecnologia médica pediu a Jonathan, um executivo sênior, para ajudar outro, Manny, que recém-ingressara na empresa. Manny era brilhante e determinado, mas descrito por Jonathan como "altamente propenso a explosões emocionais", "estridente", "cheio de opiniões e muito rude".

Esse estilo tivera suas compensações na empresa anterior, mas agora não se adequava. Se Manny não mudasse, seria demitido, a despeito do sucesso em atingir suas metas de desempenho.

A mentoria de alguém com o mesmo status que nós pode ser uma tarefa complicada, principalmente nesse caso. Jonathan tentou ter uma conversa duas ou três vezes, então Manny perdeu a compostura. Segundo Jonathan, "Ele me falou que eu havia passado dos limites e que não tinha o direito de questionar seus métodos nem seu comportamento. Mostrou o dedo do meio e me disse para sair da sala!". Mas Jonathan não desistiu. A cada novo deslize do colega, chamava Manny de lado para um tête-à-tête, explicando que o vira fazer tal e tal coisa e escutara outras pessoas falando como se sentiam, e perguntava se ele tinha consciência do que fazia e como era visto pelos outros.

Jonathan também procurou maneiras de ajudar Manny — fortalecendo com isso a ligação entre eles. Manny havia mudado de cidade por causa desse emprego e estava com dificuldades para encontrar uma moradia compatível com seus ganhos. Então Jonathan tomou providências para que a empresa ajudasse a cobrir seus custos.

No fim, o esforço compensou. Manny passou a dar ouvidos a Jonathan: "Ele deixou de olhar para mim como o inimigo. Então, quando eu fornecia um feedback, ele escutava de verdade. Às vezes até passava na minha sala para pedir um conselho". Manny mudou e atribuiu a Jonathan "todo crédito por isso".

Jonathan precisou de muita inteligência emocional para ser bem-sucedido nessa mentoria de alguém com uma personalidade como a de Manny. As competências de mentoria e gestão de conflito foram particularmente importantes. Mas também exigiram um grau elevado de autoconsciência, autogestão e empatia.

A eficácia em ser um instrutor ou mentor é uma das principais competências de relacionamento, todas elas baseadas na empatia. Claro que cada uma requer seu conjunto adicional de habilidades: treinar e orientar significa ajudar o outro a se conectar com seu eu ideal, mostrando os passos efetivos que podem ser tomados para a concretização disso.

A competência da influência requer que sejamos vistos como confiáveis; a competência de gerenciar conflitos combina mais com o talento para ajudar todas as partes a reconhecer seus valores e necessidades compartilhados. Mas cada uma dessas habilidades de relacionamento exige que, antes de mais nada, sejamos empáticos; sem essa sintonia, fracassaremos em todas as nossas tentativas.

A competência de IE para ser um instrutor ou mentor eficaz, empregada com sucesso por Jonathan, deriva da capacidade para promover o desenvolvimento de longo prazo de alguém oferecendo um feedback oportuno e construtivo, bem como apoio.[2] Ela está baseada no *mindset* de positividade, ou "crescimento", em que vemos a outra pessoa como capaz de aprender e melhorar, e se soma à preocupação empática: estarmos genuinamente interessados em ajudar os outros a desenvolver novos pontos fortes. Entendendo as metas de autoaperfeiçoamento da pessoa, podemos lhe proporcionar oportunidades desafiadoras que a ajudarão a atingi-las.

Pergunte a qualquer pessoa muito bem-sucedida em um cargo de liderança se é grata a alguém que a ajudou em algum ponto de sua carreira, e a resposta quase certamente será afirmativa. Mesmo assim, essa incumbência fundamental da liderança muitas vezes passa despercebida. Muitos líderes limitam essa função à avaliação semestral ou anual de desempenho. Mas ajudar integrantes da equipe a se aperfeiçoar no que fazem exige envolvimento, feedback e sugestões de melhoria constantes. Uma pesquisa mostrou que a maior parte da mentoria no local de trabalho é focada na IE — tanto nas competências de autogestão como nas habilidades de relacionamento baseadas na empatia. O levantamento foi realizado pouco antes da pandemia de covid-19 — podemos supor que a demanda por habilidades de IE entre líderes só aumentou de lá para cá.[3]

Considere como um gestor oferece feedback de desempenho, uma das maneiras rotineiras pelas quais essa competência pode ser demonstrada — ou não. Richard Boyatzis, em parceria com colegas da Universidade Case Western Reserve, fez exames de imagem do cérebro de voluntários que recebiam feedback por seu desempenho.[4] Quando o feedback focava no que o indivíduo fizera de errado — ou seja, era estressante —, seus circuitos cerebrais para lidar com a ameaça e se defender eram ativados. Isso leva a pessoa a se fechar e a estreitar o que consegue perceber, limitando assim as opções disponíveis — os circuitos prejudicam o raciocínio.

Por outro lado, um foco nas aptidões e no potencial de crescimento da pessoa exerce o efeito oposto: ela ganha energia e motivação, o que facilita o aprendizado. Isso não quer dizer que o gestor precise ignorar um lapso no desempenho, e sim que o feedback pode ter mais aspectos positivos do que negativos.

O nome que Boyatzis dá a isso é "*coaching* [mentoria] com compaixão". Ele defende que as pessoas podem desenvolver mais pontos fortes se forem encorajadas a lutar por seus sonhos e valores.[5] Mas, com demasiada frequência, o feedback de desempenho se torna um treinamento para a conformidade, podendo acarretar um impacto negativo. É uma oportunidade perdida de ajudar a pessoa a se desenvolver mais.

Em suma, a melhor mentoria ajuda a pessoa que recebe instrução a ir atrás de seus objetivos de vida e a desenvolver mais pontos fortes, em vez de simplesmente avaliar seu desempenho do momento.

Infelizmente, muitos líderes não tomam conhecimento de como estão oferecendo feedback — ou até se o estão fazendo. Em um estudo, os supervisores foram observados interagindo com suas equipes ao longo do dia, incluindo a frequência com que lhes ofereciam feedback. Isso ocorreu em apenas 2% das interações. Mas, quando consultados, os supervisores estimaram que fora 10% do tempo — e todos sentiam que deveriam estar fornecendo mais feedback. É desnecessário dizer que ficaram perplexos quando souberam como o número real era ainda mais baixo.[6]

O poder do feedback ficou claro quando alguns desses supervisores receberam esses dados sobre a frequência com que o ofereciam e, em seguida, foram observados novamente. Na segunda vez, eles o fizeram mais do que antes. Os dados em si foram aproveitados como um feedback construtivo, demonstrando o grande potencial de ajudar alguém a ficar mais consciente de suas ações.

INFLUÊNCIA

Darcy Winslow, responsável pela área de pesquisa avançada da Nike, viu os dados de um estudo toxicológico sobre os materiais usados nos tênis da empresa. Ela ficou alarmada com o que descobriu e decidiu encontrar maneiras de tornar os calçados menos tóxicos. Embora os dados fossem claros, ninguém na Nike parecia se importar o suficiente para mudar alguma coisa. As pessoas até concordavam que era preciso melhorar, mas nenhuma atitude era tomada nesse sentido.

Quando ela pensou quem seriam as pessoas mais influentes ali dentro nesse aspecto, percebeu que eram os designers dos tênis. Assim, reuniu vários designers internos da empresa e lhes passou os dados sobre a toxicidade dos produtos. Depois de várias conversas, Darcy calculou haver cerca de vinte profissionais realmente interessados em mudar.

Algumas das substâncias mais tóxicas estavam presentes na cola que prendia o corpo do tênis à sola. O desafio de reinventar um modo de unir a parte de cima à de baixo deixou os designers empolgados. Eles elaboraram uma solução que nunca fora pensada antes, e atualmente a Nike adota a meta de zero toxicidade em toda sua linha de produtos.

Peter Senge, o cientista de sistemas do MIT que conta essa história, observa que ter tal influência "ocorre informalmente com pessoas que são boas ouvintes, respeitam a cultura da empresa e estão em busca de janelas de oportunidade".[7] Seu engajamento não é com a resolução reativa dos problemas, mas com o pensamento criativo, e elas "constituem uma massa crítica" que "as apoia em disseminar sua influência". Além disso, ele continua, esses agentes da mudança não necessariamente possuem um cargo de alto escalão — podem começar da posição em que estão, como Darcy Winslow fez.

RELACIONAMENTO É O QUE IMPORTA

A história a seguir foi um dos pontos de inflexão na Guerra de Independência dos Estados Unidos. As colônias até então britânicas estavam prestes a ser derrotadas, a menos que obtivessem o apoio efetivo da França. Os franceses, contudo, relutavam em participar de mais uma guerra contra a Grã-Bretanha. Assim, o Congresso Continental enviou Benjamin Franklin, um erudito da Filadélfia, para convencê-los. Mas, quando Franklin chegou à França, passou a maior parte do tempo nos salões conversando com belas mulheres, e também em festas, onde encantou tanto as mulheres quanto seus acompanhantes. Pareceu passar muito pouco tempo fazendo o que seu colega John Adams considerava a verdadeira diplomacia.

Franklin, porém, sabia o que estava fazendo. Ele percebeu que, para conquistar os franceses, precisava estabelecer relações amistosas com todo tipo de pessoas. E também descobriu quem eram as mais influentes e como usar esses relacionamentos para promover a causa da independência.

A rede cultivada por Franklin incluía uma série de pessoas capazes de determinar diretamente a entrada da França na guerra como aliada dos Estados Unidos. Por exemplo, a certa altura, o Congresso lhe ordenou que excluísse a França das discussões do tratado com a Grã-Bretanha para encerrar a guerra. Vergennes, o ministro de relações exteriores francês, ficou furioso. Mas Franklin escreveu uma memorável carta de desculpas. E no fim dessa mesma carta ainda lhe pedia mais dinheiro! Vergennes aquiesceu ao pedido, sinal da solidez do relacionamento.

A abordagem de Franklin funcionou. Como todo mundo sabe, os franceses acabaram entrando na guerra e sua participação foi crucial para a vitória dos EUA.[8] Franklin sabia que a influência se baseia em relacionamentos sólidos.

Pessoas hábeis na competência da influência fortalecem a confiança dos relacionamentos e exercem um impacto positivo nos outros, obtendo o apoio de figuras-chave mediante a persuasão e o engajamento.[9] Para fazer alguém mudar de ideia, é preciso primeiro estabelecer uma forte conexão, de modo que ele fique mais aberto ao que temos a dizer. E, como a liderança implica recorrer a outros para atingir bons resultados, gerentes e executivos hábeis em influenciar são mais bem-sucedidos.

Enquanto uma consciência organizacional aguçada permite perceber quem toma as principais decisões, é a competência da influência que nos revela qual é a melhor maneira de fazer determinada pessoa ficar na mesma sintonia que nós. As ações de Darcy na Nike são exemplos de ambas as habilidades.

Uma abordagem bem-sucedida para influenciar os outros se resume a apelar a suas motivações mais profundas. David McClelland, orientador de pós-gradução de Dan, classifica as motivações nas seguintes categorias: necessidade de realização, necessidade de afiliação e necessidade de poder. Perceber qual é a maior motivação da pessoa — conquistas, relacionamentos ou causar impacto — permite-nos apelar a isso para convencê-la. De maneira geral, o método chamado "entrevista motivacional" ajuda a descobrir as principais motivações de alguém.[10]

Outro modo de pensar sobre a influência remete à ideia de que o objetivo final da IE é ajudar a si mesmo e aos outros a alcançar e permanecer em um estado otimizado. Isso — talvez a forma mais elevada de influência — significa que usamos nossa capacidade de impactar o que outros fazem em benefício deles. Para um líder, pode significar, por exemplo, dar uma tarefa a alguém de modo que a pessoa possa aprender novas habilidades que a ajudarão a progredir na carreira.

Isso contrasta com outra forma de encarar a influência, uma aplicação mais maquiavélica em que a pessoa usa seu poder sobre os outros visando exclusivamente os próprios fins. Essa abordagem autocentrada pode sair pela culatra, uma vez que os que são manipulados perdem a confiança em quem os persuadiu, distanciam-se ou até cortam relações completamente.

Uma aula sobre o tipo mais positivo de influência deixa o lado sombrio mais evidente e desperta uma genuína preocupação com o bem-estar alheio.[11] Como a influência se baseia em relacionamentos sólidos, entre as reflexões está, por exemplo, se cumprimos coerentemente nossos compromissos e promessas e dessa forma construímos confiança. As pessoas aprendem a usar a linguagem do "nós" — por exemplo, "Em que solução podemos pensar?", em vez de "Dê-me algumas opções". Além disso, em lugar de prescrever fórmulas para demonstrar interesse e comprometimento, as pessoas são incentivadas a encontrar seus próprios modos específicos de mostrar aos outros que elas se importam.

Na melhor das hipóteses, a influência pode ser usada para promover os interesses compartilhados. Aqui, a ênfase recai sobre os objetivos comuns. Nesse caso, a influência de um líder se funde a nossa próxima competência de IE, a inspiração.

INSPIRAÇÃO

Não existe nenhum "Tom" à frente da TOMS, a lendária empresa de calçados. Fundada por Blake Mycoskie, seu CEO de longa data, "TOMS" significa "Tomorrow's Shoes" [Sapatos do amanhã], referência à famosa filosofia da empresa de "compre um, doe um", em que doa um par de sapatos a uma pessoa carente para cada par vendido.

Mas Mycoskie, apesar do grande entusiasmo pelo propósito da empresa no começo, acabou perdendo o interesse e a energia.[12] Tirando um tempo para refletir por que se sentia dessa maneira, ele se deu conta de que a razão era que sua empresa passara a buscar o crescimento e aumentar as vendas oferecendo descontos e usando outras estratégias, como qualquer empresa do ramo de calçados. Ao tentar alcançar metas agressivas de venda, a seu ver, a empresa vendera sua alma.

Assim, ele redirecionou o foco da organização. A empresa diversificou entrando no mercado do café — a cada saco vendido, a TOMS doava a quantidade equivalente a uma semana de água potável para pessoas em regiões de escassez. A empresa também começou a vender bolsas de mão e a contribuir para o parto seguro em regiões do mundo com alta taxa de mortalidade infantil; e ainda mochilas, que financiavam programas de combate ao bullying. Em suma, como afirmou Mycoskie, os negócios podem ser usados para "melhorar vidas".

Líderes fortes na habilidade de inspirar os outros são capazes de orientar as pessoas a obter resultados articulando uma missão compartilhada que as motive. Eles proporcionam um senso de propósito que vai além das tarefas rotineiras dos funcionários e os inspira a não somente fazer o trabalho, mas também dar o melhor de si.[13]

Pesquisas no local de trabalho revelam que, se o líder consegue articular uma missão ou visão compartilhada de maneira que comova aqueles que lidera — ou seja, que inspire —, o clima organizacional se torna altamente positivo. As pessoas gostam do que fazem quando têm propósito.[14] Sentem-se profundamente gratificadas e orgulhosas e entregam seu melhor desempenho.

No início da pandemia, o dr. Albert Bourla, CEO da Pfizer, percebeu que a covid-19 era uma ameaça sem precedentes à vida humana. Assim, desafiou sua equipe a fazer o impossível: desenvolver bilhões de doses de vacinas em nove meses.[15] Na época, a média para isso era de oito anos e a capacidade da Pfizer de produzir um medicamento como esse não passava de 2 milhões de unidades. Mas, em março de 2020, previa-se um aumento de casos — e de mortes — para o inverno, quando as pessoas voltassem a ficar em espaços fechados.

Ao propor esse desafio, o dr. Bourla invocou a missão da empresa: descobrir avanços biomédicos que melhorem a vida das pessoas. Inspiradas nisso, as equipes da Pfizer, em colaboração com a Biogen, conseguiram encontrar uma nova e mais rápida maneira de produzir a vacina, e atingiram as improváveis metas de tempo e quantidade propostas.

Um líder pode tanto sufocar como promover sentimentos inspiradores de muitas formas. "Quando os executivos começam uma reunião citando dados financeiros, as pessoas ficam dispersas. Claro que números são importantes, mas quando damos o tom da reunião fazendo isso, o clima fica carregado de ansiedade", observa Richard Boyatzis.

Por outro lado, ele conhece executivos de empresas de saúde que começam as reuniões pedindo aos funcionários para contarem histórias sobre os pacientes que ajudaram. "Isso leva todo mundo a sentir que sua função não é apenas cumprir orçamentos, mas participar da cura e ficar orgulhoso do que faz."

Da mesma forma, em outra associação de saúde, durante a pandemia, os escalões mais altos debateram se deveriam endossar as vacinas para o público em geral. O CEO lembrou o grupo de que "nossa missão é curar e nosso dever é para com a saúde das pessoas. Quanto mais vacinações, mais saudável a população".

O que é preciso para inspirar os outros? Não precisamos exortar milhares a agir; a abrangência do nosso impacto pode ser mais modesta, limitada a familiares, amigos, colegas. Mas o caminho para ser capaz de inspirar — seja pouca gente, seja uma multidão — começa no mesmo lugar.

Primeiro, é preciso se sentir inspirado. Os visionários dão voz a uma missão em que acreditam de corpo e alma. Isso coloca convicção em suas palavras, assim eles naturalmente se expressam de um modo que vai diretamente ao coração do público. Isso sem dúvida requer tanto autoconsciência quanto empatia, a sintonização com os outros. Quando alguém se sente profundamente comovido e consegue articular esse sentimento de maneiras que repercutam com os ouvintes, cria uma atmosfera emocional positiva.

A inspiração pode ser indireta, em vez de um discurso motivacional. Aaron, CEO de uma empresa de construção, realizava uma reunião mensal com todos seus funcionários. Certo mês, começou lhes contando que se reunira com um grupo em seu local de trabalho em Manhattan no início do turno, às seis da manhã. Comentou como essas pessoas eram orgulhosas e inspiradas: "Pegam no batente todo dia às seis. E nem moram em Nova York. O que mais me impressionou quando a gente sentou em volta da mesa para conversar sobre a programação daquele dia — todo mundo ali com o pé sujo de lama — foi quanto entusiasmo eles tinham!".[16]

Mais tarde, Aaron relatou que no dia seguinte recebeu um "tremendo feedback" dos funcionários que o escutaram contando essa história.

GESTÃO DE CONFLITO

Delores acabara de ser promovida a diretora de treinamento de uma grande rede hoteleira internacional. Ela não demorou a descobrir que o programa de treinamento precisava ser atualizado para que as opções estivessem de acordo com a estratégia de negócios da empresa. O maior desafio dela seria influenciar Paul, o diretor comercial, que estava abaixo apenas do CEO.

O problema era que Paul tinha uma relação competitiva com o chefe de Delores, que lhe disse para ignorá-lo, passar por cima dele e seguir adiante com seu planejamento. Mas Delores acreditava que sem o apoio de Paul ela não seria bem-sucedida.

Assim, empenhou-se em desenvolver um relacionamento de trabalho sólido para descobrir quais eram suas resistências e paixões. Ela percebeu que Paul era muito voltado à receita e aos números. Então, inicialmente, tentou lhe mostrar que compreendia por que ele dava tanta importância a isso, de modo a ressaltar que também entendia a importância de focar no lucro.

Depois de estabelecer um bom relacionamento, ela começou a propor as mudanças que tinha em mente. Prestando muita atenção em suas reações, Delores tomou o cuidado também de lhe dar o direito de rejeitar qualquer opção proposta. Isso o deixou mais à vontade para tentar algo novo. Só para ter certeza de que Paul estava a bordo, Delores aguardou para mudar o treinamento na área dele até ela e sua equipe terem demonstrado a eficácia na maioria dos outros departamentos da empresa. O plano funcionou: Paul passou a apoiar com entusiasmo o novo programa de treinamento.

A abordagem de Delores ilustra o melhor tipo de gestão de conflito: formar relacionamentos fortes, mostrar empatia com qualquer um que ofereça um potencial desafio e, antes de mais nada, evitar o confronto.

"Se você é um líder ou gestor", contou-nos um CEO, "é crucial identificar os conflitos logo de cara, antes de explodirem e deixarem o ambiente de trabalho mais tóxico." O mesmo vale, claro, para relações entre casais, pais e filhos, amigos, e qualquer outro relacionamento.

Uma das primeiras medidas para sanar conflitos, acrescentou esse CEO, consiste em ajudar ambas as partes a perceber no que estão de acordo antes de explorar suas diferenças. Por exemplo, o diretor de TI dele gostava de um estilo de orçamento "ágil", significando flexibilidade para resolver os desafios à medida que surgiam e usar feedback para realocar recursos imediatamente, a fim de melhorar o desempenho. O diretor financeiro, por sua vez, preferia um método mais tradicional e rígido de planejamento fiscal, em que o conselho decidia sobre um orçamento, e o diretor financeiro gerenciava os gastos de acordo com isso. Havia uma disputa entre os dois. Mas o CEO valorizava ambos e queria que fizessem as pazes.

Ele começou por lembrá-los da razão de a empresa existir — como organização do sistema de saúde, sua missão fundamental era curar. Cada um deles, a seu próprio modo, estava a serviço dessa missão. O CEO observou que a disciplina de um orçamento ajudava a assegurar que pudessem cumpri-lo, enquanto a agilidade era necessária em alguns momentos — e, dessa perspectiva, suas diferenças eram insignificantes. "Queria que percebessem que tinham muito mais em comum, em vez de perder tempo se atacando mutuamente", explicou o CEO. Ele via o senso de missão compartilhada entre eles como um caminho para resolver o conflito. No fim, o diretor financeiro acabou concordando que a agilidade do orçamento era útil para a eficácia da missão e adotou esse método.

Os conflitos são inevitáveis em qualquer grupo, desde um casal, uma família, vizinhos e comunidades a pequenas empresas e grandes corporações. O modo como lidamos com esses desentendimentos começa pela eficácia de nossa autogestão.

Em uma reunião do conselho municipal de Martha's Vineyard, um grupo de alunos do quinto ano do ensino fundamental organizava um protesto pela proibição do uso de garrafas plásticas descartáveis — afinal, o local é uma ilha de veraneio de Massachussets, e nos dias quentes as águas engarrafadas em plástico eram um dos produtos mais vendidos. As crianças pleiteavam que os comerciantes parassem de vendê-las, mas o dono de um estabelecimento permanecia irredutível, insistindo que era uma de suas maiores fontes de lucro, e levantava a voz para as crianças.

Como uma delas recordou: "Fiquei dizendo a mim mesma que ele queria me tirar do sério e me fazer gritar também, mas mantive a calma e o escutei, para encontrar os pontos em que a gente concordava. Daí continuei a apresentar novos fatos pra ele". Entre eles estava o de que o fornecedor da loja oferecia alternativas, como água em embalagem cartonada, do mesmo tipo das caixas de leite. O dono da loja acabou se convencendo e passou a apoiar a proibição.

Essa criança do sexto ano exibiu notáveis habilidades de gestão de conflitos, as quais por sua vez exigem uma série de habilidades de IE: autoconsciência para monitorar as próprias emoções; equilíbrio emocional para permanecer calmo e administrar sua própria reatividade; empatia para escutar o outro e encontrar pontos de concordância.

Essas habilidades de IE ensejam a *presença*: em vez de reagir com raiva, as crianças absorveram a energia dos gritos e não caíram na provocação. Puderam escutar cuidadosamente para não perder a lucidez e reunir argumentos capazes de influenciar quem se opunha a elas.

O equilíbrio emocional — essa capacidade de administrar as próprias emoções — oferece um passo essencial na gestão de conflitos. Em uma conversa difícil, podemos nos ver diante de alguém chorando ou consumido pela raiva. Tanto num caso como no outro, manter a calma para poder ouvir, raciocinar e responder adequadamente exige que lidemos com nossa própria reatividade emocional.

Permanecer calmo nessas horas — fruto de um controle cognitivo forte — permite manter a mente clara para conseguir lembrar fatos importantes e contra-argumentos. Além disso, como estimula o Projeto de Negociação de Harvard, o melhor caminho para a resolução de conflitos reside em buscar uma relação "ganha-ganha", isto é, que permita que ambas as partes se sintam suficientemente satisfeitas com o acordo. Isso pode significar, por exemplo, recorrer à competência da inspiração para articular um princípio mais elevado com o qual todos concordem.

Uma abordagem mais estratégica para lidar com as diferenças de opinião no local de trabalho encoraja um *mindset* que encare os pontos de desacordo — prioridades orçamentárias, planejamentos de marketing, alocação de crédito — como eventualmente inevitáveis e como uma oportunidade em vez de um obstáculo.[17] Esse *mindset* vê em tais divergências uma chance de melhorarmos nosso trabalho. Por exemplo: ao discutir com um colega sobre determinada decisão, ambos devem explicar por que sua abordagem faz sentido, avaliar os prós e os contras e possivelmente chegar a uma solução criativa.

Se empregamos a autoconsciência nesses momentos, surge outro benefício: aprendemos sobre nós mesmos — o que consideramos importante, nossas preferências sobre como trabalhar, quais são nossos gatilhos emocionais. E ainda há os benefícios para o relacionamento com aqueles de quem discordamos. Podemos obter percepções similares sobre a outra pessoa com base no conflito — o que é importante para ela, como gosta de trabalhar, quais são os gatilhos emocionais *dela*. Se conseguimos resolver as diferenças de forma positiva, passar pelo processo pode na verdade aproximar as duas partes.

Cary se reuniu com residentes de cirurgia que estavam se queixando de que, ao final da pandemia de covid-19, o hospital integrou duas unidades e demitiu parte da equipe. Essa reestruturação com vistas a economizar dinheiro – tão comum no mundo dos negócios – aumentou a carga de trabalho de quem ficou, pois agora tinham de atender a mesma quantidade de pacientes com uma equipe menor, sem mencionar que foram misturados dois grupos com metodologias de trabalho distintas. Eles queriam saber o que poderiam falar ou fazer para remediar a situação.

Cary sugeriu que, antes de mais nada, fossem francos acerca dos sentimentos uns com os outros e depois reunissem as equipes para conversar sobre o dilema, a começar pelas próprias emoções, ouvindo como cada um se sentia e ao mesmo tempo controlando o impulso que os cirurgiões têm de tentar "consertar" e impor uma solução. Só então conversariam sobre as ideias de como solucionar o problema.

Isso exigia duas habilidades fundamentais de IE: autogestão dos próprios sentimentos e empatia com os sentimentos alheios. O preparo interno para um choque antecipado de diferenças pode ser de grande ajuda. Podemos mudar a perspectiva do que está para acontecer, deixando de encarar nervosamente o encontro como uma disputa do tipo "ele disse/ela disse" e, em lugar disso, pensar na melhor forma de ajudar a outra pessoa – ou nós mesmos – a realizar o melhor trabalho. Isso significa também ver o ponto de vista do outro como algo com o qual temos coisas a aprender – por exemplo, a razão por que essa pessoa está defendendo tal e tal posição.

Depois há o preparativo para o encontro real: considerar o que queremos com essa conversa e pensar na diferença entre o que dizemos e o que o outro escuta, levando em conta como nossas reações podem ser diferentes das da outra pessoa. Em suma, os conflitos devem ser encarados como uma oportunidade para aprender, para fortalecer um relacionamento, e como uma habilidade de liderança que pode ser aprimorada.

Empatia sempre ajuda. Considere um grupo de administradores em uma escola para crianças com necessidades especiais que tem tido dificuldades para trabalhar junto. Com a ajuda de Cary, os profissionais reservaram um dia para fazer um retiro. Durante o evento, vários membros se queixaram de que Dick, o professor que era especialista em gerenciar mau comportamento na escola, "nunca estava disponível" quando os colegas precisavam de sua ajuda com alguma criança tendo um "chilique". Dick ficou na defensiva, e a discussão se tornou cada vez mais acalorada.

Então Cary sugeriu que o grupo fizesse um *brainstorming* sobre tudo que poderia estar impedindo Dick de ajudar quando havia alguma crise na sala de aula. Isso levou o grupo a trabalhar *junto* com Dick, em vez de discutir com ele. Assim, identificaram todas as necessidades e preocupações dos professores nessas situações. A seguir, o grupo discutiu como identificar maneiras de lidar com esses problemas quando Dick não estivesse por perto, e ele organizou as atividades de modo a ficar mais disponível quando necessário. Os exercícios ajudaram a equipe a evitar o conflito aberto e a confrontar o problema de forma construtiva: apoiando um de seus membros em vez de atacá-lo.

Cada uma das competências de relacionamento da IE oferece maneiras de reforçar e fortalecer nossas conexões com as pessoas que mais importam para nós, tanto na vida privada como na profissional. A influência em si exige um relacionamento sólido em que haja confiança. Inspirar os outros significa primeiro se sintonizar ao que achamos mais significativo e usar a empatia para articular esse propósito da melhor maneira para criar um elo emocional. Tanto a mentoria como a resolução de conflitos dependem de uma conexão subjacente forte o bastante para lidar com os contratempos. Ter relacionamentos que prosperem é um sinal de que estamos em uma disposição otimizada.

Quando fundamos o nosso consórcio, décadas atrás, havia pouco (ou nenhum) dado concreto para demonstrar que a IE era relevante para sermos bem-sucedidos. O papel crucial da IE para o desempenho no local de trabalho não passava de um forte palpite quando Dan escreveu seu livro *Inteligência emocional*. Hoje, décadas depois, esses dados são convincentes: as competências de IE se revelaram fundamentais para o sucesso pessoal e para a eficiência de grupos de todo tipo, de igrejas e escolas a organizações sem fins lucrativos, governos, negócios e corporações de todos os tamanhos. A vantagem da IE, como as pesquisas confirmam, é importante para líderes, equipes e unidades de negócios como um todo — o que veremos na terceira parte.

Parte III

A inteligência emocional no trabalho

9. Os muitos nomes da inteligência emocional

Mel supervisionava complexos de apartamentos, um trabalho que adorava, até o dia em que um bloco pegou fogo, um morador enfurecido quebrou as janelas do vizinho com um bastão de beisebol e outro ficou paralisado pela bala perdida de uma gangue passando de carro. Ele fez o melhor que pôde, visitando pessoalmente cada prédio para ajudar na recuperação das vítimas.

Lidar com cada um dos problemas demandava preencher formulários de seguro, contratar profissionais para os reparos e dezenas de outros passos. Mas Mel compreendeu que algo mais era necessário. Sua equipe local estava traumatizada. Além de focar no trabalho a ser feito, ele precisava cuidar das necessidades emocionais dos profissionais. Então, apesar da pressão para dar conta de todo o trabalho, ele deu folga à sua equipe. No fim, isso fez com que tivessem um desempenho melhor. A preocupação empática de Mel era uma expressão do princípio operacional fundamental da empresa: "excelência com bondade".

As competências da IE — e, portanto, os elementos ativos de um desempenho otimizado — recebem nomes diferentes de um lugar para outro. Mas o fato é que os fundamentos da IE valem sempre.

A autoconsciência, por exemplo, nos ajuda a sintonizar com nosso senso de propósito e possibilita a gestão das nossas emoções; o equilíbrio emocional e as demais competências de autogestão nos permitem manter a agilidade na reação aos novos desafios, ser positivos e resilientes em face dos reveses e não perder nossos objetivos de vista a despeito de aborrecimentos que distraiam nossa atenção.

Da mesma forma, a empatia oferece uma base para habilidades indispensáveis, como as capacidades de influenciar e inspirar, de instruir as pessoas para que aperfeiçoem seu próprio conjunto de habilidades, de detectar e resolver diferenças, e de ser um ótimo membro de equipe. Mas, como veremos, a forma como essas habilidades são nomeadas varia muito entre as organizações. Toda empresa (e toda família, aliás) representa uma cultura única, que inclui seus modos particulares de se referir ao conjunto de habilidades da IE. Mas há um consenso surpreendentemente amplo de que todos precisam da IE.

Embora existam incontáveis modelos e nomes para os diferentes aspectos do universo da inteligência emocional, podemos pensar em todos eles como um olhar informal através de diferentes lentes para as "*soft skills*" (habilidades comportamentais), um termo vago que se diferencia das "*hard skills*" (habilidades técnicas), como saber linguagem de programação de software, que se baseia em nossas habilidades cognitivas, mas é indiferente às emoções. As *soft skills*, porém, têm tido uma demanda maior, conforme as empresas pensam no futuro e nos pontos fortes que esperam de seus funcionários.

Por exemplo, uma pesquisa sobre quase 5 mil descrições de cargos para altos executivos ao longo de quase duas décadas a partir de 2000[1] mostrou uma tendência clara: as *soft skills* — sendo a IE a principal delas — constituem habilidades cada vez mais buscadas nos líderes pelas empresas, enquanto houve queda na busca por *hard skills*. As descrições de cargos para altos executivos que mencionavam aptidões de *soft skills* aumentaram quase 30%, enquanto as que especificavam *hard skills* como finanças e logística diminuíram 40%. A tendência continua. Um relatório da *Harvard Business Review* conclui que o escalão superior precisa ser "bom com pessoas", não apenas com números.

Embora *hard skills* como aptidões financeiras e operacionais também sejam importantes, os novos indicadores da excelência de desempenho para executivos estão sobretudo no domínio da IE: autoconsciência, empatia (perceber o que os outros pensam e sentem), habilidades sociais como saber escutar, comunicar-se efetivamente e trabalhar harmoniosamente com diferentes tipos de profissionais.

Essas competências de inteligência emocional são procuradas em diretores de RH, finanças, marketing e TI — além, é claro, dos CEOs. Como explica o artigo da *Harvard Business Review*:

> Atualmente, as empresas precisam contratar executivos que sejam capazes de motivar forças de trabalho diversas, experientes e globais; que possam desempenhar o papel de embaixadores corporativos, lidando efetivamente com todos os stakeholders, de governos a ONGs influentes; e que consigam aplicar suas habilidades em uma nova empresa com rapidez e eficiência.[2]

Não é apenas entre o alto escalão; as competências de IE estão se tornando cada vez mais vitais para todo mundo, como esse mesmo artigo observa: cada vez mais cargos em todos os níveis exigem "habilidades sociais altamente desenvolvidas". Além do mais, tais empregos crescem a uma taxa mais acelerada do que o mercado de trabalho em geral.

OUTROS NOMES PARA A IE

Quando a Conference Board fez uma pesquisa global entre seus muitos membros corporativos sobre quais pontos fortes os executivos eram orientados a desenvolver, as cinco principais categorias identificadas têm relação com a IE (muito à frente, por exemplo, do pensamento estratégico e da aptidão para os negócios).[3] Mas esses aspectos da inteligência emocional foram agrupados sob outras rubricas, incluindo "liderar equipes e desenvolver pessoas", "presença executiva e habilidades de influência", "gestão de relacionamentos" e "administrar e motivar a mudança". E, claro, a própria "inteligência emocional" — embora não fique claro o que se entende pelo termo.

O que chama a atenção aqui é como diversas habilidades de IE são nomeadas como se não tivessem relação com o que a pesquisa chama de "inteligência emocional". Isso joga luz na dificuldade de identificar o grau de interesse de uma organização em fazer com que seus líderes cultivem esse conjunto de habilidades. A ideia de que a IE reside no coração da liderança eficaz se tornou tão difundida que o próprio termo está ao mesmo tempo por toda parte e em parte alguma — pelo menos, com esse nome.

A inserção da inteligência emocional na cultura corporativa pode ser sutil. As empresas muitas vezes utilizam os próprios termos para se referir à IE e suas competências, exigindo uma tradução para identificá-las. Os elementos da IE às vezes são incorporados à cultura da empresa sem que seus funcionários se deem conta. Vemos isso como um sinal do amadurecimento do conceito de IE — ele se tornou tão amplamente aceito que seu valor passou a ser um pressuposto (como no caso da metodologia de avaliação de desempenho "*balanced scorecard*"). Quando os executivos escutam o termo "inteligência emocional" ou seu jargão correspondente, "EQ" (quociente emocional), dificilmente exclamam "O que é isso?".

Se a expressão "inteligência emocional" foi absorvida pela comunicação e pelo DNA da empresa, mesmo que diluída, o conceito pode exercer um poderoso efeito no comportamento dos funcionários e ser parte da cultura.

Em uma construtora, por exemplo, essas normas ficaram profundamente enraizadas, embora o termo "inteligência emocional" raramente seja usado. Mas a CEO da empresa não vê problema nisso. Em suas palavras, "a inteligência emocional não é uma coisa em si; é um comportamento que usamos para atingir os objetivos do negócio".

Mais um caso: uma firma de consultoria organizacional global com ampla atuação em recursos humanos usa o termo "fatores de sucesso" para sua lista de competências, que se sobrepõe amplamente à IE. As competências na lista de fatores de sucesso se difundiram por inúmeras corporações do mundo todo, com mudanças de nomes para se adequar às particularidades da cultura de cada empresa.

Consideremos outro exemplo, uma descrição sobre o que é essencial para a "ação humana produtiva" e os "motores subjacentes da real produtividade", tanto "em nível individual como interpessoal": "mente mais calma, aberta e livre de distrações, com maior autoconsciência e uma capacidade fortalecida para a autotransformação — sem mencionar relacionamentos humanos mais fortes".[4] Não é necessária muita imaginação para interpretar isso como IE sob outra roupagem — autoconsciência, autogestão, empatia e habilidades de relacionamento.

Alguns outros termos para as aptidões da IE podem ser encontrados na comunicação de empresas como Google, Merck, Citibank e Cummins, por exemplo: "presença executiva", que se refere à empatia no sentido de prestar total atenção à pessoa com quem interagimos; "escutar o cliente", outra aplicação da empatia; e "liderança com carisma", a capacidade de motivar as pessoas a dar seu melhor lembrando-as de uma missão ou propósito. Há ainda "ser um bom mentor" e "desenvolver as equipes", ajudando os outros a cultivar pontos fortes em inteligência emocional; e "ser colaborativo", ou trabalho em equipe, que significa trabalhar com os outros visando um objetivo comum. Como vimos, todos esses são aspectos da IE.

O artigo da *Harvard Business Review* destacou diversos exemplos do que significam *soft skills*:

- "habilidades sociais", uma gama de habilidades interpessoais;
- "teoria da mente", a capacidade de inferir como o outro pensa — uma variedade da empatia cognitiva;
- escutar e se comunicar bem — também aspectos da empatia;
- trabalhar bem com pessoas diversas — mais uma vez, uma função da empatia;
- ter autoconsciência — que oferece uma base para o desenvolvimento de outras aptidões de IE, como a autogestão, conforme revelou a pesquisa;
- administrar conflito — em si uma competência de IE;
- responder de forma efetiva a eventos inesperados, ou ter adaptabilidade.

Mais uma vez, todas essas habilidades se encaixam no mapa da IE.

Alguns argumentam que a IE será mais importante para o sucesso de uma empresa, mesmo em negócios em que as novas tecnologias estão impulsionando a automação. A razão disso é a seguinte:

> Quando todos os concorrentes importantes em um mercado se valem da mesma série de ferramentas, os líderes precisam se diferenciar na gestão das pessoas que utilizam as ferramentas. Isso requer comunicadores de alto nível em todos os aspectos, capazes tanto de conceber as mensagens certas como de transmiti-las com empatia.[5]

Acrescente a isso as tendências à diversidade e à inclusão e o modo como as mídias sociais destacam altos executivos, tornando-os figuras públicas, e o argumento por uma melhor IE passa a ser ainda mais convincente. O local de trabalho em regime híbrido enfraquece os laços interpessoais. Considere também como um número cada vez maior de eventos extremos em razão da mudança climática não só prejudicará nossas habilidades cognitivas, como também contribuirá para o estresse geral. Além disso, há a velocidade cada vez maior das mudanças. Essas tendências por si só pedem uma melhor gestão de nossos sentimentos turbulentos mediante a inteligência emocional.

COMO A IE IMPORTA PARA CADA UM DE NÓS

Yolanda ficou arrasada. Sua chefe lhe dissera na lata: "Olha! Quem manda aqui sou eu. Ou você entende isso, ou cai fora. Porque, caso contrário, seu lugar talvez não seja aqui". Ela e sua chefe não se davam bem, mas esse foi o clímax da falta de química. O atrito prejudicara seu desempenho no trabalho e seu próprio bem-estar: perdia muito tempo tentando entender o que passava pela cabeça da chefe e descuidava das próprias necessidades. Desesperada, tentou descobrir como melhorar o relacionamento, mas, como disse, ela era "muito difícil de interpretar".

Yolanda porém persistiu. Seu primeiro desafio foi gerenciar as próprias emoções – particularmente, o pânico que sentia. A condenação da chefe a lançou numa espiral catastrofista: sua mente ia rapidamente de "ela não gosta" a "vou ser mandada embora". Assim, o primeiro desafio era identificar esses pensamentos sombrios e procurar um modo de se acalmar. E assim ela conseguiu de alguma maneira encontrar uma perspectiva calma e clara em meio ao que parecia uma catástrofe. Então, mudou o foco de suas próprias reações de pânico para tentar compreender a chefe – passando do foco autocentrado à empatia. Gradualmente, evoluiu em compreender como a chefe se sentia e o que ela queria. "Aprendi a perguntar mais, de forma mais respeitosa, e a tentar entender de verdade o que passava pela cabeça dela."

O empenho deliberado na empatia funcionou, e a relação das duas melhorou. Quando Yolanda estabeleceu um relacionamento mais saudável, parou de se preocupar tanto e começou a buscar maneiras de antecipar o que a chefe esperava dela. As duas acabaram se dando extremamente bem e Yolanda prosperou na função. Seu desempenho foi notado pelo alto escalão da empresa – e ela se tornou executiva sênior.

O desafio de trabalhar dia após dia com alguém que achamos difícil representa apenas um dos inúmeros problemas com que costumamos nos deparar em nossa vida profissional. Muitos deles podem ser resolvidos quando lidamos melhor com nossas expectativas, bem como com as das pessoas com quem trabalhamos. Essa é uma das principais razões por que a IE — a capacidade de perceber, compreender e administrar com clareza nossas próprias emoções e as alheias — pode nos ajudar a ter melhor desempenho no trabalho, bem como a alcançar nosso estado otimizado.

Uma das confusões generalizadas sobre quais seriam os elementos de um estado otimizado diz respeito a dar ênfase demasiada às aptidões cognitivas e ênfase insuficiente à sabedoria emocional. Como mostramos, o que maximiza nossa habilidade cognitiva é entrar em um estado emocional aprimorado. Mas isso nem sempre fica evidente.

O GRANDE EQUÍVOCO SOBRE O QI

Uma empresa de biotecnologia do Vale do Silício enfrentava um problema que paradoxalmente derivava do que chamavam de "cultura do gênio", em que ser visto como vitorioso no jogo do trabalho significava que quanto mais inteligente o indivíduo fosse, melhor se sairia. Mas a empresa percebeu que essa disputa por ser o mais brilhante gerava um mar de ciúme e competitividade prejudicial, em vez de estimular confiança e cooperação. Assim, convidaram Dan para explicar a seus principais executivos por que a IE também fazia diferença, não apenas ter um QI elevado.

Dan explicou que sem dúvida nenhuma a inteligência era uma vantagem, mas que também precisamos estar motivados, sentir empatia, trabalhar bem em equipe, inspirar os que lideramos e ajudá-los a desenvolver novas aptidões de liderança. Todas essas habilidades refletem nossa inteligência emocional.

Essa é uma mensagem que Dan costuma levar às empresas, particularmente em setores como o da tecnologia, engenharia, biotecnologia, finanças e outros nos quais tudo que importa é ser o mais inteligente da sala — pelos menos segundo as crenças dos profissionais de tais setores. Por exemplo, um fabricante mundial de celulares pediu a Dan para falar a milhares de seus engenheiros, que acreditavam que o único fator relevante era o QI.

A visão tradicional da importância do QI parte do princípio de que aquilo que nos faz bem-sucedidos nos estudos e na vida acadêmica é tudo de que precisamos para ter sucesso na carreira. Uma compreensão mais profunda admite que ao longo da carreira *tanto* o QI (e outras habilidades cognitivas) *como* a IE (e outras habilidades "não cognitivas") fazem diferença, embora de maneiras distintas em cada fase.

Claro que a excelência requer um grau necessário de inteligência cognitiva, seja em aptidões técnicas específicas, conhecimento dos negócios ou o próprio QI elevado. No entanto, a IE potencializa cada um desses aspectos — por exemplo, sermos capazes de influenciar os outros a adotarem nosso ponto de vista, ou, melhor ainda, inspirá-los a dedicar um esforço ainda maior a um propósito que tenha significado para eles.

Embora tanto o QI quanto a IE sejam importantes para nossa carreira, eles têm um valor diferente. O maior benefício do QI ocorre durante os anos de estudos, mas, ao longo da vida profissional, o poder preditivo do QI para o sucesso declina à medida que a IE fica cada vez mais relevante.

Ter bom desempenho escolar não é garantia de excelência na carreira.[6] A correlação entre as notas na faculdade, por exemplo, e o desempenho na profissão é bastante modesta em nosso primeiro ano de trabalho, e diminui a ponto de se tornar irrelevante conforme progredimos.[7] Quando alunos de ensino médio em seu último ano foram entrevistados — e realizaram um teste de QI —, e tiveram sua evolução acompanhada aos 35 anos e depois novamente aos 53, economistas de Harvard e do MIT descobriram que o QI fora superestimado como um fator de realização pessoal futura.[8] Claro que nossas habilidades cognitivas são importantes, mas até certo ponto. Um QI de cem é, por definição, a média. É necessário ter um QI com desvio padrão acima da média — cerca de 114 a 115 — para obter uma graduação como um MBA. E geralmente não há dúvida de que o QI determina em larga medida nosso grau de sucesso escolar, quais faculdades e pós-graduações faremos, e o nível de complexidade cognitiva com que conseguiremos lidar, coisa que por sua vez pode nos ajudar a obter determinado emprego ou cargo.

Mas, uma vez em um emprego, acontece o "efeito chão": todos os demais funcionários em seu nível são mais ou menos tão inteligentes quanto você. E a IE faz a maior diferença. A interação entre os talentos cognitivos e a IE pode ser encarada dessa forma: escrever códigos de software representa uma habilidade puramente cognitiva, enquanto ser um profissional bem-sucedido de uma equipe de programadores significa que o sucesso depende de nossa autogestão e aptidões de relacionamento; ser um contador eficiente exige habilidades cognitivas, enquanto lidar efetivamente com os clientes exige empatia; para ser um médico, dentista, enfermeiro ou qualquer outro profissional de saúde competente, é preciso ter capacidades cognitivas, mas criar uma conexão com o paciente de modo que ele siga as orientações de cuidados exige IE adicional.

Os livros sobre aprimoramento em gestão geralmente dedicam duas vezes mais espaço à IE do que ao QI, constatou com perplexidade — na verdade, indignação — um grupo de acadêmicos. Eles protestaram que a capacidade preditiva do QI para o desempenho excepcional estava bem estabelecida por incontáveis estudos, enquanto isso estava longe de ser verdade para a IE. Dessa forma, insinuaram que a proporção contrária de páginas dedicadas ao QI e à IE viria muito mais a calhar.

Um resultado amplamente citado sugere que um QI elevado prevê o bom desempenho na vida profissional. Contudo, uma análise cuidadosa desses dados contraria essa sugestão, considerando que há margem de sobra para a influência de outros fatores, incluindo a IE.[9]

Tanto o QI como a IE importam para sua carreira, mas cada um faz mais diferença em determinadas etapas. O principal benefício do QI ocorre durante os anos escolares e é de longe o melhor indicador de sucesso nos estudos, mas ao longo da vida profissional a capacidade de o QI influenciar o sucesso diminui. Isso ocorre porque a pessoa mais inteligente da sala pode ser uma idiota nas relações interpessoais. As pessoas com os melhores desempenhos em um ambiente de trabalho mostram aptidões específicas de IE. Embora nossas habilidades cognitivas sejam extremamente importantes, nossos talentos, sejam eles quais forem, são intensificados pela IE. Assim, se antes a inteligência emocional era tida como apenas mais uma boa qualidade, hoje seu conjunto de habilidades veio à tona como um potencializador essencial de qualquer conhecimento que possamos oferecer.

A métrica mais atualizada para as competências de IE é o Inventário de Competência Emocional e Social (ESCI, na sigla em inglês), uma avaliação em 360 graus das habilidades pessoais e interpessoais de alguém. O ESCI mede uma dúzia de competências de IE específicas que caracterizam os líderes de alto desempenho (na segunda parte analisamos cada uma delas).

Para essa avaliação, cada um escolhe cerca de dez avaliadores que o conheçam bem e cujas opiniões respeitem; os avaliadores são anônimos, e assim podem ser francos em seu julgamento. Essa visão externa compensa um viés da autoconsciência: podemos ser ruins no autojulgamento onde houver pontos cegos em nosso próprio conjunto de habilidades. O "360" significa que somos vistos por todos os ângulos. A média de todas essas avaliações fornece à pessoa avaliada um perfil de seus pontos fortes e suas limitações nas principais competências de IE — uma linha-base que, em termos ideais, pode ser usada para monitorar seu progresso fazendo um novo ESCI depois de ela passar por treinamento ou mentoria em IE.

Atualmente vemos uma ampla aplicação do ESCI, com mais de 1,3 milhão de avaliadores independentes em quase 10 mil organizações diferentes no mundo todo. Em uma análise de todos esses dados, dos 155 mil líderes submetidos a avaliações do ESCI, apenas 22% mostraram aptidões em IE — ou seja, em nove ou mais das doze competências —, tal como classificados por colegas de trabalho. Cerca de quatro em cada dez líderes apresentaram pontos fracos nas competências de IE.[10]

Essa lacuna na IE importa mais do que nunca. Hoje em dia há uma nova série de desafios para os negócios, em que as realidades e demandas mudam constantemente, conferindo um valor cada vez maior à adaptabilidade. A necessidade de se comunicar com eficiência dentro da organização e com seus envolvidos acarreta uma importância maior à interpretação das emoções do entorno imediato e do mundo em geral. As crises parecem sem fim, e desse modo damos valor cada vez maior à estabilidade e à resiliência — isto é, ao equilíbrio emocional — como qualidades de liderança, bem como à empatia e ao coração. Como vimos, esses são os sinais da IE.

Alguns pontos-chave:

- as competências de inteligência emocional estão difundidas pelas empresas, mas podem ser difíceis de identificar porque foram renomeadas segundo a cultura de cada organização;
- a demanda por *soft skills* é cada vez maior, como vimos nos talentos que as empresas buscam em suas novas contratações;

- a IE difere do QI e outras habilidades cognitivas afins. Mas tais habilidades se tornam mais efetivas se a pessoa apresenta também inteligência emocional, e os dados sugerem que muitos executivos podem sofrer de uma lacuna nesse aspecto.

Contudo, como veremos, a vantagem da IE é a marca de líderes excepcionais, de equipes mais destacadas e até de unidades de negócios inteiras.

10. Liderar com inteligência emocional

Uma empresa de engenharia prosperara no passado, mas começou a enfrentar tempos difíceis, levando a demissões e todas as ansiedades que isso acarreta. A CEO realizava reuniões semanais com seus principais executivos, e os relatórios eram sempre desanimadores. Então, um dia, o diretor financeiro apresentou números mais auspiciosos, mostrando que as coisas já não iam tão mal assim. Porém, os outros pouco prestaram atenção, e quando ele encerrou a apresentação, estavam prontos para passar ao item seguinte na pauta. Mas a CEO percebeu que ficara menos ansiosa ao escutar o relatório mais positivo. Compartilhando seu estado de espírito renovado com a equipe de liderança da empresa, exclamou: "Esperem um minuto. Esse relatório parece ótimo! Vamos parar um minuto para conversar sobre as coisas acertadas que temos feito para reverter a maré ruim".

Conforme conversavam sobre de que maneiras haviam contribuído positivamente, os executivos de alto escalão começaram a se sentir bem outra vez e alguns até sorriam. O clima na sala continuou animado durante o resto da reunião. Quando a reunião terminou e o grupo deixou a sala, os funcionários perceberam que a liderança parecia mais feliz e relaxada e o alto-astral se espalhou pela empresa.

A CEO se sintonizara às próprias emoções e comunicara para todo o grupo o que a levara a sentir-se melhor. O uso da IE nesse momento teve um impacto positivo no estado de espírito do alto escalão e a atmosfera positiva contagiou os demais. Ser aberto sobre como nos sentimos contribui para a autenticidade, que por sua vez fortalece a confiança nos relacionamentos.

Quando os líderes de uma organização são habilidosos em gerir não só os próprios sentimentos como também os daqueles com quem se relacionam, a empresa e todas as equipes se beneficiam, resultando em melhor desempenho geral. Ao inaugurarmos o consórcio, mais de 25 anos atrás, havia pouca evidência para corroborar isso, mas hoje em dia os dados são substanciais, extraídos de estudos de centenas de empresas, que documentam uma ampla gama de benefícios, em que líderes, equipes e funcionários incorporam os elementos do alto desempenho – um reflexo coletivo do estado otimizado. Esses benefícios, como vimos no capítulo 2, incluem maior satisfação no trabalho e menor rotatividade, mais engajamento e moral mais elevado, maior "senso de cidadania organizacional", e números maiores de crescimento e de lucro.

Tudo isso começa no topo, com o líder. Trabalhar com um líder inteligente é uma sensação libertadora; nossa disposição otimizada parece mais alcançável. As pessoas têm mais "dias bons".

IE: A HABILIDADE DE LIDERANÇA ESSENCIAL

Quando Eric Adams foi eleito prefeito de Nova York em 2021, reiterou repetidas vezes que queria líderes "emocionalmente inteligentes" em sua administração. Na verdade, afirmou que era o "critério número um" para selecionar o alto escalão. "Não me venham falar de seus diplomas da Ivy League. Não venham falar de qual faculdade frequentaram e como se acham importantes. Não venham me contar o que pretendem fazer baseados em suas teorias filosóficas. [...] Não quero nem ouvir falar em sua inteligência acadêmica. Quero saber sobre sua inteligência emocional."[1]

Quando a Walt Disney Company despediu seu CEO, Bob Chapek, em 2022, e o substituiu pelo CEO anterior, Bob Iger, uma das explicações fornecidas foi a dificuldade de Chapek em lidar com pessoas. Segundo uma matéria do *New York Times*, ele parecia destituído de empatia e inteligência emocional, "resultando na incapacidade de se comunicar ou se relacionar com a comunidade criativa de Hollywood".[2]

A necessidade de IE nos líderes ficou evidente há muitos anos, quando nosso colega do consórcio, Claudio Fernández-Aráoz, na época diretor de pesquisa de uma empresa mundial de recrutamento de executivos, fez uma pergunta radical: por que profissionais que pareciam tão aptos para uma função fracassam depois de obtê-la? Embora a maioria dos candidatos encontrados por sua empresa para preencher cargos de alto escalão fossem bem-sucedidos, alguns acabavam demitidos. Quando ele analisou essas demissões, descobriu que no mundo todo — seja Japão, seja Alemanha, seja países do continente americano — o padrão era o mesmo: o executivo fora contratado graças a suas credenciais de *hard skills*, como conhecimento de negócios, mas demitido por carecer de *soft skills* em IE, tal como explodir de raiva ao ouvir o relatório de um subordinado.

A intuição de Claudio se transformou em um procedimento operacional padrão em organizações do mundo todo. Como observamos no capítulo 9, as ofertas para posições executivas cada vez mais frisam *soft skills* na procura por profissionais.

Quando criamos o site do consórcio, o tema que mais atraiu visitas foi "Em defesa da inteligência emocional no mundo dos negócios". Não nos admira. Independentemente de ser uma pequena empresa, uma grande corporação, uma organização sem fins lucrativos que não pensa em termos financeiros, o desempenho é a chave. Atualmente, sólidas evidências confirmam que líderes emocionalmente inteligentes são mais eficazes: os funcionários têm um desempenho mais satisfatório e se sentem melhor no trabalho, e as empresas em que trabalham dão mostra de excelência.

Considere um estudo em uma grande organização de serviço público.[3] Os gestores completaram um teste de IE e foram avaliados por seus superiores segundo seu grau de sucesso em "obter resultados de negócios durante o ano financeiro". Além dos chefes, os subordinados dos gestores também avaliaram suas habilidades de liderança. Resultado: os mais bem classificados em termos de IE também eram os mais eficientes.

Além disso, a vantagem de ter IE pesou mais até do que a personalidade (por exemplo, ser uma pessoa extrovertida não fazia tanta diferença). Nem ser inteligente — ter QI elevado — fazia um líder ser tão eficaz quanto ter IE elevada.

Nosso colega Richard Boyatzis e sua equipe da Universidade Case Western Reserve observaram em uma empresa de gestão financeira executivos seniores que supervisionavam consultores de finanças e gerentes.[4] Eles pediram aos colegas e subordinados de cada divisão para classificar o gestor em diversas dimensões de IE. A seguir, examinaram quantos novos consultores financeiros foram recrutados por cada executivo ao longo dos três anos anteriores — um KPI utilizado pela empresa. A IE mais elevada em um líder correspondeu ao recrutamento de mais consultores financeiros. Novamente, a capacidade mental geral e o perfil em um teste de personalidade fracassaram na previsão de desempenho. Apenas a IE fez diferença.

A IE parece ser importante para líderes de qualquer lugar — até padres de paróquias.[5] O grupo de Boyatzis observa que os "líderes pastorais das paróquias influenciam a vida das pessoas e as comunidades. Desde os sermões e a angariação de fundos ao confessionário, eles precisam usar a inteligência emocional para alcançar metas tanto seculares como sagradas". Como resultado, quanto maior a pontuação dos padres nas competências emocionais e sociais, maior o grau de satisfação dos paroquianos.

A vantagem obtida por um líder com IE elevada parece se aplicar em todos os níveis, de executivos seniores a trabalhadores de fábricas. Por exemplo, em um estudo com operários de uma refinaria de cobre, a inteligência emocional dos supervisores explicou a maior parte das diferenças de desempenho.[6] Considere os muitos fatores que podem influenciar o desempenho do trabalhador: vão desde o tempo de experiência na função, a idade, nível de instrução, QI ou traços de personalidade como conscienciosidade e agradabilidade. E devemos acrescentar a pura sorte à mistura. Mas todos esses fatores explicavam apenas cerca de 30% da diferença de desempenho entre os operários. O grau de IE do chefe estava ligado a 70% de sua eficácia. Tudo se resume à importância do relacionamento com o superior. Se a pessoa odeia o chefe, seu desempenho é prejudicado; caso contrário, tende a melhorar.

Estudos como esses foram incluídos em uma meta-análise realizada por um grupo composto de membros de várias universidades, incluindo nosso colega de consórcio Ronald Humphrey, que agregou resultados de uma ampla gama de líderes em muitos tipos diferentes de organizações.[7] A análise incluiu doze estudos diferentes com um total de 2764 participantes, e os resultados mostraram que a IE mais elevada do líder melhorava o desempenho dos trabalhadores, representando 25% dessa proporção.

Pense em todos os fatores capazes de afetar o desempenho de alguém no local de trabalho: experiência na função, idade, nível educacional, QI, persistência e outros. Estatísticos diriam que o fato de a IE representar 25% constitui um impacto surpreendentemente significativo. Dados de regiões tão variadas como Ásia, América do Sul e Europa revelam que isso é válido em culturas do mundo todo.

Outra meta-análise focou em mais de 65 mil empreendedores em todo tipo de negócios. Ela se baseou tanto em dados concretos — sucesso financeiro e crescimento da empresa, por exemplo —, como em dados subjetivos. Mas o grau de sucesso de um empreendedor depende em larga medida de como a pessoa gerencia as próprias emoções e promove os relacionamentos. Mais uma vez, empreendedores com IE mais elevada mostraram os melhores resultados. Ainda mais notável foi que, comparando a importância relativa da inteligência emocional e cognitiva, descobriu-se que o impacto da IE era duas vezes maior que do QI.[8]

PARA ALÉM DOS RESULTADOS FINAIS

Jessica Andrews, administradora de enfermagem do departamento de saúde de um condado dos Estados Unidos, envolveu-se em um difícil conflito com o xerife local pela forma como sua equipe que trabalhava na prisão era tratada. Sem hesitar, seu chefe a defendeu, confrontando o xerife diretamente e fazendo-o admitir que ele estava errado.[9] Jessica foi uma das participantes do estudo de Cary que não sofreu esgotamento emocional: ela permaneceu satisfeita e comprometida ao longo da década seguinte na mesma posição — em boa parte devido ao apoio recebido do chefe.

Compare o caso de Jessica com o de outra administradora de enfermagem que se queixou de nunca ter recebido tal apoio: "Depois de algum tempo, tive a sensação de que perdera um bocado de iniciativa e criatividade e comecei a me sentir mal comigo mesma, algo que provavelmente se refletiu no meu trabalho". Infelizmente, a experiência da segunda enfermeira é mais comum. Um levantamento revelou que 75% dos empregados consideram a pressão do superior imediato a parte mais estressante do trabalho.[10]

Existe uma forte razão para a IE em um líder ser importante no desempenho de seus funcionários: o relacionamento de um funcionário com o chefe é o melhor indicador de satisfação no trabalho, que por sua vez é um importante indicador de satisfação geral com a vida.[11] A veracidade dessa afirmação foi constatada, novamente, por uma meta-análise, que, nesse caso, agregara vinte estudos com um total de 4665 empregados.[12]

Mas a coisa vai além do mero relacionamento com o chefe: os colegas também fazem diferença. Os empregados têm maior propensão a se ajudarem mutuamente — a boa cidadania corporativa ou organizacional que mencionamos lá atrás — quando seus chefes são emocionalmente inteligentes.[13]

Outro indicador vem da rotatividade, particularmente se os melhores funcionários começam a pedir demissão. Um estudo envolvendo 260 empregados de empresas importantes como Dell, Electronic Data Systems (EDS), Microsoft e IBM revelou que um chefe com IE elevada era a diferença entre permanecer no emprego ou procurar trabalho em outro lugar.[14] Quando os pesquisadores observaram mais atentamente o que estava acontecendo, verificaram que bons líderes propunham tarefas mais desafiadoras, promoviam maior confiança, comunicavam-se melhor e geravam um forte senso de pertencimento entre seu pessoal. Todas essas vantagens do ambiente emocional da empresa diminuíam a tendência a se demitir.

A falta de preocupação com o bem-estar dos funcionários — a mentalidade de que a responsabilidade do patrão se limitava à remuneração e à segurança no local de trabalho — começou a mudar décadas atrás. Atualmente sabemos que o modo como as pessoas se sentem no trabalho é mais importante do que nunca. Por exemplo, o *Relatório de Tendências no Trabalho* da Microsoft em 2022 descobriu entre os trabalhadores uma propensão maior do que antes da pandemia a considerar a saúde e o bem-estar como mais importantes do que o trabalho.[15]

Inicialmente os pesquisadores pensavam que o *burnout* se devia a estilos de personalidade como o perfeccionismo; hoje está claro que o relacionamento com o superior é mais importante. Quando o líder gerencia bem as próprias emoções e oferece apoio e empatia — como o chefe de Jessica —, o subordinado suporta maior estresse sem sofrer esgotamento. Como um executivo nos disse: "Parte das minhas atribuições é proteger meu pessoal das maluquices vindas de cima".

Quando os funcionários da divisão de tecnologia de uma grande empresa médica preencheram uma pesquisa diária durante duas semanas sobre uma autoavaliação de bem-estar, os resultados mostraram que as equipes com gerentes dotados de maior empatia tinham menos queixas de problemas somáticos como dor de cabeça e desconforto estomacal, e consequentemente desempenho menos prejudicado.[16]

Quando pesquisadores europeus revisaram estudos sobre o impacto do estilo de liderança no bem-estar dos funcionários, descobriram que o estresse em um líder reduzia o apoio, a consideração e o empoderamento dirigidos aos subordinados. Estilos de liderança refletindo a IE, por outro lado, exerceram um impacto positivo nos níveis de estresse sentidos pelos funcionários, bem como em seu estado emocional.[17] Para exemplificar, um estudo envolvendo atletas e treinadores revelou que a exaustão em grau elevado nos treinadores se refletia em seus atletas; em uma condição de esgotamento, o treinador tendia a um estilo mais ditatorial, e dessa forma era menos inclinado a se valer de elogios, empatia e comunicação efetiva.[18] Outro caso é de um grupo de gerentes a serviço de um varejista de alimentos que, durante um período de reestruturação organizacional, subordinados de chefes com estilo de liderança mais cooperativo relataram menor estresse e maior satisfação no emprego.[19]

LÍDERES E TRABALHO EMOCIONAL

O chefe de uma organização de proteção à criança recebeu a notícia certa manhã de que uma de suas clientes matara o próprio filho naquela noite e a seguir cometera suicídio. Foi o incidente mais tenebroso com que qualquer um em seu escritório havia se deparado. Ao se arrumar para o dia de trabalho, ele se concentrou na tarefa mais urgente do momento: deixar as emoções de lado durante as horas seguintes e ajudar sua equipe a processar os próprios sentimentos.

Esse incidente reflete perfeitamente um dos maiores pesos que recai sobre os ombros da liderança. Com muita frequência, os deveres de um líder envolvem projetar uma visão de mundo esperançosa em meio a tempos sombrios ou perseverar no otimismo mesmo quando carregam dúvidas sobre os rumos estratégicos de sua organização.

Isso inevitavelmente exige certo grau de atuação, em que suprimimos alguns sentimentos e projetamos outros para o mundo. Os sociólogos estudam há muito tempo esse desempenho de um papel profissional, conhecido como "trabalho emocional": gerir o que sentimos para cumprir as expectativas do que os outros esperam de nós no ambiente de trabalho. Embora essa pesquisa na maioria das vezes tenha se concentrado nos desafios enfrentados pelos que estão na linha de frente — como a diretriz de "servir com um sorriso no rosto" mesmo na presença de clientes estúpidos —, a liderança também requer essa competência.

Uma das razões para isso é que os sentimentos contagiam o grupo, ainda mais quando partem da liderança e se espalham pelos liderados.[20] O estado de espírito positivo do líder tende a ser acompanhado pelos subordinados, contribuindo para seu bom desempenho. Se o líder está de mau humor, a negatividade contagia a equipe e a qualidade do trabalho é prejudicada. O fenômeno pode ser explicado pela tendência natural a dar maior importância e prestar mais atenção ao membro mais poderoso do grupo. É uma regra prática que se aplica não apenas a CEOs e altos executivos, como também a líderes de qualquer organização.

Nos dias atuais, mais do que no passado, os líderes precisam realizar tarefas emocionais, como mostrar sensibilidade em relação ao modo como as demandas do trabalho impactam a saúde física e mental dos funcionários, sem nunca perder de vista o resultado financeiro. Essa exigência de compaixão e sensibilidade se aplica não só a como se relacionar com suas equipes, mas também consigo mesmos. Esse fardo emocional acarreta um alto custo para o líder — há o risco pessoal de esgotamento ou de ter a saúde prejudicada, sem mencionar a queda da própria produtividade. As exigências desse trabalho emocional têm um papel significativo na alta rotatividade de cargos de liderança.

Líderes podem ser vítimas do estereótipo de que precisam ser "fortes" e assim mostrar relutância em revelar um lado de si mesmos que carrega dúvidas, ansiedades ou frustrações — qualquer característica capaz de fazer com que pareçam "fracos". Isso geralmente é ainda mais verdadeiro para mulheres e pessoas negras em posição de liderança, possivelmente conscientes de que precisam mostrar e trabalhar mais diante dos colegas para obter o mesmo reconhecimento e ao mesmo tempo servir de exemplo para o grupo.[21] A pesquisa mostra que, diante de uma mesma situação, mulheres e pessoas negras são punidas por manifestar emoções, ao passo que homens brancos, não.[22]

Mas eis um complicador: a pesquisa revela que um líder disposto a admitir suas falhas e demonstrar vulnerabilidade também apresenta maior propensão a notar e atender às necessidades emocionais dos que o seguem.[23] A capacidade de admitir seus limites emocionais leva os demais a sentir segurança para expressar os deles.

O requisito de trabalho emocional por parte do líder exige conscientizar-se das próprias emoções (autoconsciência) de modo a administrá-las com mais eficiência (autogestão), além de sintonizar-se aos sentimentos dos que o rodeiam e saber lidar bem com essas relações. Em suma, é mais um argumento em prol da IE para a boa liderança. Seu aprimoramento pode proteger os líderes dos custos do trabalho emocional, que vão de solidão e cinismo a quedas em seu próprio desempenho — sem esquecer do prejuízo à saúde física e mental.

Consideremos por exemplo o ônus resultante para o líder de reprimir as próprias emoções e de simular um estado de espírito mais otimista do que o sentido na realidade. Essa supressão dos próprios sentimentos, como hoje admite a psicologia, reduz sua capacidade de autocontrole e pode se traduzir em explosões com subordinados ou comentários rudes. Ao lidar com a turbulência interna, alguns recorrem ao abuso de álcool ou carregam para a vida pessoal uma negatividade originada no ambiente de trabalho.

As escolas de negócios fazem pouco ou nada para preparar os alunos para lidar com esse fardo emocional. Mas as organizações, por sua vez, devem fazer, criando um ambiente de segurança psicológica em que o líder possa expressar suas emoções livremente. Um experimento mostrou que reuniões regulares entre líderes para compartilhar sigilosamente problemas pessoais e profissionais não apenas aliviaram a pressão emocional, como também contribuíram para o crescimento de sua IE.[24] De modo geral, ajudar os líderes a adquirir IE lhes fornece um conjunto de habilidades para se relacionar melhor com os desafios do trabalho emocional. A IE é ainda mais importante quando a posição ocupada pelo líder exige que lide bem com os próprios sentimentos e os das pessoas que trabalham com ele.[25]

Um artigo da *Harvard Business Review* sobre como esse tipo de trabalho emocional exige cada vez mais dos líderes alerta as empresas a ajudar seus executivos e gerentes a lidar melhor com o emocional.[26] A sugestão merece todo nosso aplauso.

James era o vice-presidente sênior de uma importante empresa de seguros de saúde. A certa altura, uma divisão em sua organização enfrentou um período particularmente desafiador. O líder do grupo precisou tirar uma licença médica ao ver os negócios de seu setor passarem por um intenso escrutínio regulatório. James percebeu que "as pessoas ficaram totalmente em pânico" e que ele precisava ser "tranquilizador e inspirador" para ajudá-las a superar o momento turbulento.

Ele queria estar por perto para oferecer essa orientação em meio à crise, mas o escritório onde normalmente trabalhava ficava a quase dois quilômetros da sede do grupo. Assim, transferiu temporariamente sua base de operações para uma sala de reuniões no local de trabalho desse pessoal.

Além de reconfortá-los com sua presença, James também ajudou o grupo a lidar com os próprios sentimentos. Em suas palavras: "Percebi que se chegasse lá assustado e assoberbado contribuiria para o pânico e pensamentos como 'Ai, meu Deus, se esse cara é o chefe e está desse jeito, estamos lascados!'. Assim, senti que precisava demonstrar para eles que, embora a situação estivesse longe de ideal, essas coisas aconteciam. E que estávamos preparados para enfrentá-la". Ele tinha razão. O grupo conseguiu superar as semanas difíceis e foi bem-sucedido em lidar com as mudanças na regulamentação.

O impacto de um líder em seus subordinados é uma das coisas mais importantes numa crise. É nesse momento que sua IE passa por uma real prova de fogo, como no caso de James.[27]

Consideremos o exemplo de uma grande reestruturação hospitalar na província canadense de Alberta que tumultuou demais o ambiente de trabalho.[28] Houve consequências para as equipes de enfermagem e para os pacientes. Pesquisadores da Universidade de Alberta entrevistaram mais de 6 mil enfermeiros registrados em hospitais para casos graves na região.[29] Os subordinados a líderes com um estilo emocionalmente inteligente não só relataram menor esgotamento e sintomas psicossomáticos e melhor saúde mental, como também que sua saúde emocional havia *melhorado* no último ano. A IE mais elevada da liderança também resultou em maior colaboração e trabalho em equipe com os médicos, além de mais satisfação com os supervisores e o emprego. Já a enfermagem subordinada a líderes de baixa IE relatou piora em sua saúde emocional no mesmo período e o triplo de episódios em que as necessidades de cuidados dos pacientes não foram atendidas.

Em certas ocupações, lidar com crises é a essência do trabalho, como comandar as equipes de bombeiros responsáveis por combater os terríveis incêndios florestais nos Estados Unidos. Quando Richard Boyatzis e seu grupo compararam os comandantes excepcionais aos medianos, descobriram que se diferenciavam em sete competências emocionais e sociais. As mais significativas eram o equilíbrio emocional e a resiliência, a capacidade de se adaptar a circunstâncias extremas, saber se pôr no lugar do outro, atuar como um *coach*/mentor eficaz e proporcionar uma liderança inspiradora.[30]

A INFLUÊNCIA ESTÁ NO CERNE DA LIDERANÇA

Dorothy, presidente de uma pequena agência de serviços sociais sem fins lucrativos, tinha uma reunião marcada com potenciais voluntários que caía na véspera de sua cirurgia de um câncer de mama. "Era a última coisa que eu queria fazer, principalmente porque não sou nada extrovertida. Mas, quando comecei a conversar com eles e a falar sobre as famílias que atendemos e as necessidades dos nossos clientes, percebi como assentiam com a cabeça e sussurravam, consentindo entre si. Quando falo com o conselho, acontece a mesma coisa." Dorothy percebeu que reuniões presenciais, sobretudo para contar relatos comoventes, resultavam em maior envolvimento das pessoas. Como afirmou: "É importantíssimo para mim compartilhar meu entusiasmo, empolgação e senso de urgência. Minha energia e animação contagiam os demais".

Para uma liderança forte, essa influência exercida diretamente de uma pessoa para outra é crucial, e exige a habilidade de usar as próprias emoções para causar impacto. Assim, por exemplo, sentir e expressar o pesar pode ajudar um líder a confortar quem passou por uma perda.[31]

Carole Robin, que ministrou um curso popular sobre dinâmicas interpessoais na Escola de Negócios de Stanford, apontou: "Há uma promissora geração de líderes agora – com potencial para desempenhar um papel de proeminência no futuro –, que percebeu que na ausência de sentimentos é praticamente impossível inspirar as pessoas de verdade".[32]

Embora possa ser proveitoso para um líder expressar abertamente seus sentimentos, isso requer certa habilidade. Todo ambiente de trabalho tem suas normas sobre quais emoções podem ser manifestadas, com que intensidade e em que situações. Quando um líder as quebra, o efeito sobre os funcionários, bem como sobre sua própria eficiência, pode ser adverso. Tais normas determinam também *quem* está autorizado a manifestar quais emoções — por exemplo, enquanto se admite que um homem em posição de liderança tenha explosões de raiva, mulheres na liderança são malvistas se o fazem.

Em todo caso, todos temos emoções, querendo ou não. Tentar reprimi-las ou evitar expressá-las pode prejudicar a credibilidade e a influência de um líder tanto quanto uma tentativa desajeitada de manifestar uma emoção "apropriada" que a pessoa não sente de fato. É aí que a IE tem especial importância, ajudando o líder a expressar seus sentimentos de um modo espontâneo e que não atente contra as normas do ambiente de trabalho.

Veja o caso de Aaron, CEO de uma grande empresa de construção. Ele era o segundo em comando quando seu antecessor faleceu subitamente de um ataque cardíaco, em plena reunião. O sujeito era seu amigo e ele sentiu a perda profundamente. Na noite do ocorrido, ele transmitiu aos funcionários que ninguém precisava ter vergonha de manifestar seu luto. Foi ao hotel onde a reunião tivera lugar e conversou com quem participara. Depois se pronunciou para toda a empresa, dizendo: "Esqueçam o trabalho por hoje; perdemos um familiar, um amigo. Se você realmente ama alguém em sua família, sugiro que fale o que sente o quanto antes, porque ninguém nunca sabe quando sua hora vai chegar". Essas palavras, e o modo como as comunicou, ajudaram todo mundo.

Aaron foi capaz de expressar seus sentimentos imediatamente depois do ocorrido. Mas alguns líderes talvez necessitem esperar até se acalmar um pouco antes de dizer o que pensam. Afinal, somos todos humanos.

O CHEFE TÓXICO

O CEO de um hospital que passava por um grande problema de *burnout* na equipe e seu departamento de RH haviam pedido a Cary para realizar um programa de treinamento de modo a ajudar os gestores. Quando o CEO perguntou-lhe o que haviam feito na última sessão, Cary afirmou que conversaram sobre a importância de informar a equipe como eram valorizados e como suas contribuições eram importantes. O CEO, horrorizado, comentou: "Não acredito nisso. Adultos devem dar duro sem precisar ser elogiados por isso. Estão recebendo para fazer esse trabalho. Essa deveria ser a única recompensa de que precisam". Depois de escutar essas palavras, Cary compreendeu melhor por que o hospital tinha um grave problema de esgotamento na equipe.

A negatividade de um chefe tóxico tem impacto por toda parte. Um estudo com 693 jogadores e 57 treinadores da NBA analisou o estilo dos técnicos e o desempenho dos atletas ao longo de duas temporadas. Os treinadores foram avaliados em função da "liderança abusiva" e da agressividade, ao passo que o desempenho dos jogadores foi medido segundo dados objetivos como número de faltas cometidas e cestas assinaladas. Ter um treinador abusivo aumentou a quantidade de faltas e baixou a pontuação dos jogadores — mesmo em temporadas subsequentes.[33]

Os funcionários recordam mais prontamente as ocasiões em que o chefe foi grosseiro ou esbravejou do que os momentos em que foi agradável. O viés da negatividade na memória pode ser um dos motivos pelos quais o estudo da Escola de Negócios de Harvard sobre dias bons revelou que eventos negativos exercem um impacto emocional mais forte do que positivos — e, consequentemente, afetam o desempenho no trabalho. É um argumento a favor de que os gestores na medida do possível minimizem os aborrecimentos para seus subordinados.

Nosso cérebro parece programado para pensar mais intensamente nas coisas que dão errado em nossa vida do que em eventos que nos fazem sentir bem — talvez devido ao prêmio evolutivo para a sobrevivência em lembrar como lidar com tais emergências ou reveses da próxima vez que ocorrerem.[34] Como resultado, uma criança pode se lembrar mais fortemente das ocasiões em que um dos pais berrou com ela do que dos momentos afetuosos que compartilharam. Considere como falamos com nossos entes queridos. Quando os filhos nos deixam frustrados — ou nossos parceiros ou cônjuges —, acaso gritamos com eles por causa disso? Os sentimentos que telegrafamos com nosso tom de voz podem ajudar ou magoar a outra pessoa, agravando ou minimizando seu estresse.

Como prestamos muita atenção ao que nosso chefe faz e diz, ele exerce grande impacto em como nos sentimos. Muitos estudos confirmam o que no fundo já sabemos: uma interação rude, insensível e abusiva com o chefe desencadeia ondulações desastrosas em nosso campo emocional. Chefes ruins diminuem nosso grau de comprometimento com o que fazemos, nossa satisfação ao realizar as tarefas e nosso bem-estar mental geral.[35]

De forma similar, um chefe motivador — que nos trata com civilidade, respeito e educação — aumenta nossa satisfação no trabalho, bem como nosso comprometimento com a organização, melhorando nosso desempenho.[36]

Tudo isso significa que os gestores precisam ser cuidadosos quando fazem críticas, pois elas serão sentidas muito mais fortemente do que os elogios. Quando um chefe fornece feedback, ele pode não perceber que o que acredita ser uma reprimenda leve possa ser percebido pelo funcionário como uma grosseria estridente.

COMO OS LÍDERES PODEM INCREMENTAR SUA IE

Karen, gerente distrital de uma empresa de serviços alimentícios industriais, ficou chocada quando uma funcionária se queixou à Administração de Saúde e Segurança Ocupacional (OSHA, na sigla em inglês) de que as práticas da empresa eram inseguras. O primeiro impulso de Karen foi "torcer seu pescoço". Mas em vez disso ela permaneceu de cabeça aberta e resolveu investigar. Primeiro chegou à conclusão de que as práticas da empresa eram normais. Em seguida, avaliou o que poderia ter deixado a funcionária tão furiosa a ponto de se revoltar contra a empresa. Conversou com o supervisor da mulher, observou-a trabalhando e a chamou para um tête-à-tête.

Em vez de confrontar rancorosamente a funcionária, ela usou a conversa como uma forma de descobrir mais sobre o que se passava em sua vida pessoal. Embora relutasse no começo, com a empatia de Karen em escutar seus problemas e perguntar delicadamente, a funcionária explicou sobre o câncer do marido e as dificuldades que estavam enfrentando com o sistema de saúde. Karen foi além da simpatia: ajudou a mulher a se orientar com a burocracia do sistema de saúde, dissipou sua raiva e seu estresse, e a OSHA não encontrou evidências de práticas insalubres.

Essa história veio à tona quando Cary e sua colega Cornelia Roche pediram a treinadores veteranos, executivos seniores de RH e psicólogos organizacionais para identificar líderes excepcionais particularmente habilidosos em fazer uso da IE.[37] Muitos desses líderes empregavam as competências de IE de maneiras similares. Uma tática comum era simplesmente considerar como suas próprias ações impactavam os outros emocionalmente — um gesto tanto de autoconsciência como de empatia.

Veja como Rita, vice-presidente sênior de RH em uma empresa de tecnologia médica, reagiu quando ficou claro que a empresa não bateria as metas de desempenho estabelecidas pela liderança. No passado, os executivos de alto escalão da empresa ganhavam um bônus a despeito do desempenho ruim, enquanto os demais funcionários não viam a cor do dinheiro. Mas Rita percebeu que isso teria um terrível impacto emocional nos funcionários. Felizmente ela foi capaz de convencer os outros gerentes seniores e a diretoria a excluir os altos executivos do fundo de bônus e em lugar disso fornecer bônus discricionários aos funcionários que os merecessem.

Considere como Rita usou a IE. Desde o início ela mostrou empatia, percebendo que uma decisão ruim causaria uma onda de sentimentos negativos por toda a organização. Embora às vezes seja difícil prever como uma decisão ou ação impactará as outras pessoas, sempre podemos sintonizar em nós mesmos, para perceber como o que os outros fazem nos afeta.

Há uma tática para desenvolver um radar para isso: pense numa ocasião em que alguém gerou sentimentos ruins em você. Pergunte-se o que o levou a se sentir dessa maneira: o tom de voz, a linguagem corporal, as palavras ditas ou não ditas? Que emoções isso despertou em você e nos demais presentes? Como foi sua reação? Finalmente, se você pudesse trocar de lugar com essa pessoa, o que teria feito diferente? Agora reviva o mesmo cenário com um momento real em que alguém o levou a sentir-se bem. É assim que você quer ser.

OUTRA ABORDAGEM: PENSE DIFERENTE

O chefe de operações de uma siderúrgica, que chamaremos de Stanley, conta que sempre que um funcionário lhe trazia um problema particularmente desafiador e ele percebia seu nível de estresse aumentar, dizia a si mesmo:

"O mundo é caótico. Nove de cada dez pessoas que entram na minha sala só vêm falar de problemas. Normalmente é simplista demais pensar que todos os problemas são causados pelo erro de alguém ou que são simplesmente resultado de incompetência ou negligência. O mundo geralmente é bem mais complicado do que isso". Com isso, Stanley mudava sua própria perspectiva, tática que muitos líderes de alto desempenho acham eficaz. Essa competência de autogestão nos ajuda a recuperar nosso equilíbrio emocional para que possamos pensar mais claramente e agir com mais calma.

Outro exemplo: quando Rodney, diretor de uma construtora, cometia um erro custoso, dizia a si mesmo: "Ok. Não se culpe por isso. Não dá pra acertar sempre". Rodney a seguir procurava se lembrar de que em sua profissão tomar decisões é como uma média de rebatidas no beisebol. "Não preciso acertar sempre. Ninguém acerta todas as rebatidas. Todo mundo erra."

Outra tática proveitosa de IE para a autogestão emocional, conforme descobriu um estudo de líderes de alto desempenho, era adotar um "*mindset* inquisitivo".[38] Podemos aumentar essa habilidade mediante um simples exercício. Traga à mente um dilema real, do trabalho ou de sua vida pessoal, que seja emocionalmente carregado para você. Sem editar, simplesmente escreva num fluxo de consciência o que imagina que possa estar acontecendo. Considere o que estaria levando os demais envolvidos a agir dessa forma. Então se pergunte: "Será que estou causando isso de algum modo? Em caso afirmativo, o que posso estar fazendo?". E depois: "O que mais pode estar acontecendo?".

O objetivo aqui não é "resolver" o problema, mas simplesmente ampliar sua perspectiva sobre ele — alargar sua consciência emocional e sua compreensão da situação considerando diferentes pontos de vista.

PONHA-SE NO LUGAR DOS OUTROS

Todos temos nossas narrativas privadas: os dramas e cenários que afirmam nossas identidades. Esse "show" pessoal define nossa autoimagem e como desejamos ser vistos. Assim, ser capaz de perceber como os outros se veem e esperam ser vistos destaca um líder como alguém dotado de uma empatia poderosa.

Grande parte da IE de um líder resume-se à empatia. Amy, diretora de uma creche, muitas vezes tinha conversas difíceis com os pais sobre o mau comportamento dos filhos deles. Ela tentava demonstrar empatia e abster-se de julgar, pensando em sua própria experiência como mãe de uma criança pequena. "Sei o que é ser mãe. Consigo me lembrar das vezes em que a professora da pré-escola me chamou para falar sobre *minha* filha e como *eu* me senti." Pôr-se na posição dos pais ajuda Amy a entender como é difícil para eles escutar, especialmente quando seu filho é o problema.

A "escuta ativa" pode ajudar nesses momentos difíceis. Podemos praticar essa habilidade com parceiros de aprendizado, alguém que conhecemos bem e com quem nos sintamos confortáveis. Peça-lhes que lhe contem sobre algo no trabalho ou em casa que os deixou infelizes, tristes, ansiosos ou furiosos. Enquanto fazem isso, concentre-se no que estão dizendo.

Para ajudar a compreender melhor, use tópicos como estes:

- Como é isso para você? Fale mais.
- Como estava sua vida quando aconteceu?
- Como você se sentiu ou o que pensou a respeito?
- O que outra pessoa não saberia sobre essa situação?
- Qual foi seu ponto de vista sobre o assunto?
- O que mais tem para me contar?

Depois de ouvir a outra pessoa se abrir, repita com suas próprias palavras o que escutou, pedindo-lhe para lhe dizer se você entendeu tudo corretamente ou se há algo errado em sua interpretação. Aguarde em silêncio enquanto ela explica as coisas que você entendeu errado ou certo. A seguir, apenas deixe que a conversa flua naturalmente.

Eis alguns pontos-chave para a IE de líderes. Ter aptidões em IE — particularmente autoconsciência e empatia — aumenta seu impacto positivo. Líderes capazes de ser mais abertos sobre seus sentimentos são vistos como mais autênticos, construindo confiança em seus relacionamentos. Uma pesquisa revela que a liderança com IE elevada prevê que os colaboradores terão maior satisfação no trabalho, melhor desempenho e se sentirão mais engajados. Tudo isso contribui para a lucratividade e o crescimento.

Por outro lado, líderes tóxicos — os de baixa IE — obtêm resultados fracos em todas essas métricas. Liderar implica trabalho emocional, algo que pode ser desgastante. Mas há muitas maneiras de aumentar a IE de um líder, incluindo o desenvolvimento de maior resiliência emocional.

Em resumo, uma liderança emocionalmente inteligente pode exercer um imenso impacto no bem-estar e no desempenho dos funcionários, promovendo seu estado otimizado. Os líderes podem aumentar ainda mais seu impacto quando desenvolvem e cultivam a IE dos demais. Imagine o que isso significa para uma equipe.

11. Equipes emocionalmente inteligentes

O Consórcio de Pesquisa sobre Inteligência Emocional nas Organizações começou em 1996 como um grupo de nove pessoas que se reunia de tantos em tantos meses para aprender mais sobre o então ainda recente conceito da IE. Embora oriundas de áreas de conhecimento relevantes, elas não concordavam em tudo. Havia certa tensão no ar, e os membros do grupo pisavam em ovos para não perturbar a paz precária.

Até que o progresso empacou. Como o consórcio parecia não ir a lugar algum, um membro sugeriu que déssemos um tempo para analisar o que havia de errado. Não foi uma discussão fácil, mas, no fim, o grupo desenvolveu um conjunto de padrões de interação — ou normas — concebidos para deixar as reuniões mais produtivas.

Uma das normas era "Todo mundo, não só o presidente, deve ajudar a nos manter no caminho certo caso nos desviemos, facilitar a participação do grupo, e levantar questões sobre nosso procedimento". Isso poderia significar, por exemplo, pedir ao grupo para esclarecer aonde pretendiam chegar, elaborando resumos das questões debatidas para garantir um entendimento compartilhado entre eles e identificar as áreas onde houvesse diferentes interpretações. Outra norma era "Usar boas habilidades de escuta". Talvez a mais importante era de que o grupo revisaria todas as normas no começo de cada reunião para se lembrar de como agir.

A partir daí, o grupo prosperou, completando vários projetos de pesquisa, livros e artigos. Apesar dos elevados padrões para ingressar, o consórcio evoluiu para uma rede com mais de cem membros do mundo todo.

O caso do consórcio revela uma verdade importante sobre equipes. Mesmo que os membros houvessem estudado competência emocional por muitos anos e tivessem consultado e treinado outros em como gerenciar e usar essas competências, não conseguiriam atingir um desempenho otimizado até confrontar a maneira como *trabalhavam juntos em grupo*. O problema, em última análise, não estava nos indivíduos envolvidos, e sim em seus padrões de interação. Assim que os membros desenvolveram novas normas de grupo — diretrizes com as quais todos concordavam — para interagir, houve uma mudança significativa para melhor.

Embora possa levar muitos meses de treinamento e prática para aumentar a IE de um indivíduo, uma equipe pode se tornar perceptivelmente mais elevada em IE com apenas uma reunião por meio de uma conscientização compartilhada sobre como os membros interagem entre si, modificando a seguir as normas que governam essas interações. Claro que a transformação não virá de uma hora para outra; também há uma constante necessidade de consciência, feedback e prática. Alguns membros da equipe talvez necessitem de ajuda adicional para gerenciar suas emoções e se relacionar com os outros. Mas o processo de mudança muitas vezes ocorre de forma mais rápida e vigorosa com um foco na equipe.

A necessidade de colaboração e trabalho em equipe nunca foi tão grande. Uma pesquisa da HBR Pulse revela que 89% dos líderes empresariais priorizam a colaboração e o trabalho em equipe como "cruciais para sua estratégia de produtividade e inovação".[1] Quando as equipes operam no máximo desempenho, o impacto no balanço financeiro de uma organização pode ser enorme. Um relatório do Gallup sobre o ambiente de trabalho mostrou que equipes com baixo engajamento têm taxas de rotatividade de 14% a 18% mais elevadas.[2] E lembre-se de que os custos para substituir um funcionário podem ir muito além do salário da pessoa.

Outras pesquisas revelaram que em equipes disfuncionais o impacto pode ser paralisante. Quando Nichelle Carpenter e seus colegas da Universidade Rutgers examinaram dezenas de estudos, descobriram que equipes com níveis mais elevados de comportamento contraproducente no local de trabalho

— como ociosidade, bullying e atrasos — apresentavam menor satisfação do cliente e lucratividade.[3]

Depois há o impacto do líder da equipe, para o bem ou para o mal. A pesquisa encontrou uma forte ligação entre a autoconsciência do líder e o clima emocional geral do grupo.[4] Usando o ESCI (Inventário de Competência Social e Emocional) para avaliá-lo, os dados mostraram que a baixa autoconsciência do líder era um indicador de clima ruim entre o grupo. Se um gestor é dotado de pouca autoconsciência emocional, há grandes chances de que sua equipe pouco fará para apoiar seu desempenho. Por outro lado, ter um gestor com excelente autoconsciência significa maior probabilidade de permanecerem em um estado otimizado na maior parte do tempo.

DE QUE É FEITA UMA ÓTIMA EQUIPE?

Os engenheiros de software do Google acreditavam saber o que tornava uma equipe excelente. Como diz um provérbio japonês: "Todos nós somos mais inteligentes do que qualquer um de nós". Então ponha um bando de pessoas realmente inteligentes numa sala e desenvolverão produtos brilhantes, certo? Lamentamos, mas não foi o caso. Afinal, o Google sempre adotou a prática de contratar apenas os mais brilhantes. Assim, para descobrir o que tornava algumas equipes por lá ótimas e outras nem tanto, foram coletados dados de quase duzentas equipes. Algumas da área de engenharia e outras de vendas, e havia uma mistura de profissionais com alto e baixo desempenhos.[5]

Os dados coletados pelos pesquisadores do Google eram sobre todos os aspectos que eles e outros pesquisadores haviam considerado: quem integrava as equipes, características como tempo de serviço, hierarquia e localização, além de traços de personalidade como introversão e conscientização. Também avaliaram a dinâmica de grupo das equipes, perguntando se os membros concordavam com frases como "Sinto-me seguro expressando opiniões divergentes perante o grupo".

No fim, os fatores mais importantes tinham a ver antes com a forma como a equipe trabalhava junto do que com seus integrantes. O mais importante "de longe" foi a *segurança psicológica*. Em outras palavras, se os participantes dessas equipes sentiam-se à vontade para assumir riscos sem serem vistos pelos colegas como desordeiros ou, ainda pior no Google, ignorantes ou incompetentes.

Em uma equipe de segurança psicológica elevada, os colegas se sentem confiantes de que ninguém irá constranger ou punir nenhum outro por admitir um erro, fazer uma pergunta ou propor uma nova ideia.[6] Indivíduos em equipes com segurança psicológica mais elevada conseguiram aproveitar melhor a diversidade de ideias propostas. Tais equipes geraram mais receita e foram classificadas como eficazes "com o dobro da frequência" pelos executivos.[7]

O Google também descobriu que a transparência, outro forte indicador de eficiência do grupo, parece estar relacionada à segurança psicológica. A transparência é importante porque, quando as pessoas não têm clareza sobre o que se espera delas nem quais são os objetivos do grupo, há menos probabilidade de se sentirem seguras.

O QI não fazia muita diferença; a inteligência cognitiva média dos membros da equipe ou da experiência anterior deles estava entre os indicadores mais fracos (claro que pode ter havido um *floor effect* em relação ao QI: o Google se orgulha de contratar apenas gênios). Os traços de personalidade também fizeram pouca diferença. O mais importante era o que o líder fazia para ajudar a gerar segurança psicológica no grupo.

O SENSO DE PERTENCIMENTO

Você sente que pertence à sua equipe? Ela é como uma família para você? Essas são questões cruciais que sugerem outra porta de entrada para a sensação de segurança psicológica.

"A segurança é maravilhosa, mas as pessoas ainda assim podem não se abrir", afirma Vanessa Druskat, integrante do consórcio que por anos estudou e prestou consultoria a equipes. Ninguém quer pisar no calo dos outros. Mas, ainda mais importante, não se quer entregar os melhores segredos. Quanto mais alguém sobe na hierarquia, mais há pessoas sonegando informação. Talvez seja o que as torne excepcionais, certo? Assim, podem pensar, 'Se eu compartilhar isso com minha equipe, não será mais meu'. E, na economia do conhecimento, conhecimento é poder."

Então o desafio, tal como Druskat o enxerga, é descobrir como gerar essa segurança em uma equipe para que os membros não soneguem informações cruciais. É aí que entra a sensação de pertencimento, uma forma de construir um clima de segurança psicológica. Como ela diz: "O pertencimento nos faz desabrochar". Conforme os membros da equipe começam a partilhar mais sobre suas necessidades e emoções, o sentimento de segurança psicológica aumenta, gerando uma sensação ainda maior de pertencer ao grupo.

Quando os integrantes sentem esse pertencimento, descobriu Druskat, têm maior confiança em manifestar seus pontos de vista, compartilham ideias mais livremente e contribuem mais plenamente. A condição de pertencer a uma equipe enseja a colaboração efetiva que toda organização vê como marca registrada de suas equipes de máximo desempenho, além de acarretar uma sensação de bem-estar entre os membros de um grupo e levá-los a ser mais prestativos entre si.

Alguns sinais sutis do pertencimento podem parecer mais relevantes para indicar quem é de fato um membro. Druskat descobriu que tais sinais costumam ser não verbais — atitudes não necessariamente expressas em palavras. Por exemplo, um dos sinais não verbais mais poderosos é alguém olhar torto ou franzir o rosto para nós. Se sentimos desaprovação, podemos imaginar facilmente que ela é geral, que o grupo todo não nos vê como parte dele.

Ao operar em qualquer equipe, inconscientemente — e, muitas vezes, constantemente — procuramos indícios de aprovação (ou o contrário), os quais tomamos como uma estimativa do nosso grau de pertencimento. Independentemente da segurança que sintamos em relação a nossa própria competência, no grupo a tranquilização vem dos sinais periódicos de que somos importantes e valorizados pelos demais. Esses sinais podem ser algo simples, como perceber que prestam atenção, tomam nota ou concordam com o que dizemos. Na ausência disso, jamais baixamos a guarda: podemos nos censurar e evitar assumir posições arriscadas.

Embora possamos supor que a pessoa que se sente excluída tem uma postura subserviente, Druskat descobriu que isso na verdade a leva primeiro a tentar se encaixar e em seguida a manifestar mau comportamento, como explosões emocionais, raiva, interrupções, falar alto demais. Para a pesquisadora, esses são indícios de alguém tentando recuperar sua sensação de pertencimento.

A pandemia de covid-19 não ajudou nesse aspecto. Druskat revela que é mais difícil desenvolver segurança psicológica e senso de pertencimento na ausência de sinais não verbais — numa reunião não presencial. Reuniões virtuais, afirma ela, "não são a mesma coisa. Não obtemos a mesma ressonância emocional de quando estamos frente a frente. Não sentimos o mesmo pertencimento". Talvez esse seja um dos motivos para tanta gente que trabalhava em casa achar gratificante voltar a frequentar um ambiente de trabalho, pelo menos parte do tempo.

MAIOR DO QUE A SOMA DAS PARTES

Bem antes do estudo do Google sobre as principais equipes, Vanessa Druskat fez algo similar. Ela visitou um parque fabril com trezentas equipes e, como os pesquisadores no Google, começou por identificar quais eram as melhores. Ela analisou medidas de desempenho concretas, mas também consultou o alto escalão e realizou grupos focais com os integrantes das equipes, perguntando "Quais são as melhores?". Em seguida, concentrou-se nas 10% melhores, considerando todas as métricas. Então entrevistou exaustivamente os membros dessas equipes para identificar o que as tornava diferentes das demais.

Druskat não parou por aí. Junto com Steve Wolff, estudaram várias outras empresas usando o mesmo método, identificando as melhores, por exemplo, dentre as equipes de desenvolvimento de fármacos na Johnson & Johnson ou de trabalhadores numa fábrica de poliéster.[8] Depois de repetir esse processo em diversos lugares, uma imagem começou a emergir.

Druskat e Wolff descobriram que as melhores equipes desenvolviam padrões de interação consensuais — isto é, normas — que geravam um ambiente emocional positivo. Tais conjuntos de normas geram sensação de segurança psicológica e confiança entre os membros da equipe, mas há vários outros. A chave para criar uma equipe de alto desempenho são as normas de consciência e regulação das emoções dentro do grupo e fora dele. Tais normas, perceberam os pesquisadores, previam até 30% do valor agregado por essas equipes excepcionais. Essa vantagem competitiva, concluíram, devia-se à IE do grupo como um todo.

Druskat e Wolff identificaram diversos níveis dessas normas em um modelo de *inteligência emocional de equipe*.[9] O mapeamento que eles fizeram sobre a IE coletiva para a excelência de desempenho enumera três "conjuntos de normas" essenciais. E as melhores equipes têm normas relacionadas a todos esses conjuntos.

O primeiro conjunto de normas gera a autoconsciência de grupo — base para como os membros cuidam uns dos outros. Essas normas ajudam o grupo a identificar e compreender "as necessidades, perspectivas, habilidades e emoções de seus membros". Druskat descobriu que, para as equipes operarem em um nível otimizado, seus membros precisavam conversar sobre as "próprias necessidades, sobre si mesmos e sobre a equipe. Não é possível fazer isso o tempo todo, mas precisa ser feito periodicamente". Uma forma de isso acontecer pode ser observada em muitos grupos que realizam rotineiramente uma verificação interna no início de cada reunião, de modo que todos tenham uma ideia de como os demais se sentem. Esse simples exercício aumenta a autoconsciência geral da equipe. Os membros podem mencionar alguma preocupação ou algo do qual se orgulhem — isso proporciona aos demais uma sensação mais sólida do lugar ocupado por cada um.

Outras normas de IE a nível de equipe estão relacionadas ao modo como ela opera — de que maneiras os integrantes aprendem sobre o próprio grupo e desenvolvem autoconsciência em torno dele, incluindo a forma como a equipe se gerencia. Esse equivalente da autoconsciência individual significa que o grupo "percebe como está se saindo, seu estado de espírito coletivo, e busca informações para ser capaz de avaliar se está operando bem".

Por exemplo, uma equipe na Hewlett-Packard aplicou a norma da "compreensão interpessoal" realizando treinamentos de seus integrantes, de modo que todos pudessem substituir algum colega ausente. Mas um membro manifestou resistência porque ficou ansioso em ter de aprender novas habilidades. Felizmente, a equipe percebera desde o início que era importante entender o comportamento de um integrante quando algo não corria bem, em vez de se aborrecer com ele. Assim, todos se empenharam em oferecer um apoio extra ao membro ansioso. Tomar consciência dos sentimentos de cada um virou uma regra útil para essa equipe.

As normas de alto desempenho também incluem o *gerenciamento em grupo dos integrantes* — o equivalente à autogestão individual. Esse conjunto de normas inclui demonstrações de como cada um se importa com os outros. Tecnicamente, podemos ver isso "no grau com o qual o grupo trata seus membros com respeito, fornece-lhes apoio, assume suas perspectivas e valida seus esforços".

Por outro lado, assim como a autogestão individual inclui lidar com a turbulência de nossas próprias emoções, para o grupo pode significar confrontar um membro que esteja violando as normas gerais ou sabotando a eficiência coletiva. Essa "confrontação" pode ser feita de forma leve, simplesmente lembrando a pessoa de qual norma ela está quebrando. Por exemplo, em algumas equipes na Ideo, empresa de consultoria em inovação, se alguém interrompe o outro numa reunião, é bombardeado pelos demais com pequenos animais de pelúcia. Trata-se de uma maneira divertida de reforçar a regra implícita de que todos devem aprender a escutar, para que cada um possa chegar ao fim do que tem a dizer. Cuidar uns dos outros e confrontar os membros que quebram normas são atitudes que podem andar de mãos dadas.

Em seguida, há as normas que constroem a *autogestão de grupo*, em que a equipe "antecipa problemas e toma medidas para preveni-los, bem como assume a responsabilidade de trabalhar duro para enfrentar os desafios". Aquela reunião inicial do consórcio mencionada no início deste capítulo é um exemplo. Quando as coisas não caminhavam tão bem, paramos e dedicamos um tempo para falar sobre o que estava acontecendo, levando à criação de um conjunto de normas que seguimos há mais de 25 anos.

Outro conjunto de normas entre equipes de alta performance diz respeito à forma como o grupo se relaciona com outras unidades em sua organização — o equivalente em termos coletivos à gestão de relacionamento. Essas normas ajudam o grupo a compreender melhor os participantes dos demais grupos e a construir relacionamentos positivos entre si.

Embora o ambiente interno de uma equipe seja importante, sua eficácia depende também de uma visão externa. Esse terceiro conjunto de normas pode ser visto como uma consciência organizacional coletiva do grupo, que busca compreender quais as preocupações de outras partes da organização, de que forma sua própria operação as impacta, e como isso contribui para os objetivos mais amplos da empresa. Um resultado dessa compreensão, por exemplo, pode ser fazer um favor para outro grupo — como indicá-lo para uma premiação —, aprofundando assim o relacionamento com ele.

Certa equipe em uma fábrica concluiu que precisava triplicar a produção a fim de adiantar o cronograma. Mas infelizmente isso significaria que outra equipe que trabalhava numa etapa posterior do processo ficaria sobrecarregada com o estoque excessivo. Quando essa equipe tentou explicar o problema para a primeira, seus membros se irritaram, pois achavam que adiantar o cronograma era uma boa coisa, e não fizeram a menor tentativa de compreender ou ajudar a segunda equipe. Nesse caso, a falta de uma norma para procurar descobrir e compreender como os demais poderiam ser prejudicados abalou a produtividade de toda uma linha de produção na fábrica.

A consciência do que outros grupos possam necessitar informa diretamente como uma equipe administra sua relação com as demais. Equipes de alto desempenho são proativas e constroem relacionamentos com outros grupos que podem de algum modo afetar seus desempenhos — por exemplo, fornecendo recursos. Nas palavras de Druskat: "Trata-se de compreender todos os envolvidos e construir relacionamentos com eles. Muitas vezes atribuímos essa função apenas ao líder da equipe, porque tendemos a pensar nele como sendo o gestor na fronteira que sai e volta trazendo as informações. Mas o que descobrimos é que, nas melhores equipes, todos cumprem esse papel".

Um dos modos de demonstrar isso entre equipes de alto desempenho é designar certos membros como "embaixadores", que ajudam a construir bons relacionamentos com integrantes importantes da organização. Isso cria laços mais fortes com os grupos com os quais uma equipe possa ter de contar quando precisar de ajuda ou de recursos em algum momento no futuro. "Ninguém deve esperar que venham até você", observou Druskat. "É preciso ir atrás e construir um bom relacionamento. Dessa forma, nos trarão os recursos quando precisarmos."

As normas de IE do grupo como um todo são mais do que um tipo ideal. Druskat e seus colegas as usam como um mapa no desenvolvimento prático dessas aptidões em equipes de todos os tipos.[10]

IE DE EQUIPE

Vanessa Druskat descobriu que, ao ajudar as equipes a se conscientizarem das normas de IE coletivas, seus integrantes recebem um estímulo em desenvolver as habilidades de autogestão, empatia e relacionamento. Ela batizou esse caminho de fortalecimento das habilidades de inteligência emocional como "IE de equipe" — usar a dinâmica do grupo para construir as competências de seus membros.[11]

Com esse método, Druskat dá a sua pesquisa uma forma pragmática, ajudando as equipes a criar hábitos coletivos que tornam suas interações mais inteligentes do ponto de vista social e emocional — e portanto mais produtivas. O primeiro passo é um levantamento metódico entre os membros (que respondem anonimamente) sobre as normas coletivas, fazendo perguntas como: "Todos tentam entender os demais?". Isso identifica onde a equipe precisa construir melhores hábitos coletivos.

Esses dados são então compartilhados com os integrantes, e todos discutem essas informações e o que fazer para melhorar. A equipe decide por onde começar a mudar as normas, geralmente escolhendo três ou quatro membros para trabalhar primeiro. É importante lembrar que os próprios membros da equipe decidem qual a melhor maneira de trabalhar juntos para criar uma norma.

Levando em conta como as pessoas são ocupadas hoje em dia e o pouco tempo de que dispõem para passar como membros de uma equipe, pode-se levar meses para fazer do novo hábito uma norma, observa Druskat. Segundo ela, cabe em grande parte ao líder da equipe valorizar a IE e assim proporcionar tempo e esforço suficientes para a mudança.

Druskat e seus colegas ajudaram a desenvolver normas de IE em equipes de setores tão diversos quanto o militar, empresas de energia, hospitais, bancos e serviços financeiros, universidades, companhias de tecnologia e operações de varejo. Muitas empresas medem o desempenho de suas equipes pela porcentagem de metas organizacionais atingidas. Analogamente a isso, ela avaliou equipes de alunos em projetos de MBA e descobriu que a IE mais elevada nessas equipes estava correlacionada ao grau de aprovação dos professores aos seus projetos.[12]

UM TESTE MAIS RIGOROSO

O modelo de IE coletiva desenvolvido por Druskat e Wolff em grupos de alto desempenho se originou do trabalho prático dos dois com uma ampla variedade de equipes. Mas eles não deram o passo seguinte na metodologia científica: realizar um experimento. Um teste mais rigoroso sobre a visão de Druskat de que a IE de grupo leva ao alto desempenho pode ser encontrado na pesquisa de Anita Woolley, professora de psicologia da Universidade Carnegie Mellon. Com colegas do MIT e do Union College, ela estudou centenas de indivíduos trabalhando em grupos de dois a cinco integrantes para encontrar os indicadores mais fortes da eficácia de grupo.[13]

Conforme ocorreu no caso do Google, os pesquisadores inicialmente presumiram que a inteligência cognitiva média dos membros de um grupo indicariam seu grau de eficiência. Mas a equipe de Woolley descobriu que a correlação entre a inteligência média e a efetividade do grupo em resolver quebra-cabeças era fraca: um grupo de pessoas com QI muito elevado não necessariamente tinha um desempenho melhor.

Os melhores indicadores de desempenho elevado no domínio da IE foram a sensibilidade social dos membros do grupo, a equanimidade na distribuição de ceder a vez de falar e a proporção de mulheres. Em outras palavras, os melhores grupos foram aqueles em que os membros exibiram pontuação elevada em sua sensibilidade às emoções e necessidades dos demais e se revezaram ao falar, de modo que todos os membros contribuíssem — talvez em parte devido a haver mais mulheres do que homens. (Essa proporção entre os gêneros, se reproduzida por outras pesquisas, poderia constituir um poderoso banco de dados para as organizações encontrarem soluções melhores para a equidade.)

A segurança psicológica não foi medida no estudo de Woolley, mas os resultados sugerem que constituiu um importante fator subjacente. Quando membros do grupo são sensíveis aos sentimentos e às necessidades dos demais, tendem a agir de maneiras que façam todos se sentirem mais seguros. Se todo mundo se manifesta — mesmo aqueles que costumam se conter por medo de serem ridicularizados —, isso sinaliza um nível mais elevado de segurança psicológica coletiva.

O que parece ocorrer nessas equipes altamente efetivas é um "círculo virtuoso", no qual as normas do grupo contribuem para maior segurança psicológica, e essa segurança por sua vez reforça essas normas. Por exemplo, os membros dominantes são desencorajados de interromper os outros, permitindo aos menos extrovertidos maior chance de expressar seus pontos de vista. Grupos em que todos se sentem livres para contribuir são os que têm mais probabilidade de encontrar as melhores soluções.

Todos os fatores capazes de contribuir para a segurança psicológica coletiva, como senso de pertencimento, sensibilidade social dos integrantes, e igualdade na distribuição da vez de falar, conduzem-nos de volta à IE de equipe. Quando a maioria dos membros do grupo partilha de um senso de pertencimento, eles reconhecem como é seguro se abrir. Quando são habilidosos em fazê-lo de maneiras construtivas e que encorajam os demais a fazer o mesmo, a segurança psicológica e o sentimento de pertencimento prosperam. A IE coletiva também ajuda os integrantes da equipe a mostrar sensibilidade para como os demais estão se sentindo e por quê. Isso significa que exercitam melhor a autogestão, criando um espaço que permita a contribuição de todos, não só de uns poucos mais dominantes.

Woolley e sua equipe encontraram um apoio concreto para essa ligação com a IE. Pediram aos participantes de seu estudo que realizassem o teste de "Ler a mente nos olhos", em que tinham de descrever o que as pessoas estariam pensando ou sentindo a partir de fotos de rostos. Os indivíduos das equipes mais bem-sucedidas pontuaram mais alto nessa avaliação de empatia.[14]

Muitos estudos sobre o impacto da IE de equipe estão baseados na média de IE dos membros ou do líder. Mas os pesquisadores descobriram que a *cultura* de uma equipe — a soma total de suas normas — exerce uma influência mais forte sobre o comportamento do que as atitudes ou as personalidades individuais. Como a cultura da equipe se resume às normas do grupo, isso mais uma vez destaca a importância crucial da IE coletiva.

Diversos estudos identificaram a ligação entre a IE e a efetividade da equipe. Por exemplo, um estudo com equipes de projeto que trabalham em usinas hidrelétricas constatou uma associação positiva entre a IE coletiva e o desempenho do grupo.[15] Um estudo similar revelou que as equipes de projeto se saíram melhor quando aplicaram maior IE a seu trabalho, e a IE também resultou em maior comprometimento.[16] Ao gerenciar projetos complexos, os líderes usaram sua IE para aumentar o desempenho coletivo, empregando habilidades de relacionamento como gerenciar conflitos e influenciar a forma como os membros se comportavam entre si e trabalhavam em prol de objetivos comuns.

Pesquisas revelam que a IE de grupo tem benefícios práticos. Por exemplo, um estudo de equipes em uma organização militar constatou que a IE coletiva estava ligada a menor desperdício de material, menos acidentes e uma porcentagem maior de metas de voo atingidas.[17] Também parece haver uma interação entre o nível de IE de cada membro da equipe e o desempenho do grupo, com aqueles integrantes de IE mais elevada melhorando a cooperação, a comunicação e a determinação de metas eficazes.[18]

DIVERSIDADE, EQUIDADE E INCLUSÃO

Uma empresa de engenharia tinha um bom histórico com relação a diversidade, equidade e inclusão (ou DEI) – pelo menos, à primeira vista. Contratavam igual quantidade de engenheiros e engenheiras, tarefa nada fácil pois havia muito menos mulheres cursando essa faculdade.[19] No entanto, uma análise mais detalhada revelou que as mulheres não estavam recebendo promoções na mesma proporção que os homens e que deixavam a empresa em proporção maior. A taxa de afro-americanos que se demitiam também era três vezes superior à média. Embora os números de contratação da empresa parecessem bons, essas outras métricas contavam uma história de insucesso.

A luta por aumentar a diversidade, equidade e inclusão no local de trabalho já dura muitas décadas. O movimento de DEI se baseia na premissa de que a diversidade em termos de números não basta para um ambiente otimizado. Contratar mais mulheres e pessoas negras não garante que serão tratadas com justiça ou que se tornarão integrantes verdadeiramente aceitos. A diversidade forçada, em que uma empresa contrata pessoas de grupos minoritários para cumprir uma cota, pode facilmente sair pela culatra no plano psicológico – as pessoas contratadas podem temer que não são realmente qualificadas, enquanto os colegas podem se ressentir apenas pelo fato de terem sido contratadas.

Por outro lado, o senso de pertencimento gera uma atmosfera em que pode haver tanto inclusão quanto diversidade. A mensagem transmitida é: "Você é bem-vindo aqui e estamos *felizes* com sua presença". Ela é comunicada de forma mais poderosa entre os colegas de trabalho com os quais mais interagimos.

Considere o oposto: como seria ter a sensação de não pertencer a um lugar onde passamos oito ou mais horas diariamente? Ficaríamos na defensiva, retraídos e com medo de expressar livremente nossos sentimentos. Em suma, o trabalho não seria um espaço seguro. Um ambiente de trabalho onde todos sentem fazer parte é bem mais saudável.

Infelizmente, muitas tentativas de promover maior inclusão e igualdade terminam malsucedidas.[20] O treinamento em diversidade tem sido particularmente problemático. Parte disso ocorre porque a participação muitas vezes é obrigatória, algo que gera ressentimento e resistência logo de cara. Os programas de treinamento também muitas vezes deixam homens brancos numa posição de "sentir-se julgados", levando a uma reação negativa capaz de agravar a situação.

Como afirmou um leitor numa carta ao *New York Times*, "Culpabilizar pessoas brancas — ou qualquer grupo historicamente privilegiado — para obter resultados de DEI não funciona".[21] E prosseguia: "O treinamento de DEI deve ajudar as pessoas a explorar e compreender genuinamente atitudes e crenças interpessoais, que, por sua vez, ajudarão a mudar nosso engajamento a níveis cultural e institucional". Embora os workshops sobre diversidade variem muito, nossa sensação é de que uma iniciativa de DEI seria mais facilitada pela IE em ação — particularmente, empatia e habilidades de equipe.

Pesquisas também sugerem que o treinamento em DEI por si só tem valor limitado. Também é necessário que haja ações concretas em relação aos problemas de inclusão e igualdade na empresa. Robert Livingston, psicólogo social de Harvard, descobriu que as organizações mais bem-sucedidas "diagnosticam seus problemas específicos de DEI e elaboram estratégias concretas para resolvê-los",[22] como programas de orientação para minorias.

Voltando àquela empresa de engenharia, o CEO achava que poderiam melhorar os números de DEI, e assim seu vice-presidente de diversidade e inclusão convidou um colega externo confiável para ajudar a desenvolver um programa baseado na inteligência emocional. O programa teve início dedicando metade do dia apenas aos sete vice-presidentes seniores e se concentrando em um exercício que mostraria como cada um deles fora excluído em algum ponto da vida. O exercício começava por uma série de perguntas, como: "Você já viveu uma situação em que alguém tirou conclusões a seu respeito devido a sua aparência, modo de falar ou qualquer outra coisa?". Um dos participantes, um texano, contou ao grupo que "só de escutar meu sotaque, a pessoa subtraía vinte pontos do meu QI".

Depois de atestar que todos haviam sido vítimas de exclusão e preconceito e ainda se recordavam da sensação, eles receberam treinamento em uma metodologia desenvolvida por nosso colega de consórcio Stephen Kelner, deliberadamente destinada a aumentar sua empatia em questões de inclusão e exclusão por meio da exploração das histórias uns dos outros com perguntas neutras como "O que você sentiu? O que pensou?".[23] Em seguida, foram incumbidos de usar essa metodologia estruturada em discussões individuais com subordinados diretos, membros das próprias equipes e de outras. Fazer perguntas neutras depois do início das conversas ajudou a reduzir a ansiedade dos executivos em abordar questões delicadas. Quando relataram como haviam sido as entrevistas, as reações incluíam "transformadora" e "um momento eureca para nós".

De forma crucial, esses executivos perceberam que mostrar interesse por questões sensíveis teve um impacto positivo tanto para eles quanto para a outra pessoa: manifestar empatia os aproximou. Quanto a DEI, eles se sentiram mais preparados para lidar abertamente com tais questões. Para começar, haviam aprendido a explorar assuntos delicados usando inteligência emocional — demonstrando empatia, mantendo suas próprias reações sob controle e fortalecendo as ligações humanas. Isso lhes deu a confiança para recorrer a uma caixa de ferramentas de *soft skills* que poderiam usar em áreas que, de outro modo, seriam consideradas muito sensíveis, como diversidade e inclusão, conforme surgisse a necessidade. Além disso, a própria experiência de sofrer preconceito criou uma motivação implícita para agir quando tais questões fossem levantadas.

O antigo CEO se aposentou dois anos depois do início do programa, e o novo infelizmente o desmantelou, mas os membros do comitê continuaram a defender a inclusão e a equidade. Um dos momentos mais marcantes ocorreu quando um membro da equipe de altos executivos se levantou durante uma reunião com as 25 pessoas mais importantes da empresa e falou: "Eu achava que sabia o suficiente sobre diversidade e inclusão. Mas há coisas que não vi e que não escutei. E eu estava errado. Há coisas que vocês não viram e não ouviram. Precisamos resolver isso".

Todos os membros da equipe trabalhavam bem juntos, exceto Bill. Escutavam uns aos outros, tomavam cuidado para não dominar a discussão e procuravam manter a modéstia. Mas Bill não sabia trabalhar em equipe. Era exibido, monopolizava a conversa e dava muitas opiniões. Pior, fazia comentários depreciativos sobre os outros. Apesar de ser um sujeito inteligente, trabalhar duro, sempre atingir ou superar suas metas, a mania de interromper e criticar durante as reuniões da equipe começou a afetar o desempenho dos demais, que ficaram menos produtivos.

Um membro do consórcio apresentou o "problema de Bill" na esperança de que os outros oferecessem ideias para lidar com suas interrupções. Uma ideia se valia do formato para normas que o consórcio achara útil: desenvolver "regras de engajamento" sobre como as pessoas deveriam se comportar e revisá-las no início de cada reunião, até todos ficarem bem familiarizados. Outra sugestão útil: assegurar que uma dessas regras de engajamento abordasse como as pessoas deveriam reagir quando alguém atrapalhasse de alguma forma. Uma boa sugestão seria dizer: "É isso que o vejo fazendo e esse é o impacto causado". Uma terceira sugestão: ajudar os membros do grupo a se conhecerem em um nível mais profundo e significativo. Um dos participantes da reunião do consórcio sugeriu uma forma de fazer isso que funcionara bem na empresa dele: "Fizemos cada um enumerar seus cinco principais valores e compartilhá-los com o grupo. Uma vez fazendo isso, nos conhecemos mais e ficamos menos exigentes uns com os outros. Também conseguimos nos desafiar mutuamente de forma prestativa — podemos chamar a atenção de alguém se ele estiver agindo de maneira contrária a seu próprio sistema de valores".

Essa discussão na reunião do consórcio é um bom exemplo de um "círculo de aprendizagem": um grupo de pessoas que se reúne com regularidade para aprender umas com as outras. Isso se assemelha a um experimento envolvendo gerentes e executivos de diversas empresas na área de Chicago, separados em pequenos grupos que se reuniam todo mês. Cada grupo tinha nove gerentes ou executivos de diferentes empresas com um moderador treinado e um manual que estabelecia as regras de engajamento — as normas para suas reuniões. As regras se destinavam a criar um ambiente seguro e encorajar hábitos de interação social positiva. Eis algumas delas: manter a confidencialidade, escutar atentamente, não dar conselhos, nunca atacar nem fazer declarações depreciativas sobre os outros e voltar a falar apenas depois que todo mundo tivesse falado uma vez.

Mensalmente, um membro apresentava seu maior problema ou preocupação no momento, junto com informações de contexto sobre a situação e sua própria história. Os demais deveriam escutar atentamente e não perguntar até o final da apresentação, quando então passariam a fazer perguntas de esclarecimento, mas sem oferecer conselhos. Depois do encerramento da fase de perguntas, os membros poderiam compartilhar experiências pessoais com questionamentos similares. O processo do círculo de aprendizagem então terminava, a menos que a pessoa solicitasse conselhos. Se não fizesse isso, os membros receberiam um minuto para dizer o que fariam caso estivessem na situação da pessoa, usando apenas frases na primeira pessoa e evitando declarações do tipo "você deveria". Durante o segundo ano do programa, os membros puderam apresentar preocupações pessoais ou questões além das relacionadas aos negócios. Também receberam uma lista de "Sete hábitos de IE", com a instrução de praticar um por mês. Exemplos: "A prática de saber ouvir" e "Fazer um esforço diário para elogiar alguém sinceramente".

Seguir essas normas de IE compensa. Depois de dois anos, os líderes de negócios que participaram de um círculo de aprendizagem apresentaram um aumento significativo de IE tal como medido por uma avaliação em 360 graus, enquanto um grupo de controle aleatoriamente designado não teve mudanças.[24] Resumindo, os membros de um grupo que modela a IE em suas normas podem aumentar sua IE pessoal apenas por participar, sem necessariamente aderir a um programa explícito para aprimorar a IE.

Abordagens virtuais também podem ajudar as equipes a funcionarem melhor. Um grupo na Espanha desenvolveu um programa de treinamento on-line com base no modelo de IE em equipe de Druskat e Wolff. Os grupos que receberam o treinamento tiveram desempenho melhor do que o grupo de controle em tarefas de resolução de problemas.[25]

O Google fez experiências realizando oficinas para equipes em que os treinadores apresentam cenários nos quais os comportamentos aumentaram ou reduziram a segurança psicológica. Os cenários são interpretados numa encenação para ganhar contornos mais vívidos. Mesmo imaginar que uma equipe tem maior segurança psicológica aumenta seus efeitos na vida real.[26]

Às vezes, apenas prover a equipe com uma nova norma pode fazer a diferença. Em uma ocasião, um consultor ofereceu ao grupo uma técnica para ajudar seus integrantes a fornecerem um feedback construtivo uns aos outros de forma delicada e prestativa, começando por dizer: "Tenho um presente para você". Vanessa Druskat ajudou outra equipe a aprimorar a sensação de pertencimento entre seus membros adotando a seguinte norma: "Deixaremos o celular de lado sempre que alguém no grupo se pronunciar, seja quem for".

Consideremos o experimento em uma ala hospitalar com pacientes graves, dos quais muitos morrem depois de um longo tratamento. As equipes médicas desenvolvem intimidade com muitos deles durante esse período, algo particularmente doloroso quando falecem. Mas aquelas que foram ensinadas a falar sobre seus problemas e encontrar soluções próprias souberam lidar melhor com o estresse.[27]

Alguns pontos a lembrar: o desempenho de uma equipe depende em grande medida da forma como os membros do grupo interagem, isto é, de suas normas. No Google, descobriram-se equipes de alto desempenho com um forte senso de "segurança psicológica", ou seja, cujos membros tinham senso de pertencimento. Essa sensação de segurança reflete uma norma de autoconsciência coletiva sem julgamentos críticos, uma das várias normas de IE encontradas nas equipes de melhor desempenho. Essas normas de IE coletivo assemelham-se àquelas que tipificam indivíduos de IE elevada, mas operam no grupo em geral. Há muitos métodos para ajudar uma equipe a melhorar sua IE coletiva. Um indício disso: uma atmosfera positiva para a diversidade e a inclusão.

Assim como a cultura de uma equipe depende da soma das normas seguidas pelos membros, o mesmo se passa com as organizações como um todo. Tudo começa pelo treinamento.

12. Treinamento de IE que funciona

Todo mundo considerava Jerry um babaca. Ele fora contratado como vice-presidente devido a seu histórico impressionante em melhorar o resultado financeiro da empresa onde trabalhara antes. Mas quem prestava contas diretamente a ele o via como um monstro: ele explodia com as pessoas e as humilhava em público, era frio e distante. Para piorar, não fazia a menor ideia do que havia de errado nisso. Será que a empresa poderia ter evitado ter uma pessoa como Jerry?

Encontrar uma maneira de avaliar a inteligência emocional dos indivíduos constitui um recurso extremamente valioso, porque permite contratar apenas pessoas com forte IE. Então que tal fazer um teste de IE em candidatos a uma contratação ou promoção? Mas lembre-se de que isso não é algo fácil de notar com uma autoavaliação.

Para começar, Jerry não reconhece as próprias fraquezas. Pessoas assim avaliam-se de bom grado como muito competentes em IE, mesmo que os demais enxerguem nelas falhas gritantes. Portanto, para avaliar verdadeiramente a IE de uma pessoa, é preciso ouvir os que interagem regularmente com ela, nem que seja apenas pelos perigos da ilusão de uma autoavaliação. Por exemplo, pesquisas descobriram que pessoas com baixo nível de autoconsciência correspondem a um desempenho ruim no espectro das competências de IE – mas indivíduos assim não se dão conta disso!

Jamie Dimon, presidente e CEO da JP Morgan Chase, propõe uma abordagem mais intuitiva. Ele diz: "Pergunte a si mesmo se você gostaria que seu filho trabalhasse para essa pessoa".[1] Ao procurar promover alguém dentro da empresa ou avaliar um candidato, afirma ele, claro que as *hard skills* contam. O setor financeiro exige que todos sejam competentes em "fatos, análises, detalhes". Esses são os pressupostos, as habilidades básicas de que todo mundo precisa para ser altamente eficiente na indústria. Mas ser um "verdadeiro líder", diz Dimon, exige um conjunto de habilidades que vai além da capacidade com números. Não são apenas as planilhas que importam; é também a IE. Dimon dá alguns exemplos de como é a IE em um líder: "Você reconhece a linguagem corporal? Nota quando alguém está sofrendo? Ao falar diante de uma plateia, percebe o que as pessoas estão deixando de lhe comunicar? Você tem empatia?".

Para descobrir se um candidato atende a esses critérios, Dimon recomenda perguntar às pessoas que o conhecem bem, contanto que sejam capazes de falar abertamente. Você pode conversar com o chefe dessa pessoa, colegas e subordinados, até cônjuges. Embora não seja o mesmo que pedir uma avaliação formal em 360 graus, uma conversa sistemática pode revelar grande parte das mesmas informações. Isso nos permite enxergar a pessoa por múltiplos ângulos sem receber tantos dados tendenciosos dela própria e sem depender exclusivamente de como se apresenta em uma entrevista ou um teste.

Uma ressalva: o uso mais explícito da IE para a triagem de candidatos pode oferecer problemas legais. Segundo a Comissão de Equidade de Oportunidade de Emprego dos Estados Unidos,

> O uso de testes cognitivos e de personalidade, ou ferramentas similares, pode violar as leis federais antidiscriminação caso exclua desproporcionalmente pessoas de um grupo específico com base em raça/etnia, orientação sexual ou qualquer outro critério não explicitado, a menos que o empregador possa justificar o teste ou o procedimento de acordo com a lei.[2]

O que isso significa na prática é que os empregadores não devem usar um teste de IE para seleção a menos que contem com pesquisas para mostrar que o instrumento não é tendencioso em nenhum aspecto — e poucos empregadores possuem os recursos necessários para realizar esse tipo de pesquisa antes de usar um teste para selecionar os candidatos a emprego.

Além disso, tentar fazer a triagem dos candidatos com base em sua IE pode refletir um mal-entendido básico sobre a natureza desse conjunto de habilidades. A IE — aparentemente ao contrário do QI — pode ser aprimorada ao longo da vida. Portanto, a maneira como alguém é visto em determinado ponto da vida oferece antes uma imagem estática (como uma foto) do que dinâmica (como um vídeo) sobre o crescimento e a evolução da pessoa com o passar do tempo. A IE de uma pessoa é fluida, e não congelada em um único momento.

Resumindo: recomendamos usar as avaliações de IE principalmente para efeitos de desenvolvimento, não para tomar decisões de contratação. Recorrer a elas para se decidir entre um candidato e outro é um negócio arriscado. Em vez de usar testes de IE durante o processo de contratação ou promoção, os recrutadores podem empregar dois métodos para melhorar a IE geral da organização.

Primeiro, declarar o compromisso da empresa com a IE em materiais de recrutamento, como descrição de cargo, site de carreiras da empresa e página de LinkedIn, pode ajudar na autosseleção dos candidatos. O centro oncológico MD Anderson cita "trabalho em equipe" e "saber escutar" em seu modelo de liderança nos anúncios de vagas e oferece aos candidatos um teste de autoavaliação em IE — não para decidir quem contratar, mas para transmitir o recado de como a IE é valorizada ali.

Segundo, um recrutador bem-treinado pode perguntar na entrevista de emprego sobre "incidentes críticos" — "Conte-me sobre uma ocasião em que você falhou e o que aprendeu com isso". Durante a entrevista, perguntar sobre fatos do passado do candidato oferece uma ideia em primeira mão das habilidades dele. Ainda usando o exemplo do MD Anderson, um guia de entrevistas foi concebido para considerar aspectos específicos da IE: o centro avalia as habilidades de gestão de relacionamento do candidato pedindo-lhe que descreva uma situação, no trabalho ou em outro lugar, em que sente ter ajudado a resolver um desentendimento ou conflito — "Que medidas tomou para solucionar o problema?"; "Você já fez parte de uma equipe em que alguns membros não eram incluídos nas decisões e ações do projeto? Qual era a situação? Qual foi seu envolvimento?".

Em suma, embora muitas organizações tentem recrutar com base na IE, preferimos uma estratégia diferente: contratar com base no conjunto de habilidades relevante para determinado cargo e em seguida treinar e desenvolver as pessoas contratadas para terem as competências de IE que distinguem os líderes de alto desempenho. Em uma corporação emocionalmente inteligente, a IE pode ser usada criteriosamente no recrutamento e seleção, mas treinar e desenvolver a IE é mais importante.

COMECE PELO TREINAMENTO

Consideramos o treinamento em IE fundamental, mas ele parece funcionar melhor se promovido de maneira específica. Desenvolver *soft skills* como saber escutar é há muito tempo um aspecto essencial dos departamentos de RH – mas hoje em dia os principais líderes percebem cada vez mais sua importância. Em uma pesquisa envolvendo quase mil CEOs, cerca de 90% concordaram que os executivos de alto escalão necessitam de uma transformação pessoal para conseguirem melhorar a organização. Essa proporção contrasta com apenas 30% dos CEOs que disseram o mesmo três anos antes.[3] Os tempos estão mudando.

Ao mesmo tempo, há fortes evidências sobre a efetividade das lições de IE para crianças. Atualmente, da educação infantil ao ensino médio, elas aprendem habilidades de IE em escolas por todos os Estados Unidos e no mundo todo, e diversos estudos mostram que esses programas, quando concebidos e implementados com competência, contribuem tanto para a melhora do desempenho acadêmico quanto para o bem-estar emocional e social. Uma meta-análise que envolvera 213 estudos com mais de 270 mil alunos revelou que os programas de aprendizado social e emocional impulsionaram o desempenho acadêmico em 11%. Os alunos nesses programas também mostraram melhoras de comportamento em sala de aula (foram menos indisciplinados e interrompiam menos), junto com uma capacidade maior de lidar com o estresse e a depressão, e tinham atitudes mais positivas sobre si mesmos, os outros e a escola. Essas descobertas foram reproduzidas diversas vezes depois do estudo inicial.[4]

Mas e quanto aos adultos? Eles também podem incrementar sua IE por meio do treinamento? Durante muitos anos houve pouca pesquisa sobre o sucesso do treinamento de IE para gerentes e executivos, mas finalmente uma série de estudos sólidos foi realizada, e as evidências são convincentes.[5] Se o programa de treinamento for bem projetado e implementado efetivamente (algo que está longe de ser simples), os adultos podem aumentar sua IE e manter o crescimento ao longo dos anos.

No momento em que escrevemos este livro, há um estudo em curso sobre o impacto do treinamento de IE na Progressive Insurance.[6] Análises iniciais do estudo mostram que líderes percebidos por seus funcionários como mais inteligentes emocionalmente têm equipes cujos membros possuem maior senso de pertencimento. Haja vista o papel crucial do pertencimento para o desempenho da equipe, bem como para as iniciativas de inclusão, esse resultado sugere que o treinamento em IE pode oferecer benefícios diretos para os membros da equipe e o desempenho geral do grupo.

O estudo da Progressive compara a mentoria individual com um treinamento on-line de IE. Quando o lendário *coach* executivo Marshall Goldsmith ouviu falar sobre o estudo da Progressive, ficou entusiasmado – e destacou que tais avaliações rigorosas do impacto da mentoria são raras mas necessárias.[7]

Existem muitas maneiras de oferecer treinamento em IE, mas há pouquíssimos experimentos efetivos sobre como concebê-lo. Descrevemos um desses estudos no capítulo 11, em que líderes foram aleatoriamente designados a um grupo de controle ou a um grupo no qual se encontravam regularmente para conversar sobre problemas pessoais, bem como desafios em seus negócios. Eles se sentiram suficientemente seguros para expressar dificuldades sobre as quais não tinham ninguém mais com quem conversar. Como relatamos, ao fim de dois anos sua pontuação de IE aumentou.[8] Mas essa abordagem é apenas um dos muitos modos de ajudar a impulsionar a IE.

Um desses métodos foi codesenvolvido por Dan. Nele, são utilizadas várias sessões distribuídas ao longo de uma semana para cada competência de IE, nas quais são explicadas as particularidades de cada aptidão, de modo a levar os participantes a refletir sobre o trabalho e a vida e a realizar exercícios diários para ajudá-los a dominá-la.[9] Assim, por exemplo, com a competência do equilíbrio emocional, um exercício nos faz monitorar momentos em que ficamos emocionalmente sequestrados e perceber o que desencadeou a reação – um "registro de gatilhos" –, para refletirmos como reagimos e qual seria a resposta mais efetiva. Então, quando um desses gatilhos ressurge, aprendemos a parar, trocar a postura reativa por uma reação mais conveniente e experimentar como é a sensação. Sessões ao vivo com outros participantes do curso e facilitadas por *coaches* experientes proporcionam aos participantes a chance de praticar reações melhores e ouvir sobre outras maneiras de lidar com situações tensas, como conversas acaloradas.

Duas meta-análises (um método para reunir os resultados de muitos estudos independentes, como já vimos) avaliaram esses programas de desenvolvimento de IE. Os estudos incluíram uma ampla variedade de ocupações e ambientes de trabalho — de gerentes e executivos em empresas de médio e grande porte a jogadores de críquete profissional e alunos em programas de MBA.[10] Todos eles mostraram benefícios — por exemplo, os jogadores de críquete apresentaram um aumento de 13% em sua IE graças ao treinamento.

Embora a maioria desses programas de treinamento tenha levado a um aumento da IE, o mais significativo é que houve mudanças positivas nos resultados. Por exemplo, o treinamento de IE para médicos residentes levou a um aumento nas pontuações de satisfação do paciente. Depois de um treinamento para funcionários de banco, as pontuações de satisfação do cliente aumentaram. Representantes farmacêuticos que receberam treinamento de IE superaram um grupo de comparação em receita de vendas.[11]

Os programas de treinamento em IE também têm melhorado os principais motivadores de produtividade, como bem-estar dos funcionários e relações no local de trabalho. Por exemplo, quando um grupo de funcionários em uma organização de fornecedores de produtos ou serviços militares passou por um programa de treinamento em IE, sua satisfação no trabalho aumentou significativamente. Quando os supervisores em uma grande rede de marketing varejista passou por treinamento em IE, a satisfação no trabalho, o nível de estresse e a saúde geral deles melhoraram. Gerentes de projeto que receberam esse treinamento em IE apresentaram melhorias em trabalho em equipe e gestão de conflito — habilidades essenciais para suas tarefas.[12] Tais programas de treinamento levaram ao aperfeiçoamento de habilidades de mentoria, aumentaram a empregabilidade e a recolocação, reduziram a incivilidade no local de trabalho e melhoraram o clima organizacional.[13]

ELEMENTOS DE UM PROGRAMA DE TREINAMENTO EM IE EFETIVO

Um consultor ministrou o mesmo programa de treinamento para o alto escalão de executivos e os gerentes em duas empresas diferentes. O programa fora efetivo em outros ambientes e teve um impacto positivo em uma dessas empresas, mas na outra não funcionou. Por quê?

O instrutor acreditava que tinha a ver com o comportamento dos CEOs. Na empresa onde o programa não deu certo, o CEO apareceu no início da primeira sessão, disse aos participantes como a IE era importante, depois virou as costas e saiu para nunca mais voltar. No programa bem-sucedido, o CEO participou ativamente do treinamento junto com a equipe.

Quando os principais líderes demonstram a importância do treinamento em IE dessa forma, mandam uma forte mensagem de apoio. Descobrimos que a mudança para uma cultura de IE positiva pode ser mais forte se um líder influente a endossa ativamente. Isso foi verdade, por exemplo, com o chefe da divisão de gestão de relações com o cliente (ou CRM, onde os seguros eram vendidos, um dos pilares do negócio) da Progressive, e com o CEO tanto da BL Companies como o do MD Anderson, ambos defensores da IE. E esse apoio não precisa partir do alto: na Amazon Web Services, um autoproclamado "evangelista da IE" criou uma onda de interesse de baixo para cima.

No passado, os esforços de treinamento de liderança do MD Anderson focaram apenas em líderes de nível intermediário, como supervisores de departamento, mas um novo presidente, que falava abertamente sobre a importância de uma cultura de IE, iniciou um esforço de treinamento em torno da IE e queria que todos participassem.[14]

No Instituto de Liderança do MD Anderson, o programa de primeiro nível para trabalhadores da linha de frente tem um foco na autoconsciência, enquanto o treinamento para supervisores e gerentes cobre a gestão de relacionamento. O curso de terceiro nível é principalmente para supervisores e foca em como administrar as emoções em meio a conversas difíceis. Seus cursos de liderança para chefes de divisão e líderes institucionais enfatizam a modelagem de IE e o contágio emocional — quando os sentimentos se espalham a partir dos líderes.

Também há elementos de IE inseridos em muitos outros programas de treinamento no MD Anderson. No curso chamado "Tendo conversas difíceis", os instrutores perguntam: "Como você usaria a IE nessa conversa?". Embora não haja um requisito formal para que os executivos participem dos cursos de IE, mais de 90% dos líderes da organização já tomaram parte neles.

PROGRAMAS QUE FUNCIONAM

Sem dúvida, também há programas muito celebrados mas que carecem de resultados validados. E inúmeros programas são mal projetados e implementados. Quando observamos os programas de treinamento em IE mais bem-sucedidos, descobrimos que geralmente tinham os cinco elementos a seguir.

1. *Participantes altamente motivados.* Aumentar nossa IE exige tempo e esforço consideráveis. Sem um grau elevado de comprometimento e motivação, a maioria desiste antes que qualquer mudança possa ocorrer. Programas bem-sucedidos aumentam e mantêm o engajamento numa variedade de maneiras. Em um deles os participantes recebiam um e-mail duas vezes por semana durante quatro semanas, encorajando-os a pôr em prática uma parte diferente do curso a cada vez.[15]
2. *Dez ou mais horas de treinamento, espaçadas ao longo do tempo, com sessões de reforço periódicas.* A dosagem é importante — quanto mais horas de treinamento, melhor; elas devem ser distribuídas ao longo do tempo, sempre que possível. Um dos melhores programas, envolvendo 54 gerentes seniores de uma companhia privada, consistiu em trinta horas de treinamento distribuídas ao longo de sete sessões semanais de 95 minutos cada. Além disso, foram necessárias cinco horas de treinamento on-line entre cada sessão presencial.[16]
3. *Prática e reforço contínuos.* As sessões de treinamento são importantes, mas o domínio da IE exige repetidos feedbacks e ensaios entre as sessões — e por um bom tempo depois que o treinamento formal se encerra. De uma perspectiva neural, o treinamento em IE envolve um modelo de aprendizado diferente daquele dos nossos tempos de escola. Ao contrário de habilidades cognitivas como orçamento ou planejamento logístico, a IE é uma habilidade comportamental. Essas *soft skills* são fortalecidas da mesma forma como aprimoramos nosso jogo de golfe: mediante modelos, tentativas repetidas e muita prática.
4. *Apoio social.* Sentir-se apoiado pelos outros também faz enorme diferença. A mentoria oferece um poderoso caminho de aprendizado no topo da hierarquia, mas equipes de aprendizado fazem mais sentido em outros níveis. Na BL Companies, todos os participantes se tornam parte

de um grupo de aplicação que se reúne uma vez por mês, oferecendo um espaço onde os funcionários podem praticar suas habilidades e receber apoio para os planos de aprendizado no trabalho que desenvolveram durante o treinamento.

5. *Modelagem ativa e apoio de líderes organizacionais-chave.* Como vimos, quando um executivo de alto escalão participa de um programa de treinamento em IE, ele demonstra como considera esse treinamento importante. Isso tem um efeito convincente sobre aqueles que estão inclinados a realizar o programa, validando seu comprometimento. Por outro lado, os altos executivos que desprezam abertamente esse tipo de treinamento minam esse apelo. O apoio tácito ou explícito ao treinamento de IE por executivos respeitados confere a esses programas um impulso tangível.

Nem todo programa de treinamento precisa ser igual e nem sempre precisa incorporar todos os cinco elementos. Mas, quanto mais elementos incorpora, maior a chance de funcionar. Enquanto programas de treinamento efetivos podem nos ajudar a ter um desempenho em níveis mais otimizados se tivermos motivação e eles forem bem conduzidos, o verdadeiro retorno vem quando a empresa toda se move na mesma direção. A ênfase de uma organização no desenvolvimento para a alta performance funciona melhor quando a cultura geral a valoriza. Encontramos, por exemplo, uma grande vantagem em ter um defensor dessa abordagem na área de negócios do que na de recursos humanos. Quando um executivo, particularmente o CEO, reiteradamente afirma seu valor, as pessoas se envolvem com mais entusiasmo — os líderes determinam normas.

UM TREINAMENTO DE IE QUE PERDURA

Uma abordagem promissora para o treinamento de IE é a Teoria da Mudança Intencional (ICT, na sigla em inglês), de Richard Boyatzis, que incorpora todos os cinco elementos. Ele usou essa sequência de aprendizado em seus programas de MBA executivo na escola de administração Weatherhead da Case Western por mais de trinta anos. Sua equipe fez a impressionante descoberta de que as competências de IE fortalecidas pelos alunos enquanto estavam na Case continuavam firmes — conforme observado pelos colegas de trabalho da pessoa — até sete anos depois.[17]

Essa abordagem de IE começa ajudando os indivíduos a identificar seu "eu ideal", um forte motivador interno. O treinador ou *coach* poderia perguntar: "Em termos ideais, como você gostaria de se ver daqui a cinco anos?". Em seguida, o programa avalia para cada participante um diagnóstico de aptidões e limites por todo o espectro da IE. Para isso, o programa usa o Inventário de Competência Emocional e Social (ESCI), esse instrumento de avaliação em 360 graus que fornece pontuações em todas as doze competências de IE que distinguem entre os desempenhos excelentes e os medianos.[18]

Embora haja talvez mais de uma dúzia de medições de IE diferentes, cada uma com seus próprios pontos fortes, a perspectiva em 360 graus se revelou o melhor indicador de excelência no local de trabalho.[19] Ela nos diz como nossas aptidões e limitações são vistas pelos que nos conhecem bem e cuja opinião valorizamos. Por exemplo, um estudo de uma centena de líderes de negócios familiares revelou fortes relações entre as classificações de IE do líder e sua eficácia — mas apenas usando as avaliações dos "outros", não a autoavaliação.[20] Essas avaliações anônimas de pessoas confiáveis nos oferecem um diagnóstico que pode nos ajudar na identificação de itens a serem trabalhados para melhorar.

No terceiro passo, os treinadores ou *coaches* ajudam os executivos a conectar o perfil a suas aspirações, voltando ao passo um. Isso conecta sua motivação profunda a seu desafio de aprendizado de IE, mediante perguntas como: "O aprimoramento de qual competência o ajudaria a chegar a seu eu ideal?". Por exemplo, para maior presença, os executivos muitas vezes exercitam a aptidão de saber escutar, fundamental para a empatia. Pesquisas na Universidade da Califórnia em Berkeley revelam que pessoas em posição de poder muitas vezes interrompem os outros antes que tenham chance de terminar seu raciocínio — um hábito ruim que podem aprender a melhorar.[21]

O último passo é praticar os comportamentos repetidamente aprendidos até se tornarem uma segunda natureza. Para escutar melhor, os participantes se conscientizam das muitas chances de praticar essa habilidade, que podem ocorrer com um adolescente ou um cônjuge à mesa do jantar ou com um subordinado direto no trabalho.

A repetição dessa prática, como observamos, parece levar a nova aprendizagem ao gânglio basal do cérebro, onde se torna um hábito automático, mais do que uma mudança comportamental sobre a qual precisamos pensar. A boa notícia para o treinamento de IE proveniente dessa "neuroplasticidade" é que podemos adquirir novos hábitos em qualquer momento da vida – nunca é tarde demais para aperfeiçoar esse conjunto de habilidades.

Anders Ericsson, falecido psicólogo da Universidade Estadual da Flórida, contou a Dan certa vez que se incomodava com a crença disseminada de que existe alguma coisa mágica acerca das 10 mil horas de prática. Sua pesquisa, na qual o mito popular estava baseado, na verdade mostrava que as horas de prática para atingir o ponto de domínio variam imensamente, e dependem da habilidade específica que dominamos. O violinista principal de uma orquestra sinfônica pode levar cerca de 10 mil horas para aprender a tocar tão bem, mas compare a quantidade de horas que ele teria para dominar outra habilidade, como a memorização de uma longa sequência de dígitos: apenas algumas centenas de horas.

Em geral há uma relação entre dosagem e resposta, na qual quanto mais horas de prática investidas, maior nosso domínio da habilidade em questão. Assim, quando estamos em um estado otimizado, o grau em que podemos mostrar nossos talentos depende em parte do aprimoramento e do tempo dedicado a eles. Independentemente das habilidades natas da pessoa, a prática é a chave para a maestria. Pequenas melhorias se acumulam gradualmente.

Assim é com a IE. Richard Boyatzis realiza há anos com seus alunos de MBA uma avaliação em 360 graus de seus pontos fortes e limitações em IE no ESCI e lhes pede que escolham uma competência para aprimorar. O trabalho deles aqui não pode ser monitorado em horas, mas em quantas vezes praticam a nova sequência comportamental que substituirá um hábito de IE disfuncional que não os ajudava.

COACHING

Enquanto o treinamento para a contribuição individual e para líderes de primeira viagem tende a ser realizado por meio de cursos, o treinamento do escalão superior é com mais frequência realizado por meio do *coaching* personalizado. Lembre-se de que quando o Conference Board fez uma pesquisa entre seus membros corporativos sobre o foco do *coaching* para seus líderes, a IE surgiu como o tópico número um abordado na vasta maioria desses encontros — embora as competências de IE muitas vezes fossem chamadas por diferentes nomes. Ainda que esse levantamento do Conference Board tenha sido feito antes do surgimento da covid-19, a organização retomou esses resultados quando a pandemia pareceu chegar ao fim, de modo a enfatizar a necessidade contínua de empatia, em particular, e de IE, em geral, para os líderes.[22]

Bem abaixo na lista de temas comuns de *coaching* figuram o pensamento estratégico e as competências empresariais. O relatório afirma que habilidades de IE como empatia e autocontrole são mais necessárias do que nunca.

Qualquer um que esteja trabalhando para aperfeiçoar sua IE se beneficiará de feedback contínuo — não apenas cursos externos ou "de uma aula só", nos quais a pessoa é exposta a um método ou motivação para fortalecer esse conjunto de habilidades e depois é deixada por conta própria. No caso de um executivo no topo da hierarquia, é mais provável que receba um *coaching*, essencialmente um tutorial contínuo. Se a pessoa estiver na liderança em nível médio, sua necessidade pode ser tão grande quanto, mas o custo envolvido dificulta que a organização leve um *coach* em consideração.

O *coaching* para IE — ou para *soft skills*, de forma mais geral — se difundiu amplamente entre o alto escalão executivo; contudo, só essa via de desenvolvimento pode não bastar para impulsionar uma corporação a seu nível de desempenho otimizado. Um motivo, como a especialista em equipe Vanessa Druskat observa, é que, embora os integrantes do primeiro escalão muitas vezes tenham chegado lá por possuir um elevado ímpeto pela realização, ainda podem continuar tão competitivos que buscam "vitórias" para sua unidade em detrimento do sucesso geral da organização.

A fim de garantir que esse grupo de alto escalão opere como uma equipe vencedora, e dessa forma promova os objetivos gerais, Druskat insiste que sejam aplicadas ao trabalho conjunto dele as mesmas normas típicas das equipes de alto desempenho. Ela descobriu que o "*coaching* individual não basta" para melhorar a IE da equipe. E acrescenta: "A elaboração de normas de grupo altamente efetivas oferece um caminho complementar de desenvolvimento".

O *coaching* personalizado de IE e a IE de equipe são duas vias de aprendizado. A formação de equipes entre os membros da diretoria executiva significa que não retêm informação, como talvez fosse o caso se não desfrutassem dessa sensação de segurança psicológica.

Druskat vislumbra que o próximo passo do desenvolvimento é ir além do *coaching* individual e incluir a construção de normas de IE para interações entre a equipe de alto escalão. E é claro que sua abordagem funciona com qualquer equipe em qualquer nível – a Amazon Web Services, por exemplo, no momento em que escrevo, está explorando o uso da abordagem de aprendizado em equipe criada por Druskat para difundir a IE por toda a divisão.

Impulsionar a IE de equipe poderia ter uma relação de sinergia com o *coaching* de indivíduos para o mesmo conjunto de habilidades. "Pessoas com alta IE interagem de forma que faz os demais sentirem-se bem", observa Druskat. "Se estamos em uma equipe de IE elevada, isso ajuda a aumentar nossa IE individual. A equipe se torna uma experiência de aprendizado para o indivíduo, que extrai o melhor de todos." Conforme as pessoas se sentem mais seguras, tornam-se mais abertas ao que compartilham.

Em suma, selecionar candidatos usando a IE pode ser difícil, enquanto treinar para ter IE pode ser muito mais efetivo. Há muitos métodos para desenvolver a IE, mas os melhores possuem alguns pontos em comum. Eles motivam e encorajam os participantes; oferecem horas de treinamento suficientes; o treinamento é contínuo, não numa única vez; os participantes têm apoio social uns dos outros ou de colegas de trabalho; e os líderes da organização modelam a IE e encorajam as pessoas a desenvolver novos pontos fortes nessas *soft skills*.

Como veremos, tudo isso pode acontecer de forma mais poderosa quando uma empresa admite a importância da IE.

13. Construção de uma cultura de IE

A empresa havia prosperado e crescido por anos, mas uma recessão levou aos primeiros cortes de pessoal de sua história. Assim, a CEO da BL Companies, Carolyn Stanworth, reuniu-se com os funcionários remanescentes. Em vez de fazer um discurso motivacional, agindo como se o problema não fosse grande coisa ou ignorando-o, ela começou por partilhar com o grupo sua tristeza. Depois, sugeriu que outros falassem sobre seus sentimentos e preocupações. Quando pareceu que a maior parte do grupo estava pronta para virar essa página, ela passou a falar sobre como ficariam as coisas na empresa dali em diante. Conforme o fazia, seu humor mudou da tristeza e do remorso ao otimismo e à empolgação com o futuro. Embora a ansiedade persistisse, pouco a pouco o estado de espírito geral tornou-se de entusiasmo com o futuro da empresa – um contágio emocional baseado na realidade: encarar os fatos tristes, mas depois enxergar além.

A BL Companies, uma empresa de arquitetura e engenharia de médio porte, superou a concorrência por mais de uma década. Mas nem sempre foi assim. Quinze anos atrás, a BL tinha uma taxa de rotatividade mais elevada e enfrentava dificuldades em apresentar um crescimento significativo. Então, o que mudou?

Nos anos subsequentes, a BL implementou um programa de liderança que incluiu o desenvolvimento de IE, na época algo exclusivo para organizações grandes e, particularmente, para as empresas em sua indústria. A BL Companies fez mais do que apenas tentar desenvolver a IE de seus líderes: mudou a cultura da empresa. Ela adotou uma abordagem de IE para contratação e avaliação de desempenho. E talvez algo crucial: a CEO levou seu pessoal a saber que se preocupava em ter uma cultura emocionalmente inteligente. Como resultado, os líderes da BL cresceram significativamente nas habilidades subjacentes à IE, como construção de relacionamentos, trabalho em equipe e empatia. Essas mudanças por sua vez levaram a melhorias nas estatísticas de diversidade, engajamento e retenção da empresa; bem-estar dos funcionários; valorização da retenção do cliente; e, em última análise, os índices de desempenho e crescimento gerais.[1]

Hoje em dia, a BL Companies não está sozinha. Organizações tão diversas como o MD Anderson (número um em oncologia no mundo), a Progressive Insurance e a Amazon Web Services (divisão da Amazon que fornece computação em nuvem para centenas de empresas) estão investindo na autogestão emocional e nas habilidades interpessoais de seus funcionários.

Quando os líderes e funcionários de uma corporação são habilidosos em gerenciar as próprias emoções e as dos relacionamentos com os demais, os pesquisadores constatam que a empresa e todo o pessoal se beneficiam, obtendo melhor desempenho em todos os sentidos, lucro e crescimento, retenção e lealdade, motivação mais alta e um ambiente emocional e bem-estar geral melhores. Chamamos tais organizações de *emocionalmente inteligentes*.

Aqui, nós, autores, compartilhamos nosso pensamento atual sobre como os líderes podem desenvolver essas aptidões no local de trabalho — como recrutar e treinar de acordo com elas, modelá-las e incorporá-las à cultura da empresa. Lembre-se do mais importante: desenvolver uma organização emocionalmente inteligente pede por líderes seniores que exemplifiquem e defendam uma cultura de IE — pois, como vimos, embora programas de treinamento bem projetados e implementados sejam cruciais, só é possível obter os benefícios mais dramáticos se a empresa for além do treinamento e incorporar a IE ao DNA, usando-a em recrutamento, contratação, gestão de desempenho e promoção.

AVALIAÇÃO DE DESEMPENHO PARA IE

Apesar do valor das *soft skills*, a maioria das empresas ainda foca nas *hard skills* ao avaliar o desempenho dos líderes. Esse foco deixa de fora *soft skills* como gerenciar bem as próprias emoções e mostrar empatia. Mas na BL Companies, as análises de desempenho anuais dão peso igual a ambas. Os gestores observam *como* os funcionários realizaram suas tarefas além de suas conquistas: "Se você cumpre seu papel, mas pisa em um monte de gente no processo, não será recompensado por esse comportamento em seu aumento e bônus", afirma a CEO e presidente Carolyn Stanworth.

Um modelo de competência (como vimos no capítulo 3) reflete o conjunto de habilidades específicas encontrado nos desempenhos mais excepcionais. Ele cria uma imagem à qual as pessoas numa empresa podem aspirar. A inclusão da IE no modelo de competências de liderança da organização sinaliza que essas habilidades importam. É um incentivo constante para todo mundo levar a IE a sério. Ainda mais fundamental, permite que a corporação torne o desenvolvimento da IE uma parte formal do processo anual de análise de desempenho.

Assim, por exemplo, o modelo de liderança do MD Anderson, que foi introduzido para seleção, treinamento, gestão de desempenho e promoção deles, inclui competências de IE como "trabalho em equipe" e "escuta ativa" para todos os funcionários. O trabalho em equipe no MD Anderson se refere aos altos níveis de colaboração de todos os integrantes, valorizando as contribuições de cada um, encorajando a diversidade e equilibrando os objetivos de determinado membro com os da equipe. Ter escuta ativa significa prestar atenção total à outra pessoa, admitindo os diferentes pontos de vista e buscando ter empatia com ela.

As discussões sobre avaliação de desempenho podem mostrar não só a importância da IE, como também, e ainda mais proveitosamente, identificar treinamentos e desenvolvimentos adicionais de IE que pareçam ser efetivos para certo líder. As avaliações de desempenho dos funcionários também podem ser usadas para medir a IE dos *gestores*. Na Progressive, a análise de desempenho de um funcionário inclui uma questão sobre quanto se sentem valorizados, respeitados, engajados — o que pode indicar o nível de liderança emocional de seu chefe.

A resposta da BL Companies à pandemia mostrou como sua CEO, Carolyn Stanworth, reforça os valores de empatia e cuidado com os outros. Ela disse: "Foi um ano bem duro. Muita gente viu o cônjuge perder o emprego durante a pandemia. E nossos funcionários fizeram tudo que pedimos deles e muito mais. Assim, decidimos dar a todos um 'bônus de reconhecimento' de três mil dólares, além do bônus regular de fim de ano. E fizemos isso pouco antes do Dia de Ação de Graças, de forma que pudessem usá-lo para comprar presentes nas festas. Custou cerca de um milhão de dólares à empresa, mas valeu a pena. Se mostramos aos funcionários como são valorizados, eles retribuem dez vezes mais".

Stanworth acredita que a parte mais importante de seu papel é ser "líder da cultura da empresa" e que os valores e normas que ela reforça diariamente podem tornar sua organização "emocionalmente inteligente". O contínuo endosso que ela tem feito sobre o valor da IE tem sido um impulsionador de programas como o treinamento e a avaliação de desempenho que incluam esse conjunto de habilidades pessoais.

Em nosso trabalho, descobrimos que a mera imposição das *soft skills* por parte do antes tradicionalmente chamado RH, ou recursos humanos, raramente vai muito longe. Por outro lado, uma declaração entusiasmada sobre os valores da IE e a modelagem de comportamentos da IE feitas por um líder influente estabelecem as normas e a cultura para o resto da empresa – melhor ainda quando toda a equipe de liderança assume esse papel. Vimos isso na BL Companies e no departamento de relações com o cliente da Progressive, que lida com vendas de seguro e seus agentes.

Consideremos um exemplo mais conhecido: quando Satya Nadella se tornou o terceiro CEO da história da Microsoft. Em seu primeiro dia no cargo, Nadella enviou um memorando a todos na empresa propondo que a empatia – palavra até então pouco escutada na Microsoft – seria dali em diante uma habilidade fundamental, bem como o *mindset* de crescimento.[2] Nadella vinculou essas *soft skills* de IE à estratégia de negócios, argumentando que ter empatia pelo cliente – perceber suas necessidades não atendidas e não expressas – e ter a mente aberta para novos desdobramentos eram fontes de inovação.

À sua equipe de liderança, Nadella pediu que fosse empática para mudar a cultura da empresa em relação à confiança. Quando uma recessão econômica levou empresas de tecnologia a demitir milhares de funcionários, ele demonstrou a empatia em ação. Ao contrário de outras empresas de tecnologia, como o Twitter, que demitiu milhares de pessoas de uma hora para outra, Nadella jurou que na Microsoft seria diferente: "Passaremos por esse processo da maneira mais atenciosa e transparente possível". Ele suavizou o baque pagando indenizações mais altas do que o normal e permitindo que o plano de saúde e a compra de ações da empresa continuasse por seis meses depois da rescisão.

De forma similar, a IE se enraizou na cultura empresarial da Progressive graças ao apoio eloquente do então chefe do departamento de CRM, John Murphy — que, desde então, foi promovido a presidente da divisão de sinistros. O treinamento em IE, originalmente projetado para líderes na divisão de CRM, difundiu-se para outros grupos, incluindo TI e sinistros. Embora a IE continue sendo uma marca na cultura da empresa deixada pela divisão de CRM — onde a IE foi debatida, apoiada e desenvolvida enquanto Murphy era o líder por lá —, seu apelo se espalhou mais amplamente por toda a empresa.

Tais líderes no setor comercial de uma empresa — isto é, alguém de fora do RH — que defendem a IE tendem a ser cruciais para a construção de uma organização emocionalmente inteligente. Vimos isso entre os CEOs na BL Companies e MD Anderson e entre os principais executivos seniores — por exemplo, na American Express Financial Advisors (atual Ameriprise Financial), com o executivo sênior supervisionando todos os consultores da empresa.

Às vezes, o defensor da IE pode ser um líder em um nível mais baixo da hierarquia. Na Amazon Web Services, a altamente lucrativa divisão de computação na nuvem, o entusiasmo pela IE se enraizou à maneira de um movimento de base. Rich Hua, o engenheiro, estrategista e autoproclamado "evangelista da IE", reuniu uma equipe de mais de seiscentas pessoas que compartilhavam o entusiasmo pela IE, e assim foi oferecido treinamento de IE para mais de 300 mil outros funcionários até o momento.

Embora a equipe de IE na Amazon tenha começado como um grupo ad hoc, hoje é oficialmente reconhecida e conta com orçamento próprio, tendo Hua como líder global. Chamado de programa Epic Leadership (EPIC sendo um acrônimo para empatia, propósito, inspiração e conexão), o treino em si é focado na IE e recebe quantidade cada vez maior de executivos seniores de várias operações da empresa, requisitando treinamento em IE para todo seu grupo, somando talvez milhares de pessoas.

Uma vantagem dessa abordagem de baixo para cima é que os líderes ativos do treinamento em IE tendem a ser mais motivados e engajados do que aqueles que o fazem a partir dos escalões superiores.

DIRETRIZES PARA LÍDERES

"Houve uma terrível nevasca e muitos funcionários ficaram sem energia, mas nossos escritórios, não", conta Carolyn Stanworth, CEO da BL Companies. "Assim, os funcionários trouxeram comida para os que ficaram sem luz. Então encorajamos nosso pessoal a levar parte dela quando enfim pudessem sair, de modo que os familiares em casa também tivessem o que comer [...]. A meu ver, as coisas que são importantes para nós se evidenciam nessas histórias."

Stanworth enxerga as histórias como uma forma eficaz de transmitir os valores de IE da empresa. Seu relato sobre como lidaram com os apuros enfrentados pelos funcionários transmite a importância da empatia e do trabalho em equipe, entre outras coisas.

Para um defensor da inteligência emocional, explicitar os valores da IE vai além de simplesmente enunciá-los. Na melhor das hipóteses, significa demonstrar seu valor explicitamente para a organização, em particular vinculando-a a imperativos comerciais como missão da empresa e metas de desempenho, e mostrando o impacto exercido por ela em seu próprio trabalho.

Algumas dicas para líderes:

Mostre que a IE é importante para o resultado financeiro

Uma equipe de "Competência emocional" na atual Ameriprise Financial realizou uma pesquisa revelando que os consultores financeiros tinham dificuldade em conversar com os clientes sobre a compra de seguro de vida — preparar-se para a morte, ou mesmo pensar a respeito, pode ser desconfortável e desagradável.

Depois de implementar um programa de treinamento piloto em competência emocional para alguns consultores e gerentes, a empresa descobriu que os consultores que haviam passado pelo programa com seus gerentes geraram 11% a mais de crescimento em receita de vendas durante um período de quinze meses. Isso se traduziu em 200 milhões de dólares a mais na receita da empresa (320 milhões em valores atuais).

Seja um exemplo de IE

Líderes que defendem a IE também precisam pôr em prática o que falam. Três comportamentos parecem fazer a diferença em mudar a cultura da organização como um todo:

- *Autorregulação.* O fundador de uma empresa tinha frequentes explosões de raiva — e todos sofriam o impacto. Como afirmou um executivo que prestava contas a ele: "Cinco minutos depois de esculachar você, ele continuava como se nada tivesse acontecido. Mas para os demais no grupo era inadmissível. Então nós nos pegávamos especulando sobre o estado emocional dele antes de passar qualquer informação, e isso não é nada bom. Quando um funcionário tem um problema, precisa da sua ajuda e não pode se aproximar na hora, o problema só vai se multiplicar até chegar em você".

  "Autorregulação" é o jargão técnico para a autogestão de nossas emoções e do que dizemos e fazemos. Por exemplo, não explodir com as pessoas. Uma pesquisa revela que quando um chefe tem ataques de fúria contra os funcionários, as pessoas se sentem alienadas e preferem manter distância posteriormente (embora isso possa assumir a forma de uma resistência passiva caso a pessoa ainda tenha de trabalhar com esse chefe). As explosões de raiva destroem a ligação.
- *Transparência emocional.* Quando o líder de um negócio faleceu, como já vimos, o segundo em comando comentou sobre o próprio luto com a equipe, com os olhos marejados de lágrimas. Isso ensejou uma conversa sobre como os funcionários estavam se sentindo. E a vulnerabilidade do líder foi recebida como um sinal de força e autenticidade, mais do que de fraqueza. Uma combinação de autoconsciência e empatia, ser emocionalmente transparente, significa abrir às pessoas uma janela para os próprios sentimentos.

- *Presença emocional.* Quando a pandemia começou, Carolyn Stanworth, CEO da BL Companies, começou a se reunir virtualmente com todos seus mais de 365 funcionários às sextas-feiras por uma hora ao meio-dia e mantinha a agenda aberta durante o resto da tarde, de modo a ter tempo para responder imediatamente aos e-mails recebidos depois da reunião. Ao fazer isso, ela deu um exemplo de empatia, pondo-se na pele dos funcionários e sentindo como ficariam desapontados ou ansiosos caso postergasse a resposta.

Esteja disponível emocionalmente

Isso significa ter empatia em relação às pessoas, mostrando um respeito subjacente, mas ainda assim mantendo limites claros — e criando a norma para que façam o mesmo. Um exemplo disso em nossa era digital é o do ex-presidente da divisão de CRM na Progressive, John Murphy, que queria se conectar o máximo possível com os cerca de 7 mil agentes da empresa por todo o país. Antes da covid-19, ele deixava o escritório para conversar com gerentes e cultivar relacionamentos, o que considera necessário para manter vivo o interesse das pessoas — e haver uma boa ligação facilita quando há um pedido complicado a fazer. Ele enviava bilhetes escritos à mão e vídeos que os agentes pudessem considerar úteis. Mas, com a pandemia, Murphy não pôde mais visitá-los pessoalmente, então criou uma página no Facebook como forma de participar da vida dos agentes. Embora no início houvesse apenas um punhado deles na página, o número cresceu para uma grande parcela.

A página diz respeito à vida das pessoas, não ao trabalho delas: há postagens dos aniversários, do nascimento dos filhos e de outros detalhes da vida delas. Com o isolamento da pandemia, a página do Facebook se transformou em um espaço em que os agentes podiam compartilhar suas ansiedades e mostrar sua gratidão, como por ter emprego num momento complicado da economia. Murphy enviava mensagens de parabéns nos aniversários de casamento, por exemplo, entre outros recados carinhosos. A página serviu para unir os agentes dispersos pelo país.

A importância dos líderes na construção de uma organização emocionalmente inteligente ficou bem resumida nas palavras de Stanworth. Quando comentamos que gerenciar as emoções parecia ser uma parte importante do trabalho dela, a CEO respondeu imediatamente: "*É* o trabalho".

INTELIGÊNCIA EMOCIONAL POR TODA PARTE

Dar início a uma mudança de cultura em direção à IE exige paciência. Para a maioria das empresas, leva anos; para algumas, décadas. A despeito dos benefícios, muitas relutam em pôr o foco em algo tão intangível e "subjetivo" como as emoções. Além disso, os líderes às vezes se ressentem da implicação de que a IE deles está longe do ideal e resistem ao treinamento nessa área.

No departamento de CRM da Progressive Insurance, quando o então novo presidente da divisão, John Murphy, endossou a IE, quase duas décadas atrás, deparou-se com resistência. Ao serem exigidas avaliações de IE do primeiro escalão, esses executivos inicialmente rejeitaram a ideia. Como afirmou um dos envolvidos no desenvolvimento de liderança: "A cultura não estava pronta. Era difícil para os líderes escutar que a IE estava aquém do esperado".

Mas Murphy persistiu. Dedicou as reuniões anuais de liderança que fazia com gerentes regionais ao tema, enfatizando o valor da autoconsciência, da autogestão e da empatia em seu negócio baseado em relacionamentos: vendas de seguros. Ao longo dos anos, o número de agentes que passaram pelo desenvolvimento de IE aumentou de apenas setecentos para cerca de 5 mil, de um total de 7 mil agentes.

"Nos primeiros anos, a cultura era tática e transacional", diz Murphy. "Agora houve uma mudança de cultura para o relacional, devido ao aumento no nível de IE em nossa liderança." Murphy vê a IE como o ingrediente secreto para relações produtivas e duradouras, tanto entre os funcionários dele como com os clientes. Diz ele que o relacionamento "está no coração de tudo que fazemos".

A ORGANIZAÇÃO INTELIGENTE EMOCIONALMENTE: UM TIPO IDEAL

À medida que exploramos nossa pesquisa e refletimos como a IE pode turbinar o desempenho de uma organização, nós, autores, elaboramos um diagnóstico sobre quais seriam os sinais. Fomos inspirados em parte pelas normas de grupo que Druskat e Wolff encontraram em equipes de alto desempenho e adaptamos as percepções deles ao nível organizacional.

Ao produzir essa lista, recorremos a esses resultados de pesquisa e a nossas extrapolações para delinear qual seria o aspecto de uma organização emocionalmente inteligente. Nesse ponto, foi preciso especular, pois a pesquisa exata que necessitaríamos para uma visão mais definitiva ainda não foi realizada – a exata situação em que nos encontrávamos há um quarto de século com a IE no local de trabalho. Apenas depois de décadas de pesquisa sobre como a IE incrementa o desempenho individual, a liderança e as equipes, fomos capazes de escrever este livro. O que vem a seguir é uma visão à qual aspiramos sobre como deveria ser uma organização emocionalmente inteligente ideal.

Assim como no caso da IE individual e de equipe, uma empresa emocionalmente inteligente revela autoconsciência. Isso significa compreender as emoções, necessidades e motivações que permeiam as redes humanas das quais ela é composta. A interpretação do clima emocional no nível da organização na maioria das vezes assume a forma de pesquisas sobre o ambiente das equipes e das unidades de negócios mais amplas. Por um lado, um resultado exemplar – individual ou de equipe – é celebrado ou recompensado e encorajado de alguma forma. Por outro, quando essas avaliações identificam áreas problemáticas, a organização explora as causas subjacentes e age para corrigi-las. Isso significa que ali se instaura ou já aproveita processos preexistentes para buscar as fontes sistêmicas de estresse. Também exige que a empresa reconheça de que maneira as próprias políticas e práticas impactam os funcionários emocionalmente, para o bem ou para o mal.

Outro sinal de autoconsciência nesse nível: conhecer os pontos fortes da organização – no que ela costuma ser boa –, bem como os limites, os quais mostram áreas em que o crescimento e o desenvolvimento serão necessários. Isso inclui sensibilidade às emoções e necessidades de todos os funcionários, e a comunicação com grupos internos específicos de forma oportuna, empática e atenciosa.

A autoconsciência possibilita o passo seguinte: a autogestão. Para uma organização inteligente emocionalmente, significa administrar os sentimentos no próprio ambiente – por exemplo, estabelecendo normas para a manifestação emocional adequada. Tais normas devem ser exemplificadas pelos líderes de todos os níveis com a própria expressão emocional, e violações a essas normas devem ser identificadas e enfrentadas. Essas violações podem incluir ações como fazer grosserias, gritar com pessoas, ou outros sinais de raiva ou pânico descontrolado. Pelo lado positivo, os líderes podem exemplificar a efetividade sob pressão — por exemplo, permanecendo positivos e otimistas diante de reveses e desafios.

Junto às normas úteis para a expressão emocional, uma organização com IE deve se conscientizar de fatores que estejam contribuindo para o estresse dos funcionários e encontrar maneiras de reduzi-los. Estresses sistêmicos comuns incluem rotineiramente esperar que as pessoas façam muitas coisas com pouco tempo ou escassos recursos. Um sinal desse estresse podem ser as altas taxas de rotatividade — tendemos a evitar um ambiente muito tenso. Outra fonte de estresse sistêmico, no caso de minorias, pode ser o preconceito implícito — e, mais uma vez, a maior rotatividade entre tais grupos seria um indicador. Pesquisas sobre o clima do ambiente de trabalho podem ajudar aqui, sinalizando onde encontrar os pontos de tensão e estresse.

Outra estratégia organizacional para o estresse sistêmico é ajudar os indivíduos a serem mais resilientes — ou seja, capazes de se recuperar mais rapidamente do estresse causado pelos contratempos. Mas essa abordagem exige da organização fazê-lo de forma a não "culpabilizar a vítima" e depositar o ônus justamente sobre aqueles que são mais vulneráveis ao estresse — em vez de consertar os aspectos organizacionais que geram esse estresse, para começo de conversa.

A transparência sobre as expectativas e os objetivos oferece outra via para gerenciar as turbulências internas. A falta de clareza gera confusão, que prejudica a determinação e a motivação. Por outro lado, uma corporação com metas claras ajuda o indivíduo a reunir a energia que lhe permitirá ir além de simplesmente cumprir os KPIs, de modo a ajudar em objetivos mais amplos. Aqui a articulação de um senso compartilhado de significado com o propósito da organização pode inspirar e guiar as pessoas em todos os níveis.

Além de objetivos claros, as empresas devem encorajar a conexão e a colaboração dos funcionários. Isso pode significar uma norma tão simples quanto encorajar o compartilhamento de informações, mas muitas vezes vai além, como criar eventos em que os trabalhadores e líderes tenham oportunidade de se conhecer pessoalmente, como um happy hour semanal em um restaurante próximo, ou um encontro de fim de semana. A promoção do vínculo pode incluir cerimônias e comemorações para elevar o astral. Celebrar as vitórias é um gesto óbvio, mas tais eventos para elevar o estado de espírito geral deveriam ocorrer durante o ano todo.

Depois há o incentivo a esse senso de pertencimento. Assim como Vanessa Druskat (e o Google) descobriu que o sentimento de pertencer a um espaço seguro é essencial para o desempenho das principais equipes, o mesmo vale para as organizações. Essa sensação psicológica de pertencer vai muito além de apenas, por exemplo, observar os números e as metas de diversidade, equidade e inclusão; o senso de pertencer de fato é uma realidade mental que faz a DEI funcionar. Na ausência desse senso de pertencimento, apenas números que parecem mostrar a proporção ideal de um grupo minoritário na força de trabalho são inúteis.

Também há as maneiras pelas quais as pessoas em um local de trabalho podem ajudar umas às outras com uma autoconsciência compartilhada do clima emocional. Essa consciência compartilhada permite outro passo crucial: a ajuda mútua à turbulência emocional causada por momentos como luto, a saída de colegas de trabalho, ou a perda de amigos quando a empresa manda embora um grande grupo de pessoas. Em vez de ignorar os sentimentos turbulentos acarretados por essas perdas naturais, uma organização com IE pode admiti-los coletivamente e conversar sobre suas reações emocionais, ajudando a administrá-las — pense em Carolyn Stanworth na BL Companies realizando uma reunião geral para falar sobre os sentimentos ocasionados pelas demissões em massa.

Há ainda o desafio do trabalho híbrido, com pessoas trabalhando remotamente, comunicações assíncronas, reuniões virtuais, conversas paralelas nos aplicativos de comunicação empresarial, e formações de panelinhas que são invisíveis para a liderança. A IE pode ajudar a comunicar a cultura e o clima quando os líderes aproveitam qualquer oportunidade para lembrar todo mundo de que o modo como lidam com a autogestão e os relacionamentos é mais importante do que nunca — e eles mesmos podem servir de exemplo.

Um aspecto mais positivo de ajudar a gerenciar melhor as emoções pode ser visto em pessoas atuando mutuamente como mentoras — aprendendo juntas como melhorar. Embora isso sempre deva ser um dos papéis de um líder, a mentoria também pode existir entre colegas.[3]

Por fim, há o que a organização pode aprender com base em seus fracassos — uma parte inevitável da vida organizacional. Infelizmente, muitas empresas fazem o "jogo do empurra-empurra", simplesmente encontrando alguém ou alguma falha para apontar como culpado pelo fracasso e parando por aí. Uma organização inteligente emocionalmente usaria esse revés como uma oportunidade de aprendizado, identificando o que deu errado, mas também indo além para antecipar como lidar com um desafio semelhante no futuro. Isso permite à empresa ser mais ágil ao enfrentar as demandas em constante mudança. Melhor ainda, ela pode se tornar uma "organização de aprendizado", que continuamente extrai lições das próprias operações e permite que todos sigam aprendendo a melhorar.

Além disso, há um conjunto de normas em uma corporação com IE que a tornam hábil em lidar com outras organizações, desde aquelas de sua cadeia de fornecimento, das quais depende para operar sem problemas, até clientes, concorrentes, legisladores e outros. Essa habilidade começa com a empatia no nível organizacional: entender como outras entidades a veem, o que sentem e do que precisam, o que as motiva, e assim por diante. Isso pode incluir o monitoramento de como essa empresa impacta a comunidade local e o meio ambiente. Também exige uma comunicação contínua com todos os grupos externos que são importantes para ela, de maneiras não apenas pontuais e precisas, mas que também se revelem atenciosas.

Finalmente, é necessário gerenciar habilmente as emoções nesses relacionamentos, assim como faz o líder ou a equipe emocionalmente inteligente. Em nível organizacional, isso poderia significar formar alianças com organizações-chave. As funções de marketing e comunicações são cruciais aqui: as mensagens da empresa devem difundir temas convincentes e até inspiradores para enaltecer tanto o emissor quanto o destinatário. Caso surjam conflitos com outras entidades, a organização com IE os administraria de forma construtiva. E, em termos ideais, as operações da empresa contribuiriam para a sustentabilidade — em prol de si mesma, de outras entidades e do meio ambiente como um todo.

Em suma, organizações voltadas para o futuro injetam IE no DNA de sua cultura. Os dados mostram que ser uma corporação inteligente emocionalmente fortalece o desempenho, conforme demonstrado por muitas métricas: lucratividade e crescimento, retenção de funcionários e lealdade, motivação e engajamento mais positivos. Tais empresas incorporam *soft skills*, como a IE, a suas análises de desempenho, junto com as usuais medidas de *hard skills*.

Elas oferecem treinamento em IE e encorajam funcionários de todos os níveis a realizá-lo.

Associar IE ao DNA significa que a liderança serve de exemplo e a defende. Uma aliança mais poderosa envolve líderes empresariais que endossem a IE e um departamento pessoal que ofereça maneiras de melhorar esse conjunto de habilidades. Mas, se essa ideia for nova para uma empresa, as mudanças essenciais demandarão tempo — e exigirão persistência e paciência. Os líderes podem tomar medidas específicas para conduzir a organização nessa direção. Entre elas, mostrar como a IE é importante para as metas e o resultado financeiro; dar o exemplo de IE, gerenciando bem as próprias emoções e relacionamentos; ter abertura sobre os próprios sentimentos; e mostrar empatia pelo que as pessoas estão passando.

Como veremos na quarta parte, essas habilidades pessoais serão essenciais para o conjunto de aptidões de que todos precisaremos para enfrentar os eventuais desafios e crises que nos aguardam em anos vindouros.

Parte IV

O futuro da inteligência emocional

14. A combinação crucial

Até aqui, vimos os fundamentos da inteligência emocional e de que forma eles nos ajudam a alcançar nosso estado *optimal* e fazem diferença em nossa vida profissional. Agora olhemos para além da IE em si, de modo a visualizar a quais outras habilidades ela pode se conectar a fim de nos ajudar a lidar melhor com os desafios enfrentados pela humanidade.

Uma semente para essa perspectiva mais ampla foi plantada anos atrás, quando Dan realizou uma palestra sobre IE para altos executivos na Salesforce e depois jantou com Marc Benioff, fundador e CEO da empresa. Marc insistiu com Dan que ele deveria escrever sobre como há sinergia entre a IE e a criatividade, as *hard skills* e um senso de propósito mais profundo. Ele chamou isso de "os quatro Qs": QE (quociente emocional, o mesmo que IE), QI (quociente de inteligência), QC (quociente de criatividade) e QS (quociente espiritual, ou nosso senso de propósito na vida).

Nessa mesma linha, Tim Cook, CEO da Apple, ofereceu uma fórmula similar de talentos quando descreveu o conjunto de habilidades que procura quando contrata alguém.[1] Cook, que na época recebia um título *honoris causa* da Universidade de Nápoles Federico II, na Itália, afirmou que as pessoas que contratou na Apple se saíam muito bem quando eram capacitadas com esta combinação particular de habilidades:

- *Conhecimento técnico na área de atuação.* Esse conjunto de habilidades cognitivas inclui uma *curiosidade* ampla — fazer muitas perguntas —, característica há muitos anos considerada essencial para o futuro por Claudio Fernández-Aráoz, membro de nosso consórcio.[2] Como veremos, uma ampla rede de coleta de informações alicerçada nos conhecimentos presentes pode ser um primeiro passo para a inovação.

- *Um profundo senso de propósito*, de preocupação com o ambiente que nos rodeia, e o desejo de deixar o mundo melhor do que o encontramos. Essa missão — uma motivação que transcende o indivíduo — atua como impulso para a pessoa extrair o melhor trabalho de si. Uma empresa precisa de missão semelhante para despertar o senso de propósito nas pessoas, uma visão para aprimorar a vida delas. Sem isso, não há dinheiro que faça um trabalho valer a pena.
- *Colaboração inovadora*. Trabalhar bem em equipe. A incrível história de inovação de produtos da Apple, como disse Cook, depende de pessoas se juntando para desenvolver novas ideias, não de um indivíduo aparecendo com lampejos criativos. Criatividade significa "pensar diferente" sobre um problema, não se prender a soluções fáceis e padronizadas, mas olhar para a questão "de diferentes ângulos".

Refletimos sobre o pensamento de Benioff e Cook e acrescentamos algo a ele. Em particular, parece-nos que, além desses conjuntos de habilidades, um modo de ver *sistêmico* também será essencial para os eventuais problemas que o futuro nos trará.

INTELIGÊNCIA EMOCIONAL, OBVIAMENTE

Diversos aspectos da IE ganharam destaque novamente em décadas recentes e, sem dúvida, terão importância cada vez maior no futuro. As diferentes dimensões de determinada competência poderão assumir daqui para a frente um peso maior do que tiveram no passado — por exemplo, as funções mais pertinentes de adaptabilidade na futura liderança deverão ser a agilidade em atender às demandas em constante mutação e a calma diante de ambiguidades e incertezas, em lugar de, digamos, equilibrar inúmeras tarefas simultaneamente.

O terremoto previsto nos empregos, reforçado pelo advento do texto produzido por inteligência artificial (IA), pode perfeitamente significar mudanças drásticas nas ocupações humanas. Porém, conforme a IA deixa uns sem trabalho, auxilia outros no que já fazem e gera novas possibilidades de emprego, de modo a permanecer a necessidade de excelência interpessoal — que provavelmente será ainda mais valiosa.

Depois há as mudanças no local de trabalho, tão fundamentais em determinar quem precisará se deslocar e com que frequência. Um local de trabalho híbrido depende da comunicação on-line, como e-mail ou videoconferência. Embora nosso cérebro tenha desenvolvido um radar social para interações face a face, prevemos cada vez mais reuniões virtuais. Talvez porque a conexão virtual nos proporcione menos canais para perceber os sentimentos alheios, ficamos ainda mais sensíveis às eventuais dicas emocionais com que nos deparamos. Aqui, novamente, a IE adiciona uma camada essencial de eficácia às habilidades cognitivas pessoais.

Existe uma boa razão pela qual a IE provavelmente continuará sendo um ativo diferencial dos líderes e organizações como um todo: à medida que a automação e os chatbots significam que cada vez mais trabalhos são feitos por robôs e IA, o trabalho humano se verá diante de um crescimento em grande escala para tarefas de alto nível, como design e criatividade — mesmo com o trabalho rotineiro em áreas como engenharia orbitando em torno desses ajudantes não humanos. Se toda empresa possuir mais ou menos as mesmas tecnologias e *hard skills*, a diferença será maior no modo como gerenciam sua força de trabalho.

Como aponta uma pesquisa global da Conference Board, "Embora a automação esteja se infiltrando no local de trabalho, as equipes ainda são compostas de pessoas e o reconhecimento da 'sensibilidade humana' é mais do que nunca necessário".[3]

Finalmente, há as experiências únicas que moldam a visão de mundo das gerações mais jovens — e dos líderes do futuro.

PROPÓSITO

Você sabe o que é *duck-and-cover* ("esconder-se e cobrir-se")? Era um exercício simulado que os alunos dos Estados Unidos praticavam todo mês nas escolas durante as décadas de 1950 e 1960: abaixar-se sob a carteira e proteger os olhos e o pescoço com as mãos. Seria a forma de se defender de uma explosão nuclear, assegurava o professor.

Se você sabia disso ou tem essa lembrança, significa que é um *baby boomer* (nascido no pós-guerra). O exercício era onipresente no auge da Guerra Fria, assim como as conversas sobre abrigos para se proteger da radiação.

Mas se, em vez disso, você sabe ou já ouviu dizer que há exercícios escolares de "*active shooter*" ("atirador ativo") — esconder-se na sala de aula ou fugir pelos corredores —, pertence à geração Z ou à geração seguinte, pois essa simulação ainda é realizada nas escolas estadunidenses, enquanto os mais velhos já iniciaram sua vida profissional em muitas empresas.

Os traumas compartilhados por uma geração podem levar a um senso de propósito coletivo. Por exemplo, oculta nessa lacuna entre os *baby boomers* e a geração Z há os medos realistas dos consumidores mais jovens e dos trabalhadores em começo de carreira — bem como de seus colegas mais velhos, a geração X —, mas que talvez estejam fora do radar dos *baby boomers*, que seguem no comando das corporações.

Primeiro, consideremos algumas diferenças reveladoras entre esses grupos mais velhos e mais jovens. As duas gerações compartilharam traumas muito diferentes. Para os nascidos nas décadas do pós-guerra, tais traumas incluem não só a Guerra Fria, como também os temores da destruição nuclear. As manchetes de jornal intensificaram esse terror ao falar sobre bombas cada vez mais destrutivas e seus sistemas de lançamento. Muitas residências pelo mundo possuíam um abrigo antinuclear.

Mas se você nasceu por volta de 1980, seu trauma geracional — fora os tiroteios em escolas — gira em torno dos medos de colapso ambiental. Estamos em plena marcha das notícias ecológicas alarmantes: incêndios florestais imensos da Austrália à Califórnia, ondas de calor recorde na Europa e na Antártica, grandes áreas urbanas inundadas por tornados e furacões. O perturbador rufar de tambores do noticiário diário segue ecoando.

A diferença entre essas duas faixas etárias é reveladora, especialmente quando se trata de encontrar um senso de propósito em combater o avanço da mudança climática. Os da geração mais velha vivenciaram períodos de prosperidade econômica e poucos sinais de problemas com a Mãe Natureza; as atuais gerações mais jovens têm aguda consciência dos riscos ambientais. Muitos estão descobrindo um senso mais profundo de propósito ao tentar encontrar maneiras de desacelerar — se não, reverter — o que veem como uma marcha fúnebre por todo o planeta.

Uma pesquisa do Instituto Gallup atribuiu números a essa lacuna etária: 70% dos estadunidenses entre os 18 anos e os 34 anos estão preocupados com os impactos das mudanças climáticas; entre os com 55 anos ou mais, essa proporção é de apenas 56%. A relação entre idade e inquietação ambiental é clara: quanto mais jovem, mais preocupado com o meio ambiente.

A lacuna geracional é ainda maior se nos fizermos a pergunta mais reveladora: se achamos que a mudança climática será um problema ainda em nosso tempo de vida. Para os mais jovens da geração Z, o meio ambiente está no topo da lista de questões que esperam ser abordadas pelas corporações. Se os consumidores mais jovens e os jovens talentos encontrarem um propósito urgente em fazer a coisa certa pelo meio ambiente, as empresas fariam bem em abraçar tais metas. Mas, para reduzir a pressão corporativa por resultados trimestrais, as expectativas dos investidores teriam de mudar. Isso poderia ensejar uma missão ecologicamente mais consciente, como reduzir a pegada de carbono.

As empresas buscam cada vez mais ter uma missão mais ampla, algumas delas impulsionadas por ativistas e investidores. Mas o consumidor desempenha um papel cada vez maior em tal tendência. As organizações deveriam abraçar esse segundo propósito, fazendo tudo ao alcance para combater a marcha do planeta rumo ao aquecimento. Embora essa estratégia tenha em larga medida fracassado em outros tempos, quando relativamente poucos consumidores se preocupavam com o clima global, alguns sinais indicam que a hora para isso é agora. Resta a dificuldade de alinhar o que o consumidor afirma querer aos desejos do investidor. Administrar essa ambiguidade exige equanimidade da liderança, mais uma instância onde a IE faz a diferença.

A declaração de que as preocupações ambientais são vitais para a missão de uma empresa pode ser de imenso auxílio para atrair e reter jovens talentosos, muitos dos quais afirmam não querer trabalhar em um lugar que não se alinha ao seu senso de propósito. Além do mais, as organizações que são legítimas "entidades do bem" aos olhos da geração Z e dos *millennials* (ou geração Y, nascida entre o início da década de 1980 e o fim da década de 1990) têm mais chance de conquistar sua lealdade como clientes e consumidores em anos futuros.

A chamada ecoansiedade parece estar moldando um novo estilo de consumo entre os mais jovens, atribuindo maior valor, por exemplo, ao reúso do que à compra. Um levantamento on-line com 1338 pessoas relatado no *Journal of Environmental Psychology* revelou que 46% das pessoas sentiam forte angústia com o futuro do meio ambiente, e esses temores eram mais intensos entre os mais jovens consultados.[4] Um número significativo dos bem mais jovens com preocupações ecológicas adotava uma ética de consumo mais parcimoniosa. Os especialistas esperam que tais preocupações aumentem entre os jovens à medida que o tempo passa.

O desgastado pressuposto de que os impactos ecológicos constituem um problema das pessoas comuns, não dos que os geram, precisa ser abandonado. Cada vez mais empresas definem sua missão em termos de tornar o mundo um lugar melhor de algum modo. Alinhar esse propósito a ações que ajudem o planeta e apelem aos valores dos jovens parece ser uma jogada inteligente.

UMA VIAGEM DE ÔNIBUS

Já se passaram décadas desde aquele tórrido dia de verão em Manhattan em que Dan tomou um ônibus, a linha M101, para subir a avenida Madison. Ele nunca mais se esqueceu do motorista, um afro-americano alegre e extrovertido de meia-idade que realizava um divertido monólogo comentando os lugares por onde passavam. O sujeito anunciava as lojas com promoções, contava a história dos edifícios e prédios comerciais, fazia a crítica dos filmes em cartaz nos cinemas pelo caminho e sugeria aos passageiros que visitassem os museus encontrados no trajeto.

Mais importante que o conteúdo do que dizia era o modo esfuziante como se comunicava. Aquele ônibus virou um caldeirão de contágio emocional positivo. Nesse dia abafado de agosto, a maioria dos passageiros embarcava com um humor sombrio. Mas, ao descerem do ônibus, o motorista sorria e lhes desejava um ótimo dia — e o sorriso com que retribuíam mostrava que seus ânimos já iam nessa direção.

Anos mais tarde, Dan ficou sabendo pelo obituário do *New York Times* que o nome do motorista era Govan Brown e que ele fora pastor em uma igreja predominantemente frequentada por afro-americanos em Long Island, e considerava os passageiros parte da comunidade de fiéis. Ele emprestara um propósito maior – cuidar de seu rebanho – ao que de outra forma poderia ser visto como um trabalho mundano.

O senso de propósito de Govan Brown contrasta fortemente com a Autoridade de Trânsito da Cidade de Nova York, sua empregadora. O objetivo dessa organização pode ser resumido como simplesmente fazer com que os passageiros cheguem de forma eficiente a seus destinos – algo que tem pouco ou nada a ver com zelar por seu bem-estar. A declaração de missão desse órgão público diz "aprimorar a qualidade de vida e a saúde econômica da região mediante o fornecimento, com custo-benefício adequado, de serviços de transporte seguros, pontuais, confiáveis e limpos".

Mas, surpreendentemente, esse descompasso entre o propósito pessoal e a missão organizacional talvez não faça tanta diferença. Simplesmente estar conectado ao *seu* propósito pode ser mais importante do que a compatibilidade em si.

A pesquisa realizada por Signe Spencer, nosso colega de consórcio, no Instituto Korn Ferry, aplaude a determinação de termos clareza sobre nosso propósito e encontrar maneiras de torná-lo compatível com o nicho que ocupamos em nossas organizações. Essa determinação, assim revelam os dados, está fortemente correlacionada tanto ao envolvimento com o trabalho como ao comprometimento com a empresa.[5]

Por exemplo, considere a vantagem contraintuitiva de uma corporação de combustíveis fósseis contratar um ativista da mudança climática, cujo propósito gira em torno de acabar com as emissões de gás carbônico: trata-se da visão e da atitude capazes de ajudar a empresa a criar um departamento voltado à redução dessa pegada mediante energias alternativas, algo que poderia se provar uma importante estratégia para a futura sobrevivência da empresa.

Em suma, não é necessário haver uma correspondência exata entre nosso propósito pessoal e a missão da organização. Como podemos ver, as empresas podem se beneficiar de admitir pessoas – como Govan Brown – cujo propósito fervoroso não se encaixa perfeitamente nos moldes de sua missão.

Claro que nem todo mundo é tão afortunado como Govan Brown, encontrando sentido num trabalho que, à primeira vista, pode parecer simplesmente levar passageiros de um ponto a outro. O conflito de valores entre o que seu coração dita e o que seu trabalho exige pode se constituir em um enorme estresse. Pense na enfermeira escolar cuja diretora repetidamente a instou a fazer coisas que violavam sua ética profissional. Ela se demitiu.

Essa sintonia entre nossos valores e o que fazemos fala sobre o poder do propósito, a sensação de que nossos esforços são importantes para as coisas que têm significado para nós. Um trabalho significativo nos ajuda a entrar e permanecer em nosso estado otimizado. Nossa bússola interna — indicando o que parece certo e o que parece errado — aponta a direção que devemos seguir.

Pense no engajamento e entusiasmo vividos nas ocasiões em que você esteve no seu melhor, sua condição otimizada. Nossas experiências mais ricas muito provavelmente ocorrem não quando trabalhamos arduamente para metas externamente impostas, e sim quando fazemos o que amamos e trabalhamos para algo maior do que simplesmente progredir na carreira.

Valores como bondade, amizade, pertencimento e lealdade — em suma, ser atencioso com os outros — aumentam a probabilidade de nos envolvermos com nosso trabalho e sermos um "bom cidadão organizacional", que valoriza a autotransformação e o bem-estar pessoal. Esses valores humanamente orientados guardam uma boa correlação com a determinação pessoal — e, por sua vez, com o comprometimento e o engajamento na organização. Empresas cujo propósito é beneficiar ou melhorar o mundo que as rodeia saem-se melhor do que aquelas cuja finalidade é melhorar apenas a própria situação.

Como afirmou Spencer, "Os funcionários não necessariamente precisam ter seu propósito pessoal alinhado à declaração de missão da empresa, mas de fato se beneficiam de sentir que há uma ligação entre o que fazem e um propósito que seja significativo para eles".

A busca pelo dinheiro por si só, sem levar em consideração a ética, a moral ou o significado, pode resultar em uma percepção de bem-estar piorado. Muita gente descobre que ter um propósito maior do que o lucro pessoal e as recompensas financeiras é mais gratificante.

A viagem de ônibus de Dan com Govan Brown, que ele conta nas páginas iniciais de *Inteligência emocional*, foi inspiradora para Howard Gardner, psicólogo de Harvard. Ele viu Brown como um exemplo máximo do que ele e seus parceiros de pesquisa, William Damon, em Stanford, e o falecido Mihaly Csikszentmihalyi, à época na Claremont Graduate University, chamaram de "bom trabalho": uma mistura de desempenho excelente, total engajamento e propósito ético orientador. Essa combinação torna alguém excepcional em um emprego que aprecia e acha profundamente gratificante.

Brown foi realmente um motorista de ônibus sem igual. Quando se aposentou, centenas de seus devotados passageiros compareceram a uma festa em sua homenagem – a única ocasião em que a Autoridade de Trânsito de Nova York organizou um evento de aposentadoria como esse. A essa altura, ele recebera mais de mil e quatrocentas cartas com elogios de agradecimento, e nenhuma reclamação.

PROPÓSITO VERSUS REMUNERAÇÃO

Talvez de forma surpreendente, o propósito de uma organização pode alcançar uma prioridade maior até do que a remuneração quando os funcionários aspiram a um ajuste melhor entre seus valores e seu trabalho.[6] Isso cria uma razão estratégica para as empresas serem mais voltadas ao propósito: cada vez mais jovens afirmam querer trabalhar para uma empresa que apoie seu senso de uma finalidade na vida.

As pesquisas indicam que um propósito de vida pode ser o mais importante para a satisfação pessoal. Não é segredo que o sucesso na carreira por padrões objetivos, como um cargo de alto escalão ou um salário polpudo, não constitui garantia de felicidade; existem muitos altos executivos estressados e infelizes.

Dados relatados no *Journal of Gerontology* mostraram que simplesmente encontrar um senso de propósito e significado no trabalho levou a uma satisfação de vida maior do que ter um emprego de status elevado. É a realidade subjetiva – como nos sentimos em relação ao trabalho – que leva a níveis elevados de satisfação.

Considere as freiras que administravam uma instituição para pessoas com graves deficiências de desenvolvimento. O trabalho delas, para a maioria de nós, seria duro: limpar a constante bagunça, ter de lembrar repetidamente às pessoas para se incumbirem dos cuidados mais rudimentares consigo mesmas. As taxas de esgotamento entre esse tipo de equipe costumam ser notoriamente altas. Contudo, quando Cary avaliou as freiras que trabalhavam nesse lugar, descobriu que o *burnout* era virtualmente zero. O principal motivo era que as freiras compartilhavam um senso de propósito, o de servirem a Deus. Uma freira, por exemplo, afirmou amar cada minuto do seu trabalho, até as partes mais servis e desagradáveis, como cuidar da limpeza depois do residente sofrer algum acidente. O salário baixo não tinha importância, acrescentou, porque ela acreditava que a recompensa mais significativa viria quando fosse para o céu.

Como relatamos no capítulo 1 sobre os melhores dias das pessoas, quando as freiras sentiam ter feito progresso, a motivação era interna. Elas estavam fazendo aquele trabalho porque o amavam, não devido a alguma recompensa que pudessem obter. O que as impelia não era dinheiro nem promoção, mas o prazer de trabalhar. Elas eram o oposto de pessoas apáticas ou desengajadas.

PONDO UM HOMEM NA LUA

Conta uma anedota que, na década de 1960, alguém perguntou a um faxineiro que trabalhava na Nasa sobre o que ele fazia, e o homem respondeu: "Estou ajudando a pôr um homem na Lua". Assim como aquele motorista de ônibus, esse faxineiro enxergou um propósito maior no que de outra forma poderia parecer uma função mundana.[7]

Embora o dinheiro e o status possam servir de chamarizes para determinado emprego, nosso senso de propósito será uma força mais preponderante para determinar nosso engajamento e quanto nos empenhamos nele. Estudos amplos revelam uma ligação apenas marginal entre salário e satisfação no trabalho.[8] Quando se trata de classificar empregos segundo o grau de significação atribuído a eles pelas pessoas, os serviços de saúde e sociais — que contribuem explicitamente para o bem maior — situam-se no topo.[9] Mas como a história do faxineiro da Nasa deixa claro, qualquer um pode encontrar sentido no que faz.

Pessoas que encontram significado no que fazem apresentam todos os sinais de um estado otimizado: relatam bem-estar físico e emocional melhor e afirmam sentir grande envolvimento em sua função; elas prosperam e crescem. Tal papel, aliás, talvez não tenha nada a ver com o trabalho como o concebemos; um grande significado pode ser encontrado em criar filhos ou cuidar de um pai idoso.

Essa visão do propósito como motivador principal parece estar em desacordo com as práticas usuais de gestão que se valem de recompensas como bônus, promoções e salário para incentivar os funcionários a dar seu melhor. O pressuposto típico de que trabalhamos melhor em troca desses reforços foi questionado há tempos por um argumento um tanto subversivo: o de que tais recompensas podem na verdade *prejudicar* o desempenho.

A conexão recompensa-desempenho foi posta em dúvida por uma pesquisa de décadas atrás que mostrava como as pessoas eram motivadas antes por paixão e propósito do que pelas recompensas oferecidas.[10] O livro de 1998 de Alfie Kohn, *Punidos pelas recompensas: Os problemas causados por prêmios por produtividade, planos de incentivos, remuneração variável, elogios, participação nos lucros e outras formas de suborno* (o título já diz tudo), argumentava que as notas, por exemplo, matavam o interesse dos alunos pelo que faziam. O grosso das evidências de pesquisa apoia tal argumento, que ganhou força à medida que mais pessoas adotavam essa visão. Por mais desafiadora que fosse para os modos normais de pensar sobre o que motiva alunos e trabalhadores, ela se difundiu por boa parte do mundo empresarial e educacional.

O argumento mais forte para essa visão contrária a recompensas vem de uma imensidade de dados coletados no universo estudantil que analisam a ligação entre notas (seja como recompensa, seja como punição) e realização. Kohn revisou as descobertas de psicólogos da época como Edward Deci e Richard Ryan, mostrando que o ímpeto interno por aprender era um motivador muito melhor do que simplesmente se empenhar por uma boa nota.[11] Esse mesmo argumento foi aplicado ao local de trabalho por Daniel Pink em seu livro *Drive*, um best-seller dos negócios.[12] Pink argumentou de maneira bastante persuasiva que inúmeras organizações seguem uma prática gerencial ultrapassada, tentando incentivar os trabalhadores a ter melhor desempenho por meio de recompensas de algum tipo. É muito mais efetivo quando a motivação vem de dentro e sentimos que temos uma escolha, em vez de alguém nos dando ordens; ter a sensação de dominar algo ou pelo menos de que estamos ficando melhores; e, finalmente, sentir que o que fazemos está alinhado à nossa percepção sobre o que é importante para nós.

Naquele estudo da Escola de Negócios de Harvard em que as pessoas mantiveram diários sobre sua jornada de trabalho, os tradicionais motivadores de gestão foram contraproducentes no impacto sobre os trabalhadores. O estudo de Harvard corroborou a conclusão de Pink: ameaças, avaliações rigorosas, prazos muito apertados e até a promessa de recompensas como bônus recaem na categoria de motivadores "extrínsecos" ou impostos, e não necessariamente ajudam no desempenho, particularmente a longo prazo.

Consideremos um resultado desse estudo de Harvard sobre a realidade íntima de um dia de trabalho: refutando o pressuposto comum de que a pressão elevada e o medo aumentam a produtividade, os dados mostraram exatamente o contrário. Os dias em que as pessoas se mostraram mais satisfeitas com o que haviam feito foram altamente positivos e acarretaram felicidade. Mais revelador é o fato de que nesses dias elas sentiam que estavam sendo guiadas pelo que era mais importante para elas, e não sendo motivadas por interesses de terceiros.

Há um grande paradoxo aqui: quando as pessoas se sentem motivadas a realizar seu trabalho por si mesmas, fazem-no muito melhor e desfrutam dele muito mais do que ao fazer o mesmo trabalho sob ameaça ou pressão. Contudo os alunos ainda se empenham em obter boas notas; os trabalhadores se empenham mais arduamente para receber um salário melhor ou promoção — pelo menos essa é a ideia predominante quando examinamos as motivações que a vida nos oferece.

Uma pesquisa mais recente levou a uma compreensão mais nuançada. Em alguns momentos, as recompensas externas funcionam perfeitamente, proporcionando-nos um forte encorajamento para realizar nosso trabalho. Mas essas recompensas são mais potentes quando estão em sinergia com nossa motivação interna, reforçando o que fazemos porque já o apreciamos.[13]

Digamos que você encontra significado e propósito no que faz. Isso o deixa impermeável ao modo como as demais pessoas enxergam o que faz? Isto é, você está tão dedicado internamente que não se importa de verdade com como os outros veem seus esforços? Acontece que o modo como as pessoas que são importantes para você (professores, se está na escola; chefes, no trabalho etc.) comunicam o que acham do seu desempenho pode fazer uma grande diferença.

Logo, se recebemos feedback negativo — uma nota baixa ou uma avaliação ruim de desempenho —, isso pode nos prejudicar, mesmo que nossa principal motivação seja o significado que a tarefa tem.[14] Por outro lado, mesmo um feedback negativo pode fortalecer a motivação interna se inclui dicas sobre como podemos melhorar, se concordamos com os padrões utilizados para a avaliação e se recebemos esse feedback pessoalmente e de maneira oportuna.[15]

Esses três passos — mostrar como melhorar, avaliação justa e feedback preciso — se revelaram um modo eficaz de fornecer a alguém dados sobre como está se saindo, ao mesmo tempo que o ajuda a desenvolver outros pontos fortes.

PROPÓSITO COM P MAIÚSCULO E COM P MINÚSCULO

Laurie Santos, que ministrou talvez o curso mais popular da história de Yale — sobre felicidade —, indica o livro de Alfie Kohn a seus alunos. Segundo ela, quando os alunos de alto desempenho leem esse livro, muitas vezes expressam incerteza quanto ao sentido de simplesmente acumular mais e mais distinções honoríficas e se perguntam: qual é a finalidade da minha vida? Ela responde: "Sentir o cheiro de café pela manhã. Amar seus filhos. Desfrutar do sexo, das margaridas e da primavera. Todas as coisas boas da vida".

O que Santos enumera aqui pode ser visto como "propósito com p minúsculo", os prazeres cotidianos que nos servem de impulso. Mas um argumento sólido pode ser feito em defesa do "Propósito com P maiúsculo" — as motivações internas que nos movem, que dão verdadeiro sentido a nossa vida.

Nosso senso de propósito gira em torno dos valores que conferem significado ao que fazemos. O propósito reflete nosso leme moral ou "norte verdadeiro", as perspectivas profundas que consideramos mais convincentes e que nos orientam nas decisões mais cruciais. Isso soa particularmente verdadeiro para os Propósitos com P maiúsculo em nossa vida, a vocação singular que encontra o eco mais forte em nosso íntimo.

Um dos raros sobreviventes dos campos de extermínio nazistas — e um famoso defensor do Propósito com P maiúsculo — foi Viktor Frankl, um psiquiatra vienense. Os pais, o irmão e a esposa dele, grávida, pereceram todos ali. Quando ele foi mandado para Auschwitz, o primeiro de quatro campos aos quais sobreviveu, levava costurado no forro de seu sobretudo o manuscrito do livro que sonhava publicar. O casaco foi tomado no dia em que chegou, mas o desejo ardente de um dia publicar o livro permaneceu no coração dele durante os quatro anos de seu cativeiro.

Esse livro que Frankl desejava publicar era *O homem em busca de um sentido*, que mais tarde se tornou um best-seller internacional e uma bússola moral para gerações de leitores. Seu argumento central é de que, buscando um senso de significado e propósito na vida, podemos sobreviver até ao pior dos infernos — e ele oferece sua experiência em quatro campos e a proximidade da morte como evidências.[16]

A tese de Frankl é de que ter um propósito na vida nos ajuda a superar as piores coisas. Como ele afirma, citando uma de suas frases favoritas do filósofo alemão Friedrich Nietzsche, "Se a pessoa sabe *por que* viver, consegue aguentar quase qualquer *como*".

Deixar de operar a partir de um conjunto de valores egocêntricos — como minimizar a dor e maximizar o prazer — permite-nos seguir uma agenda de prioridades mais voltada aos valores e fazer escolhas com base antes no que queremos do que apenas em como nos sentimos.[17]

Muitas empresas oferecem sua missão como um norte ao recrutar os egressos das universidades, como os recém-formados da geração Z. "O que eles querem ouvir a respeito é como estamos curando o câncer ou o que fazemos para combater a cegueira dos rios [oncocercose]", relata Tracey Franklin, vice-presidente de recrutamento de talentos na Merck. "Eles acreditam que podem realmente mudar as coisas, e querem trabalhar para uma empresa que de fato faça uma diferença no mundo."[18]

Com o agravamento das mudanças climáticas, uma organização que tenha a sustentabilidade como propósito central muito provavelmente atrairá jovens líderes mais talentosos. Além da sustentabilidade, considere o trabalho de regeneração, atuando de maneiras que de fato ajudem o planeta a recuperar seu esplendor.[19]

Claro que nossos valores e nossa missão poderão se transformar com o decorrer da vida.

No encontro do aniversário de cinquenta anos da turma de faculdade, Dan perguntou a cem colegas quantos deles estavam envolvidos em alguma atividade que fosse destinada a ajudar os outros, e não apenas voltada ao interesse próprio. Quase todo mundo levantou a mão.

Isso reflete o que escutamos de outro membro do consórcio, Kathy Kram, professora emérita da Escola de Negócios Questrom, da Universidade de Boston, que juntamente a outros acadêmicos aposentados empreendia uma pesquisa sobre a assim chamada "aposentadoria". Eles descobriram que hoje em dia cada vez menos gente se aposenta de fato, pelo menos não no sentido de parar completamente de trabalhar. Na verdade, em seu derradeiro estágio da vida, as pessoas falam sobre a mudança em seu senso de propósito. Quando o emprego que nos sustentou por tanto tempo fica para trás, é natural lamentarmos a perda da identidade profissional. Mas isso nos deixa totalmente abertos para encontrar um novo propósito, uma busca que tenha significado pessoal.

No final da carreira, o propósito assume uma dimensão maior para muita gente, nem que seja apenas por passarem a contar a vida em termos dos anos que porventura ainda lhes restem, e não quantos se passaram desde seu nascimento. Seu eventual legado assume maior importância. Quando as pessoas se aposentam do trabalho diário e pranteiam sua perda de identidade, surge a questão: como utilizar meus talentos e habilidades para um propósito significativo?

"As pessoas vão de inquilinos — vivendo por uma missão definida por seu emprego — a arquitetos do próprio senso de significado", afirma Kram. "Podemos usar nosso conhecimento para ajudar uma causa na qual acreditamos. E nossos dias podem ser compostos de mais alegria e menos labor."[20]

O PROPÓSITO DA INTELIGÊNCIA EMOCIONAL

O motorista de ônibus Govan Brown personifica um símbolo às vezes negligenciado de IE de alto nível: levava o bem-estar àqueles com quem se conectava. Sua mera existência trazia um impacto gratificante às pessoas com quem tinha contato — ele foi como um santo urbano, difundindo ondas de bons sentimentos numa cidade tão dolorosamente necessitada deles.

As duas primeiras partes da IE — focar em si mesmo de modo a realizar uma autogestão melhor das emoções turbulentas e mobilizar as emoções mais positivas, como a resiliência — criam uma visão mais serena, um *mindset* que enxerga o potencial positivo em nós mesmos e em todos os demais e nos permite seguir em frente rumo a nossos objetivos. Quando nosso mundo interior tem esse equilíbrio, podemos nos sintonizar a cada um com empatia e, uma vez sintonizados, nos conectar de forma mais efetiva com todos. Se tudo isso corre bem, a outra pessoa emergirá depois da interação em um estado mais positivo — um estado que a move em direção a sua disposição otimizada.

Assim, o tratamento calorosamente contagiante conferido por Govan Brown aos passageiros do ônibus reflete um propósito de IE: *deixar nós mesmos e todos com quem temos contato cada vez mais próximos de um estado* optimal.

Alguns pontos-chave: a IE será necessária, mas por si só não basta, para enfrentarmos os desafios que despontam no horizonte imediato – para não mencionar os do futuro distante. Uma combinação de capacidades potencializará melhores respostas a crises, desafios e oportunidades que a humanidade deverá confrontar. Para começar, um forte sentido de propósito servirá de combustível à motivação necessária na busca por soluções. Os jovens parecem particularmente atraídos pelas causas e organizações que percebem seu propósito em termos de um bem maior. Finalmente, como veremos no próximo capítulo, duas outras habilidades incluem a compreensão de sistemas e o espírito da inovação.

15. Inovação e sistemas

Dois biólogos, o parisiense François Jacob e o sul-africano Sydney Brenner — ambos futuros ganhadores do prêmio Nobel —, passavam um dia de folga de seu laboratório no Instituto de Tecnologia da Califórnia (Caltech) relaxando em uma praia próxima.[1] Por meses haviam se frustrado na tentativa fracassada de reproduzir *in vivo* um ribossomo, o mensageiro químico que emerge do RNA para instruir um gene a fabricar determinada proteína — uma chave da atividade genética.

A despeito de todas suas tentativas com a complexa bioquímica envolvida, mesmo quando capturavam as moléculas certas, a mistura se desmanchava. Eles sabiam que na natureza certamente havia uma espécie de cola química capaz de manter o ribossomo unido, mas estavam perplexos. O que poderia ser?

Refletindo na praia, Brenner suspeitava fortemente de alguma substância química simples que fosse ubíqua em todos os seres vivos. De repente, do nada, algo lhe ocorreu; ele se levantou de um pulo, espalhando areia por todos os lados, e gritou: "É o magnésio!".

E era. Os dois voltaram ao laboratório e adicionaram magnésio à mistura do ribossomo. Quando encontraram as proporções corretas, o mensageiro químico se manteve coeso — um pequeno triunfo na longa marcha rumo à atual ciência genômica.

A ciência genética, como qualquer outra área científica, foi formada mediante uma quantidade impressionante de pequenos lampejos criativos como esse, cada um deles se construindo a partir de conhecimentos prévios, mas combinados de maneiras únicas.

Percebemos um tipo particular de agilidade mental como sendo de valor crucial para a inovação – e a capacidade de inovar ganhará importância crescente à medida que avançamos rumo a um futuro incerto, repleto de mudanças e desafios, oportunidades e obstáculos. A agilidade de raciocínio, entendida como uma alteração de nosso estado mental, revela-se uma chave para a percepção criativa.

Esse momento eureca à beira-mar incorpora os clássicos três estágios da criatividade. *Primeiro*, a imersão no problema em si – nesse caso, as tentativas infrutíferas de manipular a bioquímica do ribossomo. No *segundo* estágio, a mente entra em um modo neutro, vagando ao bel-prazer; esse estágio termina com uma "iluminação", a percepção criativa – foi isso que aconteceu na praia. Finalmente, há o *terceiro* estágio, a execução, em que ocorre todo o trabalho duro de pôr nossa percepção em prática, de torná-la útil.

Cada uma dessas etapas no arco da criatividade exige um diferente estado cerebral. A primeira ativa regiões neocorticais ligadas à curiosidade e à coleta abrangente de informações. A segunda, às vezes chamada de "incubação", desliga essa atividade e ativa no lugar dela uma rede neural chamada "rede de modo padrão" (ou DMN, *default mode network*), que assume o controle quando nossa mente não está focada em uma tarefa específica.[2] Nesse modo, as percepções criativas são mais fecundas, com novas ideias brotando aparentemente do nada. Na terceira etapa, executamos a percepção e lhe damos uma forma útil, que novamente requer atividade neocortical focada na tarefa.

Em suma, a criatividade exige que a agilidade mental altere seu estado cerebral do modo "faça-o-que-tem-de-ser-feito" para o estado onírico e receptivo da DMN, no qual nossa mente flutua livremente e elementos inéditos têm maior probabilidade de se combinar de formas nunca vistas antes – "*É o magnésio!*".

Em seguida ocorre nova alteração: a atividade neural focada na tarefa necessária à execução, na qual modelamos a percepção criativa numa forma útil. Para Brenner e Jacob, isso significou o árduo trabalho de tentar encontrar a proporção certa de magnésio. Cada estágio depende dos demais – a percepção criativa orienta a fase de execução e o processo de tentativa e erro durante a execução finalmente resulta na maneira correta de transformar a percepção em realidade.

Exames de imagem comparando pessoas com facilidade para ter ideias criativas a pessoas comuns revelou diferenças fundamentais no modo como o cérebro opera.[3] A análise de quais regiões cerebrais eram mais fortemente conectadas entre si revelou que o grupo mais criativo exibia uma maior conectividade entre partes essenciais do córtex pré-frontal — entre elas, o giro frontal inferior esquerdo — e a DMN. A criatividade mais fluida parece ligada à DMN e à aptidão dela para o pensamento imaginativo, bem como aos centros executivos do cérebro.

Os estados cerebrais durante a incubação e a execução operam segundo relógios muito diferentes. A DMN, que abriga a incubação, não pode ser apressada, enquanto a execução tem um olho no relógio. Em uma fabricante de alta moda, um dos gestores se queixou com Dan sobre a tensão permanente entre os designers criativos e os CEOs de sua divisão, cada um representando uma marca famosa. Essa tensão talvez seja inevitável: a genialidade do design depende de ideias em *brainstormings* que não podem ser programadas em um cronograma, ao passo que o CEO deve executar novos designs três ou quatro vezes por ano, independentemente do que acontecer, dando início à produção bem antes de as peças chegarem ao público. Os dois operam em linhas do tempo completamente diferentes, uma receita para problemas.

A formulação em três estágios do processo criativo remonta no mínimo ao século XVII, quando foram propostos pelo matemático e filósofo Blaise Pascal. A ciência constata que seu modelo continua válido. O primeiro passo em um ato criativo frequentemente começa com a curiosidade, em que exploramos à vontade e coletamos muitas informações, tudo relacionado de alguma forma ao problema que precisa de uma solução criativa.

CURIOSIDADE

Reza a lenda que o filósofo do século XVII e pioneiro do método científico Francis Bacon circulava por Londres em um dia gelado quando subitamente se perguntou se o frio seria capaz de preservar um frango morto. Ao encher o animal com neve para investigar, porém, ele ficou resfriado, pegou uma pneumonia e morreu.

A anedota provavelmente apócrifa foi contada por outro filósofo dessa mesma época, Thomas Hobbes, como uma história moral para alertar sobre as desvantagens da curiosidade excessiva. Um paralelo moderno talvez fosse a propensão a cair em *clickbaits*, teorias da conspiração e todo tipo de bobagem anticientífica.

Por outro lado, a pesquisa revela que uma curiosidade saudável pode nos tornar mais criativos. Tudo se resume a como lidamos com nosso hábito inato de ser "infovoros", caçando informação para tentar encontrar padrões significativos capazes de nos ajudar a extrair sentido das incertezas da vida. Embora uma curiosidade abrangente possa resultar em um excesso de dados de pouco uso imediato, temos tendência natural a preencher as lacunas em nossa compreensão, tendência que impele nossa busca por coisas surpreendentes e que porventura venham a ser úteis.

Esse ímpeto parece baseado nas operações cerebrais. A incerteza, ou uma lacuna na informação, ativa circuitos no córtex pré-frontal, que, por sua vez, acionam sentimentos positivos e energizam a memória.[4]

Essa curiosidade salutar traz benefícios para a criatividade, expondo-nos a uma gama mais ampla de fatos, ideias e modos de ver que podem nos ajudar a encontrar percepções ou novas soluções para problemas complexos. Mas o tipo de curiosidade por nós manifestada faz diferença. A pior delas talvez seja a curiosidade mórbida, que nos leva a ter interesse, por exemplo, por crimes tenebrosos, ou a comichão mental que nos impele a seguir teorias questionáveis e clicar compulsivamente em notícias de desgraças. A melhor é a assim chamada "exploração jubilosa", um interesse abrangente aliado a um genuíno prazer de aprender e de refletir profundamente.[5]

INCUBAÇÃO

Em um jantar, Dan estava sentado diante de Maya Lin — famosa por projetar o Memorial dos Veteranos do Vietnã. Ela lhe contou que em breve viajaria a Paris para produzir uma instalação. Só que não fazia ideia ainda do que seria, afirmou; deixaria que o local falasse por si.

Ao lado de Dan estava Ian Cheng, criador de uma forma de arte totalmente nova que fundia IA, tecnologia de videogames, ciência cognitiva e livre fluxo da imaginação.[6] Cheng explica que em seus momentos criativos deixa que sua mente inconsciente lhe mostre o que fazer.

Em certo sentido, Lin e Cheng estão falando da mesma coisa, de uma perspectiva cerebral, descrevendo uma manobra mental que percebemos como cada vez mais vital no futuro: ficar aberto à percepção criativa, semente de toda inovação. Uma romancista escreveu sobre de onde extrai sua inspiração: "Às vezes encontrar material para trabalhar é bem difícil. Quando as ideias não estão fluindo, tento permitir que minha mente vagueie sem as distrações que acompanham meu computador (Twitter! Instagram! E-mail!)".[7]

Ela exalta os "momentos desconectados" — ficar sem escutar nenhum podcast, nem se envolver em multitarefas ou de algum modo mergulhar nos pensamentos de outras pessoas. O melhor a fazer é sair para uma tranquila caminhada, acredita ela. Nesses momentos livres — relaxando numa praia, tomando uma ducha, durante o tédio do metrô —, a DMN assume o controle. É aí que ficamos mais prontamente aptos a desviar o foco dos eventuais problemas e, com alguma sorte, as soluções emergem das profundezas da mente em um momento eureca de iluminação. As boas ideias surgem aparentemente do nada. O filósofo romano Cícero teria dito: "Apenas a pessoa que aprende a relaxar é capaz de criar, e para ela as ideias surgem na mente como relâmpagos".

Quando pesquisadores de Harvard analisaram centenas de diários mantidos durante semanas de trabalho, descobriram que o pensamento criativo era raro nos dias com problemas urgentes a resolver, e muito mais comum em dias com tempo mais livre.[8] A raríssima exceção de pessoas tendo ideias inovadoras sob alta pressão ocorria quando se viam diante de um projeto tão importante que todas as demais distrações eram mantidas à distância, de modo que pudessem se concentrar para encontrar uma solução. Essa suspensão das demais responsabilidades possivelmente permitiu que houvesse tempo para mergulhar na DMN.

EXECUÇÃO

Cuidar da saúde de cascos é um dos eternos desafios de um ferrador de cavalos. Nos piores casos, uma enfermidade no casco pode causar perda óssea grave suficiente para ser fatal. "Usei velcro, pregos, todos os métodos de costume para juntar um casco rachado", contou o falecido Doug Ehrmann, um ferrador experiente. "Nenhum funcionou."

Ehrmann tinha um histórico de invenções criativas no mundo de ferradores de cavalo, incluindo meia dúzia de patentes. Essas ideias patenteáveis, afirmou, vinham do nada, no meio da noite. Certa vez, ele teve um estalo sobre os cascos doentes: "Percebi que a solução só podia ser algo que fosse pregado no casco — e naquela época as pessoas evitavam qualquer coisa que fosse pregada, preferindo selantes, como velcro e cola".

Ele não conseguia se lembrar de onde ele ou seu sócio tiveram a ideia de usar zinco para o que foi chamado DE HoofTaps, o qual venderiam a ferradores. "*Hoof tap*", em inglês, significa vedação de cascos, e o produto é uma tira de aço antimicrobiana levemente curvada e revestida de zinco, tendo entre dois e três centímetros de espessura, e composta de três pontas parecidas com anzol, para manter o dispositivo no lugar. O zinco, como Ehrmann e o sócio sabiam, não enferrujaria, um sério problema que acontecia na tentativa de curar os cascos de um cavalo, pois é impossível mantê-los secos.

Mas, assim que o produto começou a chegar às mãos dos ferradores, os sócios receberam relatos de que estava curando cascos doentes, um efeito que não haviam esperado. Quando Ehrmann estudou melhor as propriedades do zinco, descobriu que esse metal interrompe o progresso das infecções. Embora o revestimento de zinco em si não cure o casco infeccionado, o produto estimula o crescimento de novas células que restauram a saúde do tecido. Assim, quando Ehrmann e o sócio puseram em execução sua percepção sobre o zinco, toparam com uma nova razão para o uso e uma nova maneira de comercializar o produto.

Esse processo de sintonia fina caracteriza a fase de execução, na qual o novo e inovador conceito passa pelo teste de desempenho e pelos ajustes e melhorias necessários para ser cada vez mais aprimorado.

Ehrmann foi o detentor da patente do DE HoofTaps, remédio que parece uma cura milagrosa para uma série de problemas nos cascos, desde laminite até rachaduras. Certo cavalo de corrida de dois milhões de dólares sofria de rachaduras crônicas que poderiam ter encerrado a carreira dele nas pistas, mas foi curado pelas tiras de zinco. Um professor da Faculdade de Medicina Veterinária da Universidade Cornell ainda usa o DE HoofTaps para tratar cavalos.

Como Howard Gardner, psicólogo de Harvard, observa, dois elementos fazem de uma nova ideia um ato criativo: uma combinação inédita de elementos e a utilidade.[9] O estágio da incubação suscita essa combinação inédita, enquanto o da execução gira em torno da utilidade.

Embora a obtenção de uma percepção nova e útil possa parecer a parte difícil do arco criativo, pessoas criativas muitas vezes afirmam que a fase mais difícil é a da execução, pois significa materializar a nova ideia em uma forma útil, o que exige não apenas habilidades técnicas relevantes, como também disciplina, foco e a capacidade de inspirar outros a se unirem a nós — em suma, inteligência emocional.

Acertar a parte da execução pode corresponder a algo tão simples quanto recontextualizar a invenção para indicar seu uso — "*DE HoofTaps help healing*", algo como, ao pé da letra, "A vedação de cascos que ajuda a curar" — ou algo tão desafiador quanto encontrar a proporção exata de magnésio a ser utilizada, exigindo muita experimentação.

Assim como aconteceu com o magnésio na ciência genética, criar essa realidade final pode implicar um processo infindável de identificação de falhas, resolução de problemas e superação de desafios imprevistos. Foi o que descobriu o estudo de Harvard sobre um "dia bom": "O acúmulo de pequenos passos adiante compartilhados por muitas pessoas pode se traduzir em uma excelente execução".[10]

O principal inimigo da agilidade mental necessária para inovações é a rigidez. Em uma das maiores companhias petrolíferas do mundo, uma investigação da *Bloomberg Businessweek* descobriu que a relutância da gerência em utilizar os inacreditáveis lucros do petróleo para pesquisar formas mais inovadoras e sustentáveis de operar levou a uma profunda insatisfação, particularmente na divisão de TI.[11] Como resultado, muitos especialistas talentosos em tecnologia decidiram deixar a empresa.

Ou considere o caso da BlackBerry, a marca que dominou inicialmente o mercado de smartphones. Naquela época, muitas empresas ofereciam o aparelho aos funcionários, aproveitando a segurança superior e o teclado bem projetado que oferecia. Os dois co-CEOs da BlackBerry, ambos engenheiros, concentraram os esforços de pesquisa e desenvolvimento da empresa em aperfeiçoar esses aspectos técnicos — e não perceberam que as empresas haviam começado a permitir que os funcionários levassem os celulares Android e Apple pessoais para o local de trabalho. Mesmo com uma fatia de mercado cada vez menor, a dupla de co-CEOs apostou o futuro da empresa no mesmo enfoque rígido e ultrapassado. Hoje em dia, dificilmente encontramos um BlackBerry.

A história das listagens da Bolsa de Valores de Nova York mostra as empresas que foram hábeis nessa forma de se adaptar e as que ficaram para trás. Quase todas as empresas listadas há um século não existem mais. A maior parte foi substituída por empresas impulsionadas por um pensamento inovador e que trouxeram ao mercado produtos e serviços inéditos, que em muitos casos tiraram antigos rivais da competição. Essas empresas, por sua vez, se não inovarem, perecerão. O futuro só trará mais pressões e oportunidades para as empresas sobreviverem, e até prosperarem, por meio da criatividade e da inovação.

É O SISTEMA

"Tem eleições hoje na minha ilha", conta uma caribenha a Dan, "e posso ir até lá para votar. Qualquer um dos dois partidos pagaria minha passagem de avião se eu quisesse fazer isso." Mas há um porém, acrescenta ela: "Esperam que o voto seja para eles, se pagam sua passagem. E os dois partidos são corruptos". Vença quem vencer, ela explica, encherá o governo com seus apadrinhados, e os que ocupam o poder enriquecerão com propinas. Naquela ilha, os ricos ficam mais ricos, e os pobres vivem em barracos.

Essa situação, com uma classe endinheirada no poder e outra empobrecida, caracteriza muitas nações dos dias atuais. Embora a corrupção acrescente outra camada ao problema, a base econômica para o abismo cada vez maior entre ricos e pobres foi identificada pela pesquisa em *O capital no século XXI*, de Thomas Piketty, que documentou uma tendência inexorável ao longo dos séculos de que os proprietários enriqueceriam cada vez mais, e os trabalhadores ficariam relativamente mais empobrecidos.

Embora a caridade dos ricos possa mitigar um pouco a provação dos pobres, a filantropia está longe de resolver o problema da carência. Como conta essa caribenha, o sistema todo é repleto de problemas. Uma resposta, que parece altamente improvável, é a mudança radical do sistema.

A consciência organizacional, uma competência de IE, indica uma perspectiva sistêmica. Normalmente descrita em termos de compreensão das dinâmicas envolvidas em uma família ou organização, essa consciência se aplica a todos os níveis de um sistema. Isso inclui os sistemas econômicos e políticos, como nas percepções dessa mulher sobre a ilha natal — a empatia em escala global.

Estamos todos expostos a tais dinâmicas de sistemas em nossa família e com as pessoas com quem crescemos. Quem influenciou quem? Houve algum tio ou tia que exerceu uma influência desproporcional sobre um dos pais? Algum irmão cujas opiniões tiveram maior peso que a dos demais? E depois, na adolescência, qual de nossos amigos exerceu a maior influência sobre nós e nossos colegas — quem era o garoto ou garota "popular"?

Em outras palavras, sempre há uma ou mais pessoas bem mais influentes que os demais membros da família ou de um círculo de amizade. O mesmo ocorre nas organizações, que em suas dinâmicas fundamentais constituem uma espécie de família, com redes sociais subterrâneas. Ser capaz de entender quem influencia quem está no cerne da competência de consciência organizacional.

A capacidade de nomear os membros de determinada rede social sugere que possuímos consciência organizacional, ou seja, a habilidade de interpretar os sistemas sociais em funcionamento. Indivíduos capazes de gerar uma cascata de mudanças, por exemplo, não precisam ocupar uma posição com título para serem efetivos — mas precisam levar os que ocupam sua rede social e além a se mover em direção a essa mudança.[12]

Assim, no coração da consciência organizacional reside a habilidade de interpretar as correntezas emocionais e as relações de poder em um grupo, e dessa forma saber quem influencia quem.[13] Isso significa compreender em que sentido uma organização é um sistema social — e tal capacidade depende do pensamento sistêmico.

Junto com as redes de influência, essa sensibilidade permite que identifiquemos as regras tácitas e os valores orientadores que operam nessa realidade social, que reconheçamos as redes pessoais que importam, e, assim, que encontremos as pessoas certas para tomar as decisões centrais — e até mesmo que construamos uma coalizão para levar as tarefas a cabo.

As crises globais, como as mudanças climáticas, a disparidade entre ricos e pobres, a corrupção política e assim por diante, indicam uma maior necessidade de pensamento sistêmico, se quisermos enfrentar esses desafios.

As realidades turbulentas que se anunciam em sistemas como o clima, a economia e a sociedade como um todo exigem o foco na rede mais ampla que nos oferece oportunidade e impõe limites a nossas escolhas. Essa consciência sistêmica nos permite compreender como a dinâmica da evolução tecnológica, dos ciclos econômicos, das modas culturais e sociais e do aquecimento ambiental inexorável impactarão nossos objetivos e o modo como procuramos chegar lá.

Eis um dilema sistêmico que impacta todos nós ao longo da vida: nosso entorno ambiental nos expõe constantemente a uma mistura de poluição do ar, produtos químicos tóxicos, água e alimentos contaminados, radiação, compostos farmacêuticos, metais pesados, partículas e tudo mais. Essas substâncias químicas se acumulam lentamente em nosso corpo para resultar numa exposição ao longo da vida toda, que, por sua vez, acelera doenças como câncer, asma, demência e cardiopatia, para não mencionar os estragos do envelhecimento.[14]

Esse coquetel mortal sem dúvida nos chega em pequenas doses a todos os momentos; mas é seu acúmulo em nosso corpo ao longo da vida que mais importa. Uma estimativa aponta que até 12 milhões de pessoas morrem prematuramente dos impactos cumulativos dessas exposições — cerca de 20% de todas as mortes e um terço das mortes prematuras (entre pessoas de 30 a 69 anos). Isso representa uma mortalidade maior do que por infecções, violência ou tabagismo.

Embora as suscetibilidades genéticas certamente sejam importantes aqui, as evidências sugerem que nossa exposição diária a essa longa lista de toxinas ambientais exerce um impacto ainda maior sobre nossa saúde. É aí que entra a nova ciência da *exposomics* ("economia da exposição"), o estudo das incontáveis maneiras como essas exposições danificam nossa biologia.

E os culpados somos nós. Desde a década de 1950, por exemplo, centenas de milhares de produtos químicos industriais recém-sintetizados foram acrescentados à mistura de nossas exposições, sem virtualmente nenhuma compreensão de seus impactos adversos à saúde — pelo menos não nos Estados Unidos; os países europeus têm se mostrado mais alertas para esses perigos. Usamos essas substâncias químicas em nossas roupas e cosméticos, espalhamos sobre nossas plantações, e empregamos na vasta gama de bens materiais que usamos diariamente. Permanecemos alheios aos custos biológicos, que acumulam lentamente conforme a somatória desses produtos químicos e derivados são carregados em nosso corpo: eles contribuem para a inflamação, a morte celular e os danos aos órgãos, desencadeiam o câncer e doenças crônicas como diabetes, e aceleram o envelhecimento. Também perturbam nossa função endócrina, deixando-nos mais suscetíveis a alergias e infecções, e interferem na cognição.

Apesar disso tudo, as vias biológicas para qualquer um desses problemas são opacas; não temos como saber com certeza que coisas às quais somos expostos "causam" cada um desses problemas. Portanto, as causas continuam a nos prejudicar de inúmeras maneiras, sem que haja alguma "prova conclusiva" que mostre exatamente como nos prejudicam.

Considerando que tais exposições têm imensa importância para nossa saúde coletiva, o que podemos fazer para nos proteger? É aí que a combinação de capacidades — inteligência emocional, forte senso de propósito, inovação e pensamento sistêmico — torna-se essencial. Criar transparência sobre esses produtos químicos exigirá uma resolução coletiva forte, mesmo porque muitos deles contêm ingredientes tóxicos que os fabricantes relutarão em identificar publicamente. Serão necessárias inovações na forma como serão identificados e divulgados publicamente tais ingredientes. Uma visão sistêmica mais ampla nos permitiria fazer um levantamento mais abrangente da imensa gama de exposições que recebemos de todas as partes do ambiente que nos cerca. Fazer tudo isso com inteligência emocional aumentará as chances de que esse processo talvez incômodo e até conflituoso de descoberta e transparência ocorra mais suavemente.

Empreendendo tarefas tão gigantescas, faríamos bem em considerar a diferença crucial entre preocupação e influência. Nosso raio de preocupação pode se estender das pessoas que amamos e com quem mais nos importamos — nosso círculo de cuidados — ao temor de motoristas perigosos ou o aquecimento global. Mas há ainda nosso círculo de influência: as pessoas e questões sobre as quais podemos exercer um impacto efetivo.[15] Nossa influência depende em grande medida da posição que ocupamos — um congressista nos Estados Unidos ou o CEO de uma fabricante de alimentos mundial possui uma esfera de influência mais ampla do que, digamos, o motorista de caminhão que trabalha para essa empresa.

Faz sentido, assim, concentrar nossos esforços onde podemos fazer diferença — ou, como disse o palhaço-filósofo Wavy Gravy, "Ponha seu bem onde ele terá maior importância". O oposto disso, tentar mudar o que não podemos — por estar fora de nossa esfera de influência —, só serve para dissipar nossa energia e desperdiçar nosso tempo.

Por outro lado, embora individualmente possamos não fazer muita diferença, uma rede de pessoas empreendendo a mesma ação modesta pode se combinar em um efeito significativo. As eleições são um exemplo óbvio, assim como acionistas votando em massa para mudar uma estratégia corporativa, ou consumidores boicotando um produto.

Podemos expandir nosso círculo de influência formando alianças ou parcerias com aqueles que detêm mais poder em um dado domínio. Talvez não sejamos altamente eficazes para atingir determinado objetivo, mas podemos conhecer — e ser capazes de formar uma parceria — com outros que o são. Dalai Lama aconselha a fazermos tudo que pudermos pelos objetivos que são importantes para nós, ainda que não possamos viver para vê-los sendo conquistados: ao menos teremos feito nossa parte em levar a bola mais adiante no campo.

No momento em que escrevemos este livro, a população da Terra atingiu 8 bilhões de pessoas. Será que o planeta pode sobreviver comportando tanta gente? Essa por ora é uma questão em aberto. Novamente, como diz Dalai Lama, somos em essência todos iguais, mas, como afirma repetidamente, "precisamos aprender a viver juntos".

Isso sem dúvida exigirá que repensemos os sistemas que há muito tempo aceitamos como garantidos. Ao final deste livro, temos ninguém menos que o presidente da escola de negócios da Universidade Columbia observando que até mesmo as bases das nossas trocas econômicas estão sujeitas a questionamento, à luz das "mudanças climáticas, das questões de justiça social e do que a globalização significa para as sociedades". Ele acrescenta que "tudo isso suscita profundas questões sobre o que pode ser o futuro".[16]

Conforme avançamos pelas incertezas do futuro — um planeta mais quente, mais pessoas competindo por menos recursos, o abismo crescente entre ricos e pobres, a polarização cada vez maior de crenças e ideologias, para citar apenas algumas tendências —, gerenciar nossas emoções desponta como um primeiro passo para lidar com as crises que certamente enfrentaremos. Isso nos permitirá tomar decisões mais sólidas em face de situações difíceis, permanecer motivados e focados nos objetivos e manter relacionamentos positivos. A colaboração e o trabalho em equipe sem dúvida serão essenciais.

"Podemos planejar para os próximos cem anos, mas não sabemos o que vai acontecer no próximo momento", um sábio iogue indiano afirmou a Dan certa vez. A velha canção "Whatever will be, will be", de Doris Day, diz, "não nos cabe saber o que o futuro nos reserva". Inovações ainda por surgir podem representar uma mudança fundamental nas regras do jogo. Em suma, ninguém sabe.

Com essas advertências em mente, percebemos, ao olhar adiante para o modo como a inteligência emocional pode fazer diferença, que penetramos na névoa do futuro. Um aviso: não fazemos ideia do que há nessa névoa densa, mas esses foram nossos melhores palpites sobre quais conjuntos de habilidades, junto com a inteligência emocional, poderiam nos ajudar a navegar por essas águas tormentosas que nos aguardam.

Agradecimentos

Antes de mais nada, nossa sincera gratidão a Ania Wieckowski, nossa ex--editora na *Harvard Business Review*. Suas perguntas e desafios nos levaram a perceber que o que tínhamos a dizer seria mais bem apresentado em um livro extenso do que em um artigo mais curto na *HBR*. Ania, talvez sem o saber, guiou-nos por esse caminho.

Somos gratos também aos membros do nosso consórcio, Consórcio de Pesquisa sobre Inteligência Emocional nas Organizações, cujas descobertas ao longo dos anos tanto confirmaram como nos ajudaram a formular nossa mensagem — e cujas pesquisas citamos repetidas vezes.

Dan agradece a Jonathan Dahl por permitir o uso aqui de algumas de suas colunas no *Korn Ferry Briefings* e alguns de seus posts do blog kornferry.com; bem como a Marc Benioff, CEO da Salesforce, que o incentivou a escrever o que acabou por se transformar neste livro.

Muitos outros contribuíram com ideias, dados ou outras reflexões que enriqueceram nosso pensamento, incluindo: Richard Boyatzis, Michael Stern, R. J. Sadowski, George Kohlreiser, Richard Davidson, Diana e Jonathan Rose, Bill George, Ronald Humphrey, Signe Spencer, Ruth Malloy, Matt Lippincott, Richard Hua, Elizabeth Lesser, Emma Bena e Bilal Ghalib.

Cary agradece a Rob Emmerling, que lhe possibilitou se dedicar integralmente a este projeto ao assumir habilmente a liderança no consórcio; bem como a Cornelia Roche, cujas muitas contribuições em trabalhos anteriores embasaram este livro. Sua gratidão se estende também a Lara Delmolino Gatley e outros funcionários administrativos da Escola de Pós-Graduação em Psicologia Aplicada e Profissional da Rutgers, que continuam a oferecer apoio aos projetos de Cary.

Um agradecimento especial ao nosso editor na HarperCollins, Hollis Heimbouch, que nos deu liberdade para refletir sobre os temas e questões abordados aqui.

E, finalmente, nosso obrigado às esposas. Dan, como sempre, valoriza a genialidade intuitiva em inteligência emocional de sua esposa Tara Bennett-Goleman, seus conselhos calorosos e tudo o que aprendeu com ela ao longo dos anos. Cary agradece a sua esposa Deborah, um exemplo de liderança emocionalmente inteligente, que esteve sempre ao seu lado com gentileza, bondade e apoio em cada passo do caminho.

Notas

INTRODUÇÃO: NOSSA DISPOSIÇÃO OTIMIZADA [pp. 7-11]

1. A descrição da partida de tênis e as citações nos dois parágrafos seguintes são de David Waldstein, "How Ajla Tomljanovic Faced Down Serena Williams and 24.000 Others", *New York Times*, 3 set. 2022.

2. O consórcio foi projetado para unir praticantes de todas as tendências que experimentam aplicar a IE em organizações como negócios e escolas a pesquisadores acadêmicos capazes de aplicar as habilidades metodológicas a tais estudos. Ver www.eiconsortium.org. No momento em que escrevemos, Rob Emmerling assumiu o cargo de diretor.

3. Segundo o Centro de Crianças e Famílias do Instituto de Políticas de Saúde da Universidade de Georgetown, os índices de ansiedade e depressão aumentaram 27% e 24%, respectivamente, de 2016 a 2019. Houve um aumento de 21% nos problemas de comportamento e conduta entre 2019 e 2020.

1. CHEGUE AO ESTADO *OPTIMAL* [pp. 15-24]

1. Uma paisagem interna similar foi mapeada por outros psicólogos. Martin Seligman, que liderou o "movimento da psicologia positiva", chama isso de "florescimento", conceito que compartilha diversos pontos com o que chamamos de estado *optimal*, ou otimizado. Ver Martin Seligman, *Flourish*. Nova York: Atria, 2012. [Ed. bras.: *Florescer: Uma nova compreensão da felicidade e do bem-estar*. Rio de Janeiro: Objetiva, 2011.]

2. Alice Isen et al., "Positive Affect Facilitates Creative Problem Solving", *Journal of Personality and Social Psychology*, v. 52, n. 6, pp. 1122-31, 1987.

3. Barbara Frederickson e Christine Branigan, "Positive Emotions Broaden the Scope of Attention and Thought-Action Repertoires", *Cognition and Emotion*, v. 19, pp. 313-32, 2005.

4. Susie Cranston e Scott Keller, "Increasing the 'Meaning Quotient' of work", *McKinsey Quarterly*, 1º jan. 2013.

5. Tais números são aproximados. Precisamos de pesquisas mais rigorosas para determinar as reais porcentagens por quantidade de tempo em um estado otimizado e até que ponto as pessoas são mais produtivas quando se encontram nele. Pense nessas estimativas como hipóteses para futuros testes.

6. A receita para um dia bom: Teresa Amabile e Steven Kramer, "The Power of Small Wins", *Harvard Business Review*, maio 2011.

7. Teresa Amabile e Steven Kramer, *The Progress Principle*. Boston: Harvard Business Review Press, 2011. [Ed. bras.: *O princípio do progresso: Como usar pequenas vitórias para estimular satisfação, empenho e criatividade no trabalho*. Rio de Janeiro: Rocco, 2013.]

8. Ibid., p. 54.

9. Shannon Watts entrevistada em *Tricycle*, primavera 2022, p. 85.

10. Ver, por exemplo, Amy Arnsten e Patricia S. Goldman-Rakic, "Noise Stress Impairs Prefrontal Cortical Cognitive Function in Monkeys: Evidence for a Hyperdopaminergic Mechanism", *Archives of General Psychiatry*, v. 55, p. 362, 1998.

11. Mihaly Csikszentmihalyi, *Beyond Boredom and Anxiety*. São Francisco: Jossey-Bass, 1975.

12. Ver, por exemplo, Steven Kotler, "Create a Work Environment That Fosters Flow", *Harvard Business Review*, out. 2019.

13. Mihaly Csikszentmihalyi e Isabella Selega Csikszentmihalyi (Orgs.), *Optimal Experience: Psychological Studies of Flow in Consciousness*. Nova York: Cambridge University Press, 1988.

14. Charles Duhigg, *The Power of Habit*. Nova York: Random House, 2014. [Ed. bras.: *O poder do hábito*. Rio de Janeiro: Objetiva, 2012.]

15. Clive J. Fullagar e E. Kevin Kelloway, "Flow at Work: An Experience Sampling Approach", *Journal of Occupational and Organizational Psychology*, v. 82, pp. 595-615, 2010.

16. Stefan Engeser e Falko Rheinberg, "Flow, Performance and Moderators of Challenge Skill Balance", *Motivation and Emotion*, v. 32, pp. 158-72, 2008.

2. INTELIGÊNCIA EMOCIONAL E O RESULTADO FINANCEIRO [pp. 25-35]

1. Esse debate acadêmico sobre IE e desempenho no local de trabalho prossegue: Marie T. Dasborough et al., "Does Leadership Still Need Emotional Intelligence? Continuing the Great EI Debate", *Leadership Quarterly*, 2021.

2. Ver Joseph C. Rode et al., "A Time-Lagged Study of Emotional Intelligence and Salary", *Journal of Vocational Behavior*, v. 101, pp. 77-89, 2017. Disponível em: https://www.researchgate.net/publication/316816644_A_time-lagged_study_of_emotional_intelligence_and_salary.

3. Blair Kidwell et al., "Emotional Intelligence in Marketing Exchanges", *Journal of Marketing*, v. 75, pp. 78-95, 2011.

4. Richard E. Boyatzis, Kylie Rochford e Kevin Cavanagh, "The Role of Emotional and Social Intelligence Competencies in Engineer's Effectiveness and Engagement", *Career Development International*, v. 22, pp. 70-86, 2017.

5. Business Wire, "MDRT Study Finds Americans Deem Emotional Intelligence the Most Trustworthy Quality in an Advisor", 7 maio 2020. Disponível em: https://www.businesswire.com/news/

home/20200507006157/en/MDRT-Study-Finds-Americans-DeemEmotional-Intelligence-the-Most-Trustworthy-Quality-in-an-Advisor.

6. Ibid.

7. Jaroslaw Grobelny, Patrycja Radke e Daria Paniotova-Maczka, "Emotional Intelligence and Job Performance: A Meta-analysis", *International Journal of Work Organisation and Emotion*, v. 12, p. 147, 2021.

8. Ver David L. Van Rooy e Chockalingam Viswesvaran, "Emotional Intelligence: A Meta--analytic Investigation of Predictive Validity and Nomological Net", *Journal of Vocational Behavior*, v. 65, n. 1, pp. 71-95, 2004; Dana L. Joseph e Daniel A. Newman, "Emotional Intelligence: An Integrative Meta-analysis and Cascading Model", *Journal of Applied Psychology*, v. 95, pp. 54-78, 2010; Ernest H. O'Boyle Jr. et al., "The Relation Between Emotional Intelligence and Job Performance: A Meta-analysis", *Journal of Organizational Behavior*, v. 32, pp. 788-818, 2011; Dana L. Joseph et al., "Why Does Self-Reported Emotional Intelligence Predict Job Performance? A Meta-analytic Investigation of Mixed EI", *Journal of Applied Psychology*, v. 100, n. 2, pp. 298-342, 2015; Chao Miao, Ronald H. Humphrey e Shanshan Qian, "Emotional Intelligence and Job Performance in the Hospitality Industry: A Meta-Analytic Review", *International Journal of Contemporary Hospitality Management*, v. 33, pp. 2632-52, 2021.

9. Dana L. Joseph e D. A. Newman, "Emotional Intelligence", op. cit.

10. Wilmar Schaufeli, Arnold B. Bakker e Marisa Salanova, "The Measurement of Work Engagement with a Short Questionnaire", *Educational and Psychological Measurement*, v. 66, n. 4, pp. 701-16, 2006.

11. James K. Harter, Frank L. Schmidt e Theodore L. Hayes, "Business-Unit-Level Relationship Between Employee Satisfaction, Employee Engagement e Business Outcomes: A Meta-analysis", *Journal of Applied Psychology*, v. 87, pp. 268-79, 2002. Ver também Bruce L. Rich, Jeffery A. LePine e Eean R. Crawford, "Job Engagement: Antecedents and Effects on Job Performance", *Academy of Management Journal*, v. 53, pp. 617-35, 2010. Eles descobriram uma forte ligação entre engajamento e desempenho do trabalhador em um estudo com 245 bombeiros e seus supervisores.

12. Gallup, *State of the Global Workplace: 2022 Report*. Disponível em: https://www.gallup.com/workplace/349484/state-of-the-global-workplace.aspx#ite-393245.

13. María del Carmen Pérez-Fuentes et al., "The Role of Emotional Intelligence in Engagement in Nurses", *International Journal of Environmental Research and Public Health*, v. 15, p. 1915, 2018.

14. Li Wang, "Exploring the Relationship Among Teacher Emotional Intelligence, Work Engagement, Teacher Self-Efficacy e Student Academic Achievement: A Moderated Mediation Model", *Frontiers in Psychology*, v. 12, 2022.

15. Yvonne Brunetto et al., "Emotional Intelligence, Job Satisfaction, Well-Being and Engagement: Explaining Organisational Commitment and Turnover Intentions in Policing", *Human Resource Management Journal*, v. 22, p. 428-41, 2012.

16. Maggie foi objeto de um estudo de follow-up realizado por Cary dez anos depois sobre como novos profissionais em ambientes de cuidados humanos se recuperavam de esgotamento no início da carreira. Ver Cary Cherniss, *Beyond Burnout: Helping Teachers, Nurses, Therapists and Lawyers Overcome Stress and Disillusionment*. Nova York: Routledge, 1995.

17. Chao Miao, Ronald H. Humphrey e Shanshan Qian, "A Meta-Analysis of Emotional Intelligence and Work Attitudes", *Journal of Occupational and Organizational Psychology*, v. 90, pp. 177-202, 2017.

18. Ibid.

19. Gallup, *State of the Global Workplace: 2022 Report*.

20. Ver Tae-Y. Park e Jason D. Shaw, "Turnover Rates and Organizational Performance: A Meta--analysis", *Journal of Applied Psychology*, v. 98, pp. 268-309, 2013.

21. Ver Michael Riketta, "Attitudinal Organizational Commitment and Job Performance: A Meta-analysis", *Journal of Organizational Behavior*, v. 23, 2002. Essa meta-análise combinou 111 amostras separadas. Ver também Chao Miao, Ronald H. Humphrey e Shanshan Qian, "A Meta--Analysis of Emotional Intelligence and Work Attitudes", op. cit.

22. Dennis W. Organ, *Organizational Citizenship Behavior: The Good Soldier Syndrome*. Lexington, MA: Lexington Books, 1988.

23. Tjai M. Nielsen, George A. Hrivnak e Megan Shaw, "Organizational Citizenship Behavior and Performance", *Small Group Research*, v. 40, n. 5, pp. 555-77, 2009.

24. Chao Miao, Ronald H. Humphrey e Shanshan Qian, "Are the Emotionally Intelligent Good Citizens or Counterproductive? A Meta-Analysis of Emotional Intelligence and its Relationships with Organizational Citizenship Behavior and Counterproductive Work Behavior", *Personality and Individual Differences*, v. 116, pp. 144-56, 2017. Essa meta-análise combinou 56 estudos, um total de 11 542 funcionários.

25. Essa meta-análise do comportamento contraproducente no trabalho cobriu 17 amostras e 3914 funcionários.

26. Por exemplo, uma meta-análise com mais de 19 mil participantes revelou um elo entre a IE e as enfermidades mentais, psicossomáticas e físicas. Alexandra Martins, Nelson Ramalho e Estelle Morin, "A Comprehensive Meta-analysis of the Relationship Between Emotional Intelligence and Health", *Personality and Individual Differences*, v. 49, n. 6, pp. 554-64, 2010. Ver também Kateryna V. Keefer, James D. A. Parker e Donald H. Saklofske, "Emotional Intelligence and Physical Health", em: Con Stough, Donald H. Saklofske e James D. A. Parker (Orgs.), *Assessing Emotional Intelligence: Theory, Research, Applications*. Nova York: Springer, 2009, pp. 191-218; Gerald Matthews, Moshe Zeidner e Richard D. Roberts, "Emotional Intelligence, Health e Stress", em: Cary L. Cooper e James C. Quick (Orgs.), *Handbook of Stress and Health: A Guide to Research and Practice*. Londres: Wiley, 2017, pp. 312-26.

27. Quando as pessoas têm de realizar uma tarefa que envolve falar em público no laboratório, os níveis de cortisol foram mais baixos para os com IE mais elevada. Ver Moïra Mikolajczak et al., "The Moderating Impact of Emotional Intelligence on Free Cortisol Responses to Stress", *Psychoneuroendocrinology*, v. 32, pp. 1000-12, 2007.

28. Kateryna V. Keefer, James D. A. Parker e Donald H. Saklofske, "Emotional Intelligence and Physical Health", op. cit. Ver também a análise de Sylvain Laborde, Fabrice Dosseville e Mark S. Allen, "Emotional Intelligence in Sport and Exercise: A Systematic Review", *Scandinavian Journal of Medicine and Science in Sports*, v. 26, n. 8, pp. 862-74, 2016.

29. Howard S. Friedman e Margaret L. Kern, "Personality, Well-Being and Health", *Annual Review of Psychology*, v. 65, pp. 719-42, 2014.

3. A INTELIGÊNCIA EMOCIONAL REVISITADA [pp. 39-46]

1. Peter Salovey e John D. Mayer, "Emotional Intelligence", *Imagination, Cognition and Personality*, v. 9, n. 3, pp. 185-211, 1990.

2. Cliff Lansley, "What Scientists Who Study Emotional Intelligence Agree On", *Emotional Intelligence Academy*, abr. 2021. Disponível em: https://www.eiagroup.com/.

3. Cary Cherniss, "Emotional Intelligence: Toward Clarification of a Concept", *Industrial and Organizational Psychology: Perspective on Science and Practice*, v. 3, n. 2, pp. 110-26, 2010.

4. David C. McClelland, "Testing for Competence Rather than for Intelligence", *American Psychologist*, v. 28, pp. 1-14, 1973.

5. Lyle M. Spencer e Signe M. Spencer, *Competence at Work: Models for Superior Performance*. Nova York: Wiley, 1993.

6. Ver, por exemplo, Jonas W. B. Lang e Harrison Kell, "General Mental Ability and Specific Abilities: Their Relative Importance for Extrinsic Career Success", *Journal of Applied Psychology*, v. 105, n. 9, pp. 1047-61, 2020.

7. Jared S. Allen et al., "What Matters More for Entrepreneurship Success? A Meta-analysis Comparing General Mental Ability and Emotional Intelligence in Entrepreneurial Settings", *Strategic Entrepreneurship Journal*, v. 15, n. 3, pp. 352-76, 2020.

8. Essa diferença constitui uma evidência dentre muitas a sugerir que diferentes sistemas cerebrais operam em cada uma dessas capacidades humanas; a pesquisa sobre essas redes está em andamento. Ver, por exemplo, Chunlin Li et al., "Large-Scale Morphological Network Efficiency of the Human Brain: Cognitive Intelligence and Emotional Intelligence", *Frontiers in Aging Neuroscience*, 24 fev. 2021.

9. Cary Cherniss, "Emotional intelligence", op. cit.

4. AUTOCONSCIÊNCIA APLICADA [pp. 47-57]

1. George Mumford, entrevistado em *Tricycle*, verão 2003, p. 103.

2. Richard Huskey et al., "Flexible and Modular Brain Network Dynamics Characterize Flow Experiences During Media Use: A Functional Magnetic Resonance Imaging Study", *Journal of Communication*, v. 72, n. 1, pp. 6-32, fev. 2022.

3. Daniel Goleman e Richard Davidson, *Altered Traits: Science Reveals How Meditation Changes Your Mind, Brain and Body*. Nova York: Avery, 2018. [Ed. bras.: *A ciência da meditação: Como transformar o cérebro, a mente e o corpo*. Rio de Janeiro: Objetiva, 2017.]

4. Ver, por exemplo, James Wagner, "For the Mets, Deep Breaths, a Little Chatter and a Lot of Wins", *New York Times*, 26 jun. 2022.

5. Joshua D. Rooks et al., "'We Are Talking About Practice': The Influence of Mindfulness vs. Relaxation Training on Athletes' Attention and Well-Being over High-Demand Intervals", *Journal of Cognitive Enhancement*, v. 1, pp. 141-53, 2017.

6. Definição de autoconsciência: KeyStepMedia, *Emotional Self-Awareness: A Primer*. Florence, MA: MoreThanSound, 2017, p. 34.

7. Ver, por exemplo, Amishi Jha et al., "Mindfulness Training Modifies Subsystems of Attention", *Cognitive, Affective, & Behavioral Neuroscience*, v. 7, pp. 109-19, 2007. As evidências desse efeito ficaram mais sólidas com o passar do tempo.

8. David Fessell e Cary Cherniss, "Coronavirus Disease 2019 (Covid-19) and Beyond: Micropractices for Burnout Prevention and Emotional Wellness", *Journal of the American College of Radiology*, v. 17, 2020.

9. Matthew Killingsworth e Daniel Gilbert, "A Wandering Mind Is an Unhappy Mind", *Science*, 12 nov. 2010, p. 32.

10. Jason G. Randall et al., "Mind-Wandering, Cognition and Performance: A Theory Driven Meta-Analysis of Attention Regulation", *Psychological Bulletin*, v. 140, n. 6, pp. 1411-31, 2014.

11. Michael Mrazek et al., "Mindfulness Training Improves Working Memory Capacity and GRE Performance While Reducing Mind Wandering", *Psychological Science*, v. 24, n. 5, pp. 776-81, 2013.

12. Para mais detalhes sobre a pesquisa de *mindfulness*, ver Daniel Goleman e Richard Davidson, *Altered Traits*.

13. Clifford Nass em uma entrevista à NPR, conforme citado em *Fast Company*, 2 fev. 2014.

14. Amishi Jha et al., "Short-Form Mindfulness Training Protects Against Working Memory Degradation over High-Demand Intervals", *Journal of Cognitive Enhancement*, v. 1, pp. 154-71, 2017.

15. Mind and Life Education Research Network, "Contemplative Practices and Mental Training: Prospects for American Education", *Child Development Perspectives*, v. 6, n. 2, pp. 146-53, 2012.

16. Amishi Jha et al. "The Effects of Mindfulness Training on Working Memory Performance in High-Demand Cohorts: A Multi-Study Investigation", *Journal of Cognitive Enhancement*, v. 6, pp. 192-204, 2022.

17. Mark Connor foi objeto de uma pesquisa de Cary Cherniss. Ver *Beyond Burnout: Helping Teachers, Nurses, Therapists and Lawyers Overcome Stress and Disillusionment*. Nova York: Routledge, 1995.

18. Susie Cranston e Scott Keller, "Increasing the 'Meaning Quotient' of Work", *McKinsey Quarterly*, 1º jan. 2013.

19. Daniel Kahneman, *Thinking, Fast and Slow*. Nova York: Farrar, Straus & Giroux, 2013. [Ed. bras.: *Rápido e devagar: Duas formas de pensar*. Rio de Janeiro: Objetiva, 2012.]

20. Oprah Winfrey, *The Path Made Clear*. Nova York: Flatiron, 2019, p. 14.

21. O curso de IE: https://www.keystepmedia.com/emotional-intelligence/.

22. Marc Brackett, *Permission to Feel*. Nova York: Celadon, 2020. [Ed. bras.: *Permissão para sentir: Como compreender nossas emoções e usá-las com sabedoria para viver com equilíbrio e bem-estar*. Rio de Janeiro: Sextante, 2021.]

5. AUTOGESTÃO E CONTROLE COGNITIVO [pp. 58-70]

1. Gabriele Gratton et al., "Dynamics of Cognitive Control: Theoretical Bases, Paradigms e a View for the Future", *Psychophysiology*, v. 55, 2018.

2. Luise Pruessner et al., "A Cognitive Control Framework for Understanding Emotion Regulation Flexibility", *Emotion*, v. 20, n. 1, pp. 21-9, 2020.

3. Ver, por exemplo, Chai M. Tyng et al., "The Influences of Emotion on Learning and Memory", *Frontiers in Psychology*, 2017.

4. Walter Mischel, *The Marshmallow Test: Mastering Self-control*. Nova York: Little, Brown, 2018. [Ed. bras.: *O Teste do Marshmallow: Por que a força de vontade é a chave do sucesso*. Rio de Janeiro: Objetiva, 2016.]

5. Philip K. Peake, "Predicting Adolescent Cognitive and Self-Regulatory Competencies from Preschool Delay of Gratification", *Developmental Psychology*, v. 26, n. 6, pp. 978-86, 1990.

6. Angela Duckworth et al., "What *No Child Left Behind* Leaves Behind: The Role of IQ and Self-control in Predicting Standardized Achievement Test Scores and Report Card Grades", *Journal of Educational Psychology*, v. 104, pp. 439-51, 2012.

7. Leah S. Richmond-Rakerd et al., "Childhood Self-control Forecasts the Pace of Midlife Aging and Preparedness for Old Age", *PNAS*, v. 118, n. 3, 2021.

8. Vonetta M. Dotson et al., "Depression and Cognitive Control across the Lifespan: A Systematic Review and Meta-analysis", *Neuropsychology Review*, v. 30, pp. 461-76, 2020.

9. Ulrike Zetsche et al., "Shedding Light on the Association between Repetitive Negative Thinking and Deficits in Cognitive Control — Meta-analysis", *Clinical Psychology Review*, v. 63, pp. 56-65, 2018.

10. Quando era menino, ele ajudou a família empobrecida vendendo jornais nas ruas de Chicago, mas conseguiu cursar a faculdade de direito, foi cofundador de um escritório comercial (D'Ancona, Pflaum, Wyatt & Riskind) e posteriormente conselheiro geral da Hertz Corporation.

11. Arthur E. Poropot, "A Meta-analysis of the Five-Factor Model of Personality and Academic Performance", *Psychological Bulletin*, v. 135, pp. 322-38, 2009.

12. Patrick C. L. Heaven e Joseph Ciarrochi, "When IQ Is Not Everything: Intelligence, Personality and Academic Performance at School", *Personality and Individual Differences*, v. 53, pp. 518-22, 2012.

13. Angela Duckworth, *Grit: The Power of Passion and Perseverance*. Nova York: Scribner's, 2016. [Ed. bras.: *Garra: O poder da paixão e da perseverança*. Rio de Janeiro: Intrínseca, 2016.]

14. Angela Lee Duckworth e Patrick D. Quinn, "Development and Validation of Short Grit Scale (Grit-S)", *Journal of Personality Assessment*, v. 91, n. 2, pp. 166-74, 2009. Este é o artigo mais citado de Duckworth sobre a determinação, no qual a autora observa a semelhança com a motivação para realização de McClelland, mas afirma que a determinação se aplica a objetivos mais difíceis de alcançar e é mais de longo prazo.

15. Teresa Amabile e Steven Kramer, *The Progress Principle: Using Small Wins to Ignite Joy, Engagement and Creativity at Work*. Boston: Harvard Business Review Press, 2011. [Ed. bras.: *O princípio do progresso: Como usar pequenas vitórias para estimular satisfação, empenho e criatividade no trabalho*. Rio de Janeiro: Rocco, 2013.]

16. Suniya S. Luthar, Nina L. Kumar e Nicole Zillmer, "High-Achieving Schools Connote Risks for Adolescents: Problems Documented, Processes Implicated and Directions for Interventions", *American Psychologist*, v. 75, n. 7, p. 983, 2020.

17. Emily Esfahani Smith, "Teen Anguish in the Pandemic", *New York Times*, 9 maio 2021. Week in Review, p. 8.

18. Relatado no site do American Institute of Stress. Disponível em: https://www.stress.org/stress-level-of-americans-is-rising-rapidly-in-2022-new-study-finds.

19. KeyStepMedia, *Building Blocks of Emotional Intelligence, Achievement Orientation: A Primer*. Florence, MA: MoreThanSound, 2017, p. 24.

20. Angela Duckworth e James J. Gross, "Self-control and Grit: Related but Separable Determinants of Success", *Current Directions in Psychological Science*, v. 23, n. 5, 2014.

21. Colin O'Brady, citado em Alex Tzelnic, "Extremely Still", *Tricycle*, primavera 2022, p. 58.

22. Carol Dweck, *Mindset: Changing the Way You Think to Fulfill Your Potential*. Nova York: Avery, 2016.

23. Daeun Park et al., "The Development of Grit and Growth Mindset During Adolescence", *Journal of Experimental Child Psychology*, v. 198, 2020.

24. Martin Seligman, *Learned Optimism*. Nova York: Vintage, 2006. [Ed. bras.: *Aprenda a ser otimista: Como mudar sua mente e sua vida*. Rio de Janeiro: Objetiva, 2019.]

25. KeyStepMedia, *Building Blocks of Emotional Intelligence, Positive Outlook: A Primer*. Florence, MA: MoreThanSound, 2017, p. 23.

26. Susan David, *Emotional Agility*. Nova York: Avery, 2016. [Ed. bras.: *Agilidade emocional: Abra sua mente, aceite as mudanças e prospere no trabalho e na vida*. São Paulo: Cultrix, 2018.]

27. KeyStepMedia, *Building Blocks of Emotional Intelligence: The Twelve Crucial Competencies*. Florence, MA: MoreThanSound, 2017.

28. Curso on-line de competência em IE, disponível em: https://courses.keystepmedia.com/.

6. DO ESGOTAMENTO À RESILIÊNCIA [pp. 71-84]

1. Ed Yong, "Why Health-Care Workers Are Quitting in Droves", *The Atlantic*, 16 nov. 2021.

2. Ver, por exemplo: https://www.kornferry.com/insights/this-week-in-leadership/workplace-stress-motivation.

3. Infinite Potential, *The State of Workforce Burnout 2023*. Disponível em: https://infinite-potential.com.au/the-state-of-burnout-2023.

4. "Stress Level Of Americans Is Rising Rapidly In 2022, New Study Finds", *The American Institute of Stress*, 11 abr. 2022. Disponível em: https://www.stress.org/stress-level-of-americans-is-rising-rapidly-in-2022-new-study-finds.

5. Autocontrole ou equilíbrio emocional: KeyStepMedia, *Building Blocks of Emotional Intelligence, Emotional Self-control: A Primer*. Florence, MA: MoreThanSound, 2017.

6. A formulação clássica: Richard S. Lazarus e Susan Folkman, "Transactional Theory and Research on Emotions and Coping", *European Journal of Personality*, v. 1, n. 3, pp. 141-69, 1987.

7. Connie (cujo nome real preservamos) foi parte de um estudo de novos profissionais conduzido por Cary e uma equipe de pesquisadores. Ver Cary Cherniss, *Beyond Burnout: Helping Teachers, Nurses, Therapists e Lawyers Overcome Stress and Disillusionment*. Nova York: Routledge, 1995.

8. Salla Toppinen-Tanner et al., "Burnout Predicts Hospitalization for Mental and Cardiovascular Disorders: 10-Year Prospective Results from Industrial Sector", *Stress & Health*, v. 25, n. 4, pp. 287-96, out. 2009, citado em Christina Maslach e Michael P. Leiter, "Understanding the Burnout Experience: Recent Research and Its Implications for Psychiatry", *World Psychiatry*, v. 15, n. 2, pp. 103-11, 2016.

9. Hannah Seo, "Stress Might Age the Immune System, New Study Finds", *New York Times*, 17 jun. 2022. Disponível em: https://www.nytimes.com/2022/06/17/well/mind/stress-aging-immune-system.html.

10. "Workplace Stress Continues to Mount", *Korn Ferry*. Disponível em: https://www.kornferry.com/insights/this-week-in-leadership/workplace-stress-motivation.

11. Ver Pascale M. Le Blanc et al., "Take Care! The Evaluation of a Team-Based Burnout Intervention Program for Oncology Care Providers", *Journal of Applied Psychology*, v. 92, pp. 213-27, 2007. Ver também Christina Maslach e Michael P. Leiter, "Understanding the Burnout Experience", op. cit.; W. Schaufeli e D. Enzmann, *The Burnout Companion to Study and Research: A Critical Analysis*. Londres: Taylor & Francis, 1998. Para análises, ver Cynthia L. Cordes e Thomas Dougherty, "A Review and Integration of Research on Job Burnout", *Academy of Management Review*, v. 18, pp. 621-56, 1993; Raymond T. Lee e Blake E. Ashforth, "A Meta-Analytic Examination of the Correlates of the Three Dimensions of Job Burnout", *Journal of Applied Psychology*, v. 81, pp. 123-33, 1996; Wilmar B. Schaufeli e Brum P. Buunk, "Burnout: An Overview of 25 Years of Research and Theorizing", em: Marc J. Schabracq, Jacques A. M. Winnubst e Cary L. Cooper (Orgs.), *The Handbook of Work and Health Psychology*. Chichester: Wiley, 2003, pp. 383-425.

12. "Workplace Stress Continues to Mount", *Korn Ferry*. Disponível em: https://www.kornferry.com/insights/this-week-in-leadership/workplace-stress-motivation.

13. Para mais detalhes sobre redes neurais e emoção e um novo método para medir a área cerebral e as emoções, ver David J. Anderson, *The Nature of the Beast: How Emotions Guide Us*. Nova York: Basic, 2022. Anderson observa que pode haver inúmeros caminhos para o medo no cérebro, alguns dos quais não envolvem a amígdala.

14. Ver Joseph Ledoux, "Rethinking the Emotional Brain", *Neuron*, v. 73, pp. 653-76, 2012. Ledoux, cujo trabalho inicial extraiu uma forte conexão entre o medo e a amígdala, questionou mais tarde seus resultados e defendeu o uso de modelos animais para estudar as emoções no cérebro, como mencionado por David J. Anderson, op. cit.

15. Judy Lief, "Unraveling Anxiety", *Lion's Roar*, mar. 2022, p. 47.

16. Marc Brackett, *Permission to Feel: The Power of Emotional Intelligence to Achieve Well-being and Success*. Nova York: Celadon Press, 2019. [Ed. bras.: *Permissão para sentir: Como compreender nossas emoções e usá-las com sabedoria para viver com equilíbrio e bem-estar*. Rio de Janeiro: Sextante, 2021.]

17. Kostadin Kushlev, "Do Happy People Care About Society's Problems?", *Journal of Positive Psychology*, v. 15, n. 4, pp. 467-77, 2020.

18. Christina Maslach e Michael P. Leiter, "Understanding the Burnout Experience", op. cit.

19. American Psychological Association, "Stress in America", pesquisa anual, 2021. Disponível em: https://www.apa.org/news/press/releases/stress/2021/decision-making-october-2021.pdf.

20. Megan L. Jordano e Dayna R. Touron, "Priming Performance-Related Concerns Induces Task-Related Mind-Wandering", *Consciousness and Cognition*, v. 55, pp. 126-35, 2017.

21. Ver, por exemplo, Steven J. Spencer et al., "Stereotype Threat and Women's Math Performance", *Journal of Experimental Social Psychology*, v. 35, n. 1, p. 428, 1999.

22. Stacey Schaefer, "Purpose in Life Predicts Better Emotional Recovery from Negative Stimuli", *PLoS ONE* 8, n. 11, 2013.

23. Daniel Goleman e Richard Davidson, *Altered Traits*.

24. Uta Klusmann et al., "Is Emotional Exhaustion Only the Result of Work Experiences? A Diary Study on Daily Hassles and Uplifts in Different Life Domains", *Anxiety, Stress, & Coping*, v. 34, n. 2, pp. 173-90, 2021.

25. Han Liu e Richard Boyatzis, "Focusing on Resilience and Renewal from Stress: The Role of Emotional and Social Intelligence Competencies", *Frontiers in Psychology*, jun. 2021.

26. Ver https://www.keystepmedia.com/shop/psi/#.Y8bk2eLMJ_Q.

27. David Fessell e Cary Cherniss, "Coronavirus Disease 2019 (Covid-19) and Beyond: Micropractices for Burnout Prevention and Emotional Wellness", op. cit.

7. EMPATIA [pp. 85-102]

1. Jean Decety, "The Neurodevelopment of Empathy in Humans", *Developmental Neuroscience*, v. 32, n. 4, pp. 257-67, 2010.

2. James Shaheen, em conversa com Jacqueline Stone e Donald S. Lopez Jr., "How to Read the Lotus Sutra", *Tricycle*, primavera 2020, p. 66.

3. Ver, por exemplo, C. Zahn-Waxler e M. Radke-Yarrow, "The Origins of Empathic Concern", *Motivation and Emotion*, v. 14, pp. 107-30, 1990.

4. KeyStepMedia, *Building Blocks of Emotional Intelligence, Empathy: A Primer*. Florence, MA: MoreThanSound, 2017, p. 23.

5. Quando a maioria de nós usou uma máscara no rosto: Sarah D. McCrackin et al., "Face Masks Impair Basic Emotion Recognition", *Social Psychology*, v. 54, 2022.

6. "Physician, Care for Yourself", *Lion's Roar*, mar. 2020, p. 23.

7. Ver, por exemplo, Rebecca A. Rudd e Livia M. D'Andrea, "Compassionate Detachment: Managing Professional Stress While Providing Quality Care to Bereaved Parents", *Journal of Workplace Behavioral Health*, v. 30, n. 3, pp. 287-305, 2015.

8. Helen Riess et al., "Empathy Training for Resident Physicians: A Randomized Controlled Trial of a Neuroscience-Informed Curriculum", *Journal of General Internal Medicine*, v. 27, pp. 1280-6, 2012.

9. BusinessSolver, "2022 State of Workplace Empathy". Disponível em: https://www.businessolver.com/resources/state-of-workplace-empathy#gref.

10. Jamil Zaki, "Making Empathy Central to Your Company's Culture", *Harvard Business Review*, 30 maio 2019. Disponível em: https://enterprisersproject.com/sites/default/files/empathy_culture.pdf.

11. Erik C Nook et al., "Prosocial Conformity: Prosocial Norms Generalize Across Behavior and Empathy", *Personality and Social Psychology Bulletin*, v. 42, n. 8, pp. 1054-62, ago. 2016.

12. Tracy Brower, "Empathy Is the Most Important Leadership Skill According to Research", *Forbes*, 19 set. 2021.

13. Ver, por exemplo, esta análise clássica: Scott Speier et al., "Leadership Run Amok", *Harvard Business Review*, jun. 2006.

14. Teresa Amabile e Steven Kramer, *The Progress Principle: Using Small Wins to Ignite Joy, Engagement and Creativity at Work*. Boston: Harvard Business Review Press, 2011. [Ed. bras.: *O princípio do progresso: Como usar pequenas vitórias para estimular satisfação, empenho e criatividade no trabalho*. Rio de Janeiro: Rocco, 2013.]

15. Rob Cross e Andrew Parker, *The Hidden Power of Social Networks: Understanding How Work Really Gets Done in Organizations*. Boston: Harvard Business Review Press, 2004.

16. Jamil Zaki, "Integrating Empathy and Interpersonal Emotion Regulation", *Annual Review of Psychology*, v. 71, pp. 517-40, 2020.

17. Sigal Barsade et al., "Emotional Contagion in Organizational Life", *Research in Organizational Behavior*, dez. 2018.

18. Ed Yong, "Why Health-Care Workers Are Quitting in Droves", *The Atlantic*, 16 nov. 2021.

19. Patricia L. Lockwood et al., "Distinct Neural Representations for Prosocial and Self-Benefitting Effort", *Current Biology*, v. 32, n. 19, pp. 4172-85, 2022.

20. Tania Singer e Olga M. Klimecki, "Empathy and Compassion", *Current Biology*, v. 24, n. 18, pp. 875-8, 2014.

21. L. Ramarajan, S. G. Barsade e O. R. Burack, "The Influence of Organizational Respect on Emotional Exhaustion in the Human Services", *Journal of Positive Psychology*, v. 3, p. 418, 2008.

22. K. Schabram and Y. T. Heng, "How Otherand Self-Compassion Reduce Burnout through Resource Replenishment", *Academy of Management Journal*, v. 65, n. 2, pp. 453-78, 2022.

23. Ver Pascale M. Le Blanc et al., "Take Care! The Evaluation of a Team-Based Burnout Intervention Program for Oncology Care Providers", op. cit. Ver também Christina Maslach, Wilmar B. Schaufeli e Michael P. Leiter, "Burnout", *Annual Review of Psychology*, v. 52, pp. 397-422, 2001.

24. Richard Boyatzis, in *Organizational Awareness: A Primer*. Florence, MA: MoreThanSound, 2017, p. 36.

25. Vinson Cunningham, "Blacking Out", *The New Yorker*, 20 jul. 2020, p. 64.

26. George Packer, *Last Best Hope: America in Crisis and Renewal*. Nova York: Farrar, Straus & Giroux, 2021.

27. Ver, por exemplo, https://www.benjerry.com/whats-new/2022/06/americans-agree-on-issues.

8. GESTÃO DOS RELACIONAMENTOS [pp. 103-17]

1. "Trust Across America's FACTS® Framework: Fast Facts", *Trust Across America*, 2022. Disponível em: https://www.trustacrossamerica.com/documents/index/Return-Methodology.pdf.

2. KeyStepMedia, *Building Blocks of Emotional Intelligence. Coach and Mentor: A Primer*. Florence, MA: MoreThanSound, 2017, p. 24.

3. "Global Executive Coaching Survey 2018", *Conference Board*, 2018. Disponível em: https://www.conference-board.org/topics/executive-coaching/global-executive-coachingsurvey-2018-report.

4. Anthony Jack et al., "Visioning in the Brain: An FMRI Study of Inspirational Coaching and Mentoring", *Social Neuroscience*, v. 8, n. 4, pp. 369-84, 2013.

5. Richard Boyatzis et al., *Helping People Change: Coaching with Compassion for Lifelong Learning and Growth*. Boston: Harvard Business Review Press, 2021. [Ed. bras.: *Ajudando pessoas a mudar: Coaching com paixão para aprendizado e crescimento permanentes*. Rio de Janeiro: Alta Life, 2022.]

6. Cary Cherniss, "Instrument for Observing Supervisor Behavior in Educational Programs for Mentally Retarded Children", *American Journal of Mental Deficiency*, v. 91, pp. 18-21, 1986.

7. Peter Senge et al., "Influence: A Primer", em KeyStepMedia, *Building Blocks of Emotional Intelligence, Influence: A Primer*. Florence, MA: MoreThanSound, 2017, p. 38.

8. Ver o documentário de Ken Burn sobre Franklin para mais informações sobre como ele influenciou outros a serviço de seu país.

9. KeyStepMedia, *Building Blocks of Emotional Intelligence, Influence: A Primer*, p. 24.

10. "Understanding Motivational Interviewing", *MINT*, 2019. Disponível em: https://motivationalinterviewing.org/understanding-motivational-interviewing.

11. A aula sobre influência: https://www.keystepmedia.com/emotional-intelligence/.

12. Blake Mycoskie, "The Founder of TOMS on Reimagining the Company's Mission", *Harvard Business Review*, jan./fev. 2016.

13. KeyStepMedia, *Building Blocks of Emotional Intelligence, Inspirational Leadership: A Primer* p. 5.

14. Daniel Goleman, "Leadership That Gets Results", *Harvard Business Review*, mar./abr. 2000.

15. Dr. Albert Bourla, *Moonshot: Inside Pfizer's Nine-Month Race to Make the Impossible Possible*. Nova York: HarperBusiness, 2022.

16. Cary Cherniss e Cornelia W. Roche, *Leading with Feeling: Nine Strategies of Emotionally Intelligent Leadership*. Nova York: Oxford University Press, 2020.

17. Amy Gallo, *HBR Guide to Dealing with Conflict*. Boston: Harvard Business Review Press, 2017.

9. OS MUITOS NOMES DA INTELIGÊNCIA EMOCIONAL [pp. 121-31]

1. Raffaella Sadun et al., "The C-Suite Skills That Matter Most", *Harvard Business Review*, pp. 42-50, jul.-ago. 2022.

2. Ibid.

3. Amy Lui Abel e Rebecca L. Ray, "Global Executive Coaching Survey 2018", *Conference Board*, mar. 2019. Disponível em: https://www.conference-board.org/topics/executive-coaching/global-executive-coaching-survey-2018-report.

4. Jeremy Hunter, "Is Mindfulness Good for Business?", *Mindful*, p. 54, abr. 2013.

5. Rafaella Sadun et al., "The C-Suite Skills That Matter Most", p. 47.

6. Leonard L. Baird, "Do Grades and Tests Predict Adult Accomplishment?", *Research in Higher Education*, v. 23, pp. 3-85, 1985. Por outro lado, outro estudo encontrou uma correlação maior: Philip L. Roth e Richard L. Clarke, "Meta-Analyzing the Relation Between Grades and Salary", *Journal of Vocational Behavior*, v. 53, n. 3, pp. 386-400, 1998. Notas escolares não necessariamente refletem o QI, mas são também fortemente influenciadas por fatores como motivação e conscienciosidade.

7. Philip L. Roth et al., "Meta-Analyzing the Relationship Between Grades and Job Performance", *Journal of Applied Psychology*, v. 81, n. 5, pp. 548-56, 1996.

8. Jeffrey S. Zax e Daniel I. Rees, "IQ, Academic Performance, Environment e Earnings", *Review of Economics and Statistics*, v. 84, n. 4, pp. 600-16, nov. 2002. A menção à supervalorização do QI se relaciona às afirmações feitas por Richard Hernstein e Charles Murray em *The Bell Curve* (Nova York: Free Press, 1994).

9. Ver, por exemplo, Bryan J. Pesta, "Discounting IQ's Relevance to Organizational Behavior: The 'Somebody Else's Problem' in Management Education", *Open Differential Psychology*, 26 maio

2015; Ken Richardson e Sarah H. Norgate, "Does IQ Really Predict Job Performance?", *Applied Developmental Science*, v. 19, n. 3, pp. 153-69, 2015.

10. Signe Spencer e Heather Barnfield, "Emotional Intelligence: Why Now?", *Korn Ferry Thought Leadership*, 2021. Disponível em: https://www.kornferry.com/content/dam/kornferry-v2/pdf/institute/kfi-thought-leadership-emotional-intelligencewhy-now.pdf.

10. LIDERAR COM INTELIGÊNCIA EMOCIONAL [pp. 132-49]

1. Dana Rubinstein, "The Nº 1 Skill Eric Adams Is Looking for (It's Not on a Résumé)", *New York Times*, 18 dez. 2021.

2. Brookes Barnes et al., "Iger's Sudden Return to Disney Shocks a Discontented Kingdom", *New York Times*, 21 nov. 2022. Disponível em: https://www.nytimes.com/2022/11/21/business/media/disney-bob-iger.html.

3. David Rosete e Joseph Ciarrochi, "Emotional Intelligence and Its Relationship to Workplace Performance Outcomes of Leadership Effectiveness", *Leadership and Organization Development Journal*, v. 26, pp. 388-99, 2005.

4. Richard E. Boyatzis, Darren Good e Raymond Massa, "Emotional, Social e Cognitive Intelligence and Personality as Predictors of Sales Leadership Performance", *Journal of Leadership and Organizational Studies*, v. 19, pp. 191-201, 2012.

5. Richard Boyatzis, Terry Brizz e Lindsey Godwin, "The Effect of Religious Leaders' Emotional and Social Competencies on Improving Parish Vibrancy", *Journal of Leadership & Organizational Studies*, v. 18, pp. 192-206, 2011.

6. Segundo V. A. Araujo e Scott Taylor, "The Influence of Emotional and Social Intelligence Competencies on the Performance of Peruvian Refinery Staff", *Journal of Cross Cultural Management*, v. 19, pp. 19-29, 2012.

7. Chao Miao, Ronald H. Humphrey e Shanshan Qian, "A Cross-Cultural Meta-Analysis of How Leader Emotional Intelligence Influences Subordinate Task Performance and Organizational Citizenship Behavior", *Journal of World Business*, v. 53, pp. 463-74, 2018. A análise deles incluiu doze estudos diferentes e 2764 participantes. Ver também R. J. Emmerling e R. E. Boyatzis, "Emotional and Social Competencies: Cross-Cultural Implications", *Cross Cultural Management: An International Journal*, v. 19, pp. 4-18, 2012.

8. Jared S. Allen et al., "What Matters More for Entrepreneurship Success? A Meta-analysis Comparing General Mental Ability and Emotional Intelligence in Entrepreneurial Settings", *Strategic Entrepreneurship Journal*, v. 15, pp. 352-76, 2021.

9. Cary Cherniss, *Beyond Burnout: Helping Teachers, Nurses, Therapists and Lawyers Overcome Stress and Disillusionment*. Nova York: Routledge, 1995.

10. Mary Abbajay, "What to Do When You Have a Bad Boss", *Harvard Business Review*, 7 set. 2018, citado no relatório McKinsey. Disponível em: https://www.mckinsey.com/business-functions/people-and-organizational-performance/our-insights/the-boss-factor-making-the-world-a-better-place-throughworkplace-relationships.

11. "Better Bosses", *McKinsey Quarterly Five-Fifty*, 22 set. 2020. Disponível em: https://www.mckinsey.com/business-functions/people-and-organizational-performance/our-insights/

five-fifty-better-bosses; "The Boss Factor: Making the World a Better Place Through Workplace Relationships", *McKinsey Quarterly*, 22 set. 2020. Disponível em: https://www.mckinsey.com/business-functions/people-and-organizational-performance/our-insights/theboss-factor-making-the-world-a-better-place-through-workplace-relationships.

12. Chao Miao, Ronald H. Humphrey e Shanshan Qian, "Leader Emotional Intelligence and Subordinate Job Satisfaction: A Meta-analysis of Main, Mediator e Moderator Effects", *Personality and Individual Differences*, v. 102, pp. 13-24, 2016.

13. Id., "A Cross-Cultural Meta-Analysis", op. cit.

14. Falahat N. Mohammad, Lau T. Chai, Law K. Aun e Melissa W. Migin, "Emotional Intelligence and Turnover Intention", *International Journal of Academic Research Part B*, v. 6, n. 4, pp. 211-20, 2014.

15. Microsoft WorkLab, "Great Expectations: Making Hybrid Work Work", *Annual Work Trend Index 2022 Report*. Disponível em: https://www.microsoft.com/en-us/worklab/work-trend-index.

16. Brent A. Scott et al., "A Daily Investigation of the Role of Manager Empathy on Employee Well-being", *Organizational Behavior and Human Decision Processes*, v. 113, pp. 127-40, 2010.

17. Janne Skakon et al., "Are Leaders' Well-being, Behaviours and Style Associated with the Affective Well-being of Their Employees? A Systematic Review of Three Decades of Research", *Work & Stress*, v. 24, n. 2, pp. 107-39, 2010. Ver também Farida Rasulzada, Ingrid Dackert e Curt R. Johansson, "Employee Well-being in Relation to Organizational Climate and Leadership Style", em: *Proceedings of the Fifth European Conference of the European Academy of Occupational Health Psychology, Berlin*. Nottingham, UK: Institute of Work Health & Organisations, University of Nottingham, 2003, pp. 220-4.

18. Robin S. Vealey et al., "Influence of Perceived Coaching Behaviours on Burnout and Competitive Anxiety in Female College Athletes", *Journal of Applied Sport Psychology*, v. 10, pp. 297-318, 1998.

19. Penny Moyle, "Longitudinal Influences of Managerial Support on Employee Well-being", *Work & Stress*, v. 12, pp. 29-49, 1998.

20. Sigal Barsade e Olivia A. O'Neill, "Manage Your Emotional Culture", *Harvard Business Review*, jan.-fev. 2016.

21. Esse dilema é especialmente pronunciado para líderes mulheres porque se espera delas que sejam tanto "calorosas e agradáveis quanto competentes e duronas". Ver Wei Zeng, Ronit Kark e Alyson Meister, "How Women Manage the Gendered Norms of Leadership", *Harvard Business Review*, 28 nov. 2018. Disponível em: https://hbr.org/2018/11/how-women-manage-the-gendered-norms-of-leadership.

22. Nancy Rothbard, professora da faculdade Wharton da Universidade da Pensilvânia que estudou as emoções no local de trabalho, disse que sua pesquisa sugere que mulheres e líderes não brancos podem pagar um custo mais elevado por revelar emoções. Citado em Dana Rubinstein, "The Nº 1 Skill Eric Adams Is Looking for (It's Not on a Résumé)", op. cit.

23. Klodiana Lanaj et al., "When Leader Selfcare Begets Other Care: Leader Role Self-compassion and Helping at Work", *Journal of Applied Psychology*, v. 107, n. 9, pp. 1543-60, 2022.

24. Cary Cherniss, Laurence Grimm e Jim P. Liautaud, "Process-Designed Training: A New Approach for Helping Leaders Develop Emotional and Social Competence", *Journal of Management Development*, v. 29, pp. 413-31, 2010.

25. Raquel Gilar-Corbi et al., "Can Emotional Intelligence Be Improved? A Randomized Experimental Study of a Business-Oriented EI Training Program for Senior Managers", *PLoS One*, v. 14, n. 10, 2019.

26. Dina Denham Smith e Alicia A. Grandey, "The Emotional Labor of Being a Leader", *Harvard Business Review*, 2 nov. 2022.

27. Um dos líderes que Cary e sua colega Cornelia Roche estudaram. Ver Cary Cherniss e Cornelia W. Roche, *Leading with Feeling*, op. cit.

28. Greta Cummings, Leslie Hayduk e Carole Estabrooks, "Mitigating the Impact of Hospital Restructuring on Nurses: The Responsibility of Emotionally Intelligent Leadership", *Nursing Research*, v. 54, n. 1, pp. 2-12, 2005.

29. A IE do líder foi medida pedindo-se aos enfermeiros para classificar seus líderes nas treze competências de IE segundo o modelo de Goleman-Boyatzis. A seguir, com base em seu perfil de competências, eles designaram aos líderes um ou mais dos estilos de liderança associados com a liderança emocionalmente inteligente (visionário, mentor, promovedor de afiliação e/ou democrático). Ver Daniel Goleman, Richard Boyatzis e Annie McKee, *Primal Leadership: Realizing the Power of Emotional Intelligence*. Boston: Harvard Business Review Press, 2002.

30. Richard E. Boyatzis et al., "Emotional and Social Intelligence Competencies of Incident Team Commanders Fighting Wildfires", *Journal of Applied Behavioral Science*, v. 53, pp. 498-516, 2017. Foram analisados sessenta incidentes críticos a partir das entrevistas com quinze indivíduos em posição de comando, procurando identificar as competências de inteligência emocional e social na liderança da gestão de incidentes.

31. A citação de Caruso vem de Dana Rubinstein, "The Nº 1 Skill Eric Adams Is Looking for (It's Not on a Résumé)", op. cit.

32. Citado em Emma Goldberg, "When Your Boss Is Crying, but You're the One Being Laid Off", *New York Times*, 24 ago. 2022.

33. Erica L. Carleton et al., "Scarred for the Rest of My Career? Career-Long Effects of Abusive Leadership on Professional Athlete Aggression and Task Performance", *Journal of Sport and Exercise Psychology*, v. 38, n. 4, pp. 409-22, 2016.

34. Allie Caren, "Why We Often Remember the Bad Rather Than the Good", *Washington Post*, 1º nov. 2018. Disponível em: https://www.washingtonpost.com/science/2018/11/01/why-we-often-remember-bad-better-than-good/.

35. Shawn McClean et al., "Stop Making Excuses for Toxic Bosses", *Harvard Business Review*, 2021. Disponível em: https://hbr.org/2021/01/stop-making-excuses-for-toxic-bosses.

36. Jason A. Colquitt et al., "Justice at the Millenium: A Meta-Analytic Review of Organizational Behavior Research", *Journal of Applied Psychology*, v. 86, pp. 425-45, 2001.

37. Para mais detalhes sobre o estudo, ver Cary Cherniss e Cornelia W. Roche, "How Outstanding Leaders Use Emotional Intelligence", *Leader to Leader*, v. 98, pp. 45-50, outono 2020. Eles coletaram 126 incidentes de 25 líderes — 12 homens e 13 mulheres — provenientes de uma variedade de organizações.

38. Para saber mais sobre essa tática de gerenciar as emoções, ver Marilee Adams, *Change Your Questions, Change Your Life: 10 Powerful Tools for Life and Work*. 2. ed. São Francisco: Berrett--Koehler, 2009.

11. EQUIPES EMOCIONALMENTE INTELIGENTES [pp. 150-67]

1. Ver também Gerardo A. Okhuysen et al., "Theories of Work and Working Today", *Academy of Management Review*, v. 38, n. 4, pp. 491-502, 2013.

2. Ver Vipula Gandhi e Jennifer Robinson, "The 'Great Resignation' Is Really the 'Great Discontent'", *Gallup*, 22 jul. 2021. Disponível em: https://www.gallup.com/workplace/351545/great-resignation-really-great-discontent.aspx.

3. Nichelle C. Carpenter, Daniel S. Whitman e Rachel Amrhein, "Unit-Level Counterproductive Work Behavior (CWB): A Conceptual Review and Quantitative Summary", *Journal of Management*, v. 47, pp. 1498-527, 2020.

4. Signe Spencer e Heather Barnfield, "Emotional Intelligence: Why Now?", *Korn Ferry Thought Leadership*, 2021. Disponível em: https://www.kornferry.com/content/dam/kornferry-v2/pdf/institute/kfi-thought-leadership-emotional-intelligencewhy-now.pdf.

5. Eles determinaram a efetividade de uma equipe examinando até que ponto as pessoas trabalhavam bem em conjunto, tal como visto pelos membros da equipe, seus líderes e executivos familiarizados com as equipes. Também examinaram dados concretos sobre resultados como desempenho de vendas.

6. Para mais sobre o conceito de segurança psicológica em grupos, ver Amy Edmondson, "Psychological Safety and Learning Behavior in Work Teams", *Administrative Science Quarterly*, v. 44, n. 2, pp. 350-83, 1999.

7. "Guide: Understand Team Effectiveness", em *re:Work*. Disponível em: https://rework.withgoogle.com/print/guides/5721312655835136/. Para um relato mais detalhado do estudo, ver Charles Duhigg, "What Google Learned from Its Quest to Build the Perfect Team", *New York Times*, 28 fev. 2016. Disponível em: https://www.nytimes.com/2016/02/28/magazine/what-google-learned-from-its-quest-to-build-the-perfect-team.html.

8. Nuala Campany et al., "What Makes Good Teams Work Better: Research-Based Strategies That Distinguish Top-Performing Cross-Functional Drug Development Teams", *Organization Development Journal*, v. 25, n. 2, 2007.

9. Vanessa U. Druskat and S. B. Wolff, "Building the Emotional Intelligence of Groups", *Harvard Business Review*, v. 79, n. 3, pp. 81-90, 2001.

10. Para detalhes sobre o trabalho com IE da equipe de Druskat, ver https://golemanconsultinggroup.com/.

11. Equipe de IE: ver https://golemanconsultinggroup.com/.

12. Vanessa Druskat et al., "The Influence of Team Leader Competencies on the Emergence of Emotionally Competent Team Norms", apresentado na Conferência Anual da Academia de Gestão, San Antonio, TX, ago. 2011.

13. Anita W. Woolley et al., "Evidence for a Collective Intelligence Factor in the Performance of Human Groups", *Science*, v. 330, pp. 686-8, 2010.

14. Charles Duhigg, "What Google Learned from Its Quest to Build the Perfect Team", op. cit.

15. Azadeh Rezvani, Pouria Khosravi e Neal M. Ashkanasy, "Examining the Interdependencies Among Emotional Intelligence, Trust e Performance in Infrastructure Projects: A Multilevel Study", *International Journal of Project Management*, v. 36, n. 8, pp. 1034-46, 2018.

16. Fangwei Zhu et al., "Project Manager's Emotional Intelligence and Project Performance: The Mediating Role of Project Commitment", *International Journal of Project Management*, v. 39, pp. 788-98, 2021.

17. Elizabeth S. Koman e Steven B. Wolff, "Emotional Intelligence Competencies in the Team and Team Leader: A Multi-level Examination of the Impact of Emotional Intelligence on Team Performance", *Journal of Management Development*, v. 27, n. 1, p. 55-75, 2008.

18. Alicia Mazur et al., "Rating Defence Major Project Success: The Role of Personal Attributes and Stakeholder Relationships", *International Journal of Project Management*, v. 32, n. 6, pp. 944-57, 2014; Ashlea C. Troth et al., "A Multilevel Model of Emotional Skills, Communication Performance e Task Performance in Teams", *Journal of Organizational Behavior*, v. 33, pp. 700-22, 2012. Dois outros estudos mostrando a ligação positiva entre a IE de equipe e o funcionamento da equipe incluem: Peter J. Jordan et al., "Workgroup Emotional Intelligence Scale Development and Relationship to Team Process Effectiveness and Goal Focus", *Human Resource Management Review*, v. 12, pp. 195-214, 2002; e Jin W. Chang, Thomas Sy e Jin N. Choi, "Team Emotional Intelligence and Performance: Interactive Dynamics between Leaders and Members", *Small Group Research*, v. 43, pp. 75-104, 2012.

19. A *Forbes* noticiou em 2022 que as mulheres representam apenas "21% dos formados em engenharia e tecnologia de engenharia", a despeito dos ganhos recentes. Ver Mark Kantrowitzhttps, "Women Achieve Gains In STEM Fields", *Forbes*, 7 abr. 2022. Disponível em: https://www.forbes.com/sites/markkantrowitz/2022/04/07/women-achieve-gains-in-stem-fields/?sh=225ef085ac57. As mulheres afirmam que as escolas de engenharia são um ambiente hostil; a Society of Women Engineers [Sociedade de Engenheiras] relatou em 2019: "Mais de 32% das mulheres abandonam os programas de graduação em STEM [exatas] na faculdade", ver "SWE Research Update: Women in Engineering by the Numbers", *All Together*, 1º nov. 2019. Disponível em: https://alltogether.swe.org/2019/11/swe-research-update-women-in-engineering-by-the-numbers-nov-2019/.

20. Anthony G. Greenwald et al., "Implicit-Bias Remedies: Treating Discriminatory Bias as a Public-Health Problem", *Psychological Science in the Public Interest*, v. 23, pp. 7-40, 2022; Jesse Singal, "What If Diversity Trainings Are Doing More Harm Than Good?", *New York Times*, 17 jan. 2023. Disponível em: https://www.nytimes.com/2023/01/17/opinion/dei-trainings-effective.html.

21. Michael Jacoby Brown, carta ao editor, *New York Times*, 27 jan. 2023.

22. Jesse Singal, "What If Diversity Trainings Are Doing More Harm Than Good?", op. cit.

23. Ver https://ascent.net/stephen-kelner.

24. Para mais informações sobre o programa e sua avaliação, ver Cary Cherniss, Laurcente Grimm e Jim P. Liautaud, "Process-Designed Training", op. cit.

25. Kimberly Holtz et al., "Virtual Team Functioning", *Group Dynamics: Theory, Research e Practice*, v. 24, n. 3, pp. 153-67, 2020.

26. "Guide: Understand Team Effectiveness". Disponível em: https://rework.withgoogle.com/print/guides/5721312655835136/.

27. Pascale M. Le Blanc et al., "Take Care! The Evaluation of a Team-Based Burnout Intervention Program for Oncology Care Providers", op. cit.

12. TREINAMENTO DE IE QUE FUNCIONA [pp. 168-180]

1. Jamie Dimon, entrevistado no podcast *Coffee with the Greats*, 15 jul. 2021. Disponível em: https://cnb.cx/32N4W1C.

2. "Employment Tests and Selection Procedures", *U.S. Equal Employment Opportunity Commission*, 1º dez. 2007. Disponível em: https://www.eeoc.gov/laws/guidance/employment-tests-and-selection-procedures.

3. David Noble et al., *Real-Time Leadership*. Boston: Harvard Business Review Press, 2023.

4. Para mais detalhes, ver o site do Collaborative for Academic and Social Learning, disponível em: https://casel.org/fundamentals-of-sel/what-does-the-research-say/.

5. Ver, por exemplo, Raquel Gilar-Corbi et al., "Can Emotional Intelligence Be Improved?", op. cit.

6. A pesquisa sobre os resultados do treinamento em IE na Progressive está sendo realizada por Laura Gulliam, consultora de desenvolvimento organizacional. A pesquisa avalia os benefícios relativos do treinamento em IE tanto por meio do Inventário de Competências Emocionais e Sociais (ESCI) e do acesso a um site para desenvolvimento autodirigido da IE, quanto por meio do ESCI e de mentoria individual.

7. Marshall Goldsmith comentou sobre o estudo da Progressive no *M&M Show*, 22 fev. 2022.

8. Cary Cherniss, Laurence Grimm e Jim P. Liautaud, "Process-Designed Training", op. cit.

9. Para cursos de Daniel Goleman sobre IE, ver: https://www.keystepmedia.com/.

10. O estudo com jogadores de críquete sul-africanos teve uma amostra relativamente pequena, mas o treinamento foi realizado duas vezes com grupos diferentes em dois anos distintos. Em ambas as ocasiões, o grupo treinado mostrou crescimento em IE de mais de 13%, enquanto o grupo de controle mostrou melhoria de apenas 2% em um ano, e uma queda de mais de 3% no outro ano. Ver David Crombie, Carl Lombard e Timothy Noakes, "Increasing Emotional Intelligence in Cricketers: An Intervention Study", *International Journal of Sports Science and Coaching*, v. 6, pp. 69-86, 2011. Para o estudo de MBA, consultar o trabalho inovador de Richard Boyatzis e seus colegas na Faculdade de Administração Weatherhead da Universidade Case Western. Um bom resumo pode ser encontrado em Richard E. Boyatzis e Kevin V. Cavanagh, "Leading Change: Developing Emotional, Social e Cognitive Competencies in Managers During an MBA Program", em Kateryna Keefer, James Parker e Donald Saklofske (Orgs.), *Emotional Intelligence in Education: The Springer Series on Human Exceptionality*. Nova York: Springer, 2018, pp. 403-26.

11. James W. Dugan et al., "A Longitudinal Study of Emotional Intelligence Training for Otolaryngology Residents and Faculty", *JAMA Otolaryngology Head Neck Surgery*, v. 140, pp. 720-6, 2014; Mina Beigi e Melika Shirmohammadi, "Effects of an Emotional Intelligence Training Program on Service Quality of Bank Branches", *Managing Service Quality: An International Journal*, v. 21, pp. 552-67, 2011; Gilles E. Gignac et al., "EI Training and Sales Performance During a Corporate Merger", *Cross Cultural Management*, v. 19, pp. 104-16, 2012.

12. Rebecca Turner e Beverley Lloyd-Walker, "Emotional Intelligence (EI) Capabilities Training: Can It Develop EI in Project Teams?", *International Journal of Managing Projects in Business*, v. 1, pp. 512-34, 2008; Mark Slaski e Susan Cartwright, "Emotional Intelligence Training and Its Implications for Stress, Health and Performance", *Stress and Health*, v. 19, pp. 233-9, 2003; Nicholas Clarke, "The Impact of a Training Program Designed to Target the Emotional

Intelligence Abilities of Project Managers", *International Journal of Project Management*, v. 28, pp. 461-8, 2010.

13. Ilios Kotsou et al., "Improving Emotional Intelligence: A Systematic Review of Existing Work and Future Challenges", *Emotion Review*, v. 11, pp. 151-65, 2019.

14. A maior parte das informações sobre o Centro Oncológico MD Anderson veio de Courtney Holladay, sócia e vice-presidente do Leadership Institute.

15. Delphine Nelis et al., "Increasing Emotional Competence Improves Psychological and Physical Well-Being, Social Relationships e Employability", *Emotion*, v. 11, pp. 354-66, 2011.

16. Raquel Gilar-Corbi et al., "Can Emotional Intelligence Be Improved?", op. cit.

17. Richard E. Boyatzis e Kevin V. Cavanagh, "Leading Change", op. cit. Uma apresentação completa da teoria na qual o programa está baseado aparecerá em um livro de Boyatzis a ser publicado sobre teoria da mudança intencional.

18. Para informações sobre como obter o ESCI, visite https://store.kornferry.com/en/search?search=ESCI.

19. O Inventário de Competências Emocionais e Sociais, por exemplo, parece mais efetivo em identificar a excelência no local de trabalho do que a maioria das demais métricas de IE. Richard E. Boyatzis, "The Behavioral Level of Emotional Intelligence and Its Measurement", *Frontiers in Psychology*, v. 9, 2018.

20. Steve Miller, *Developing Next Generation Leadership Talent in Family Businesses*. Cleveland: Case Western Reserve University, 2014. Tese (Doutorado em Administração).

21. Deborah H. Gruenfeld, Dacher Keltner e Cameron P. Anderson, "The Effects of Power upon Those Who Possess It: An Interpersonal Perspective on Social Cognition", em Galen Bodenhausen e Alan Lambert (Orgs.), *Foundations of Social Cognition: A Festschrift in Honor of Robert S. Wyer, Jr.* Hilldale: Erlbaum, 2003, pp. 237-62.

22. Amy Lui Abel e Vivian Jaworsky, "Covid-19 Reset and Recovery: Coaching Leaders into the Future with Empathy and Emotional Intelligence", Conference Board, 12 fev. 2021.

13. CONSTRUÇÃO DE UMA CULTURA DE IE [pp. 181-94]

1. A maior parte dessa informação foi fornecida pela presidente e CEO da empresa, Carolyn Stanworth.

2. Satya Nadella, *Hit Refresh: The Quest to Rediscover Microsoft's Soul and Imagine a Better Future for Everyone*. Nova York: HarperBusiness, 2017. [Ed. bras.: *Aperte o F5: A transformação da Microsoft e a busca de um futuro melhor para todos*. São Paulo: Benvirá, 2018.] Nadella recomendou, por exemplo, que sua equipe de liderança lesse Marshall Rosenberg, *Non-Violent Communication: A Language of Life* (Encinitas, CA: PuddleDancer Press, 2003). [Ed. bras.: *Comunicação não violenta: Técnicas para aprimorar relacionamentos pessoais e profissionais*. 5. ed. São Paulo: Ágora, 2021.]

3. Para mais informações sobre "mentoria dos colegas", ver Polly Parker, Douglas T. Hall e Kathy E. Kram, "Peer Coaching: A Relational Process for Accelerating Career Learning", *Academy of Management Learning and Education*, v. 7, pp. 487-503, 2008.

14. A COMBINAÇÃO CRUCIAL [pp. 197-212]

1. Chloe Taylor, "Tim Cook Says He Uses 'a Very Good Formula' to Look for Apple Employees – These Are the Four Traits He Seeks Out", *Fortune*, 3 out. 2022.

2. Claudio Fernández-Aráoz et al., "From Curious to Competent", *Harvard Business Review*, set.-out. 2018.

3. Conference Board, "Key Themes and Trends Emerging in 2018", *Global Executive Coaching Survey 2018*. Disponível em: https://www.conference-board.org/topics/executive-coaching/global-executive-coaching-survey-2018-report.

4. Lorraine Whitmarsh et al., "Climate Anxiety: What Predicts It and How Is It Related to Climate Action?", *Journal of Environmental Psychology*, v. 83, art. 101 866, out. 2022.

5. Guangrong Dai et al., "They Who Have a 'Why' to Live For: Purpose Facilitates Positive Employment Experience", *Research Association for Interdisciplinary Studies*, jun. 2020.

6. Shawn Achor et al., "Nine Out of Ten People Are Willing to Work for Less Money for More Meaningful Work", *Harvard Business Review*, 8 nov. 2018.

7. Andrew M. Carton, "'I'm Not Mopping the Floors; I'm Putting a Man on the Moon': How Nasa Leaders Enhanced the Meaningfulness of Work by Changing the Meaning of Work", *Administrative Science Quarterly*, v. 63, n. 2, pp. 323-69, 2018.

8. Timothy A. Judge et al., "The Relationship Between Pay and Job Satisfaction: A Meta-analysis of the Literature", *Journal of Vocational Behavior*, v. 77, n. 2, 2010.

9. Por exemplo, "The Most and Least Meaningful Jobs", *Payscale*. Disponível em: https://www.payscale.com/data-packages/most-and-least-meaningful-jobs.

10. O argumento seminal de Alfie Kohn veio de pesquisa adicional, como a de Edward Deci. Ver, por exemplo, Edward Deci et al., "A Meta-Analytic Review of Experiments Examining the Effects of External Rewards on Intrinsic Motivation", *Psychological Bulletin*, v. 125, n. 6, 1999.

11. Edward Deci e Richard Ryan, *Intrinsic Motivation and Self-determination in Human Behavior*. Nova York: Plenum Press, 1985. Há um resumo de sua obra em R. Ryan e E. Deci, "Self-determination Theory and the Facilitation of Intrinsic Motivation, Social Development e Well-being", *American Psychologist*, v. 55, n. 1, pp. 68-78, 2000.

12. Daniel H. Pink, *Drive: The Surprising Truth about What Motivates Us*. Nova York: Riverhead, 2009. [Ed. bras.: *Motivação 3.0 – Drive: A surpreendente verdade sobre o que realmente nos motiva*. Rio de Janeiro: Sextante, 2019.]

13. Beth Hennessey et al., "Extrinsic and Intrinsic Motivation", em Cary L. Cooper, *Wiley Encyclopedia of Management*. Londres: Wiley, 2014.

14. Carlton J. Fong et al., "A Meta-analysis of Negative Feedback on Intrinsic Motivation", *Educational Psychology Review*, v. 31, pp. 121-62, 2019.

15. Carlton J. Fong et al., "When Feedback Signals Failure but Offers Hope for Improvement: A Process Model of Constructive Criticism", *Thinking Skills and Creativity*, v. 30, pp. 42-53, 2018.

16. Frankl conta essa história em um livro póstumo baseado em palestras que deu em Viena poucos meses após sua soltura de um campo de trabalho nazista. Essas palestras esquecidas e redescobertas foram publicadas pela primeira vez em inglês – e Dan teve a honra de escrever uma introdução. O título do livro resume a visão de mundo de Frankl: "Diga sim à vida a despeito de tudo", em tradução livre (*Say Yes to Life in Spite of Everything*. Boston: Beacon Press, 2020).

17. Todd B. Kashdan e Patrick E. McKnight, "Commitment to a Purpose in Life: An Antidote to the Suffering by Individuals with Social Anxiety Disorder", *Emotion*, v. 13, n. 6, pp. 1150-9, 2013.

18. Tracey Franklin, citado em Adam Piore, "Wanted: College Grads Seeking Adventure", *Newsweek*, p. 30, 28 jun. 2019.

19. Paul Hawken, *Regeneration*. Nova York: Penguin, 2021.

20. Kathy Kram, apresentação no Consórcio de Pesquisa sobre Inteligência Emocional nas Organizações, Boston, 3 maio 2019.

15. INOVAÇÃO E SISTEMAS [pp. 213-25]

1. A sacada criativa de Sydney Brenner sobre o ribossomo está em Siddhartha Mukherjee, *The Gene: An Intimate History* (Nova York: Scribner, 2013). [Ed. bras.: *O gene: Uma história íntima*. São Paulo: Companhia das Letras, 2016.]

2. Marcus E. Raichle, "The Brain's Default Mode Network", *Annual Review of Neuroscience*, v. 38, pp. 433-47, 2015.

3. Roger E. Beaty et al., "Creativity and the Default Network: A Functional Connectivity Analysis of the Creative Brain at Rest", *Neuropsychologia*, v. 64, pp. 92-8, 2014.

4. Matthias J. Gruber e Charan Ranganath, "How Curiosity Enhances Hippocampus Dependent Memory", *Trends in Cognitive Science*, 6 nov. 2019.

5. Todd Kashdan et al., "The Five-Dimensional Curiosity Scale", *Journal of Research in Personality*, v. 73, pp. 130-49, 2018.

6. Frank Rose, "Very Personal Computing: In Artist's New Work A.I. Meets Fatherhood", *New York Times*, 27 ago. 2021. Disponível em: https://www.nytimes.com/2021/08/27/arts/design/ian-cheng-shed-life-after-bob.html.

7. Melissa Dassori, "Inspiration versus Perspiration", *Writersdigest.com*, 30 jul. 2022.

8. Teresa Amabile e Steven Kramer, *The Progress Principle: Using Small Wins to Ignite Joy, Engagement and Creativity at Work*. Boston: Harvard Business Review Press, 2011. [Ed. bras.: *O princípio do progresso: Como usar pequenas vitórias para estimular satisfação, empenho e criatividade no trabalho*. Rio de Janeiro: Rocco, 2013.]

9. Howard Gardner, *Creating Minds*. Nova York: Basic, 2011.

10. Teresa Amabile e Steven Kramer, "The Power of Small Wins", em *Purpose, Meaning e Passion*. Boston: Harvard Business Review Press, 2018, p. 120.

11. Kevin Crowley, "Exxon's Exodus: Employees Have Finally Had Enough of Its Toxic Culture", *Bloomberg Businessweek*, 13 out. 2022. Disponível em: https://apple.news/AU93JES9cRIGbBO0CLCAzCw.

12. Julie Battilana e Tizania Cascario, "The Network Secrets of Great Change Agents", *Harvard Business Review*, 1º jul. 2013. Disponível em: https//hbr.org/2013/07/thenetwork-secrets-of-great-change-agents.

13. KeyStepMedia, *Organizational Awareness: A Primer*. Florence, MA: MoreThanSound, 2017, p. 23.

14. Para mais detalhes, ver Graham Lawton, "Our World Against Us", *New Scientist*, 29 jan. 2022, pp. 44-7.

15. Essa distinção entre os círculos de preocupação e de influência foi feita por Stephen Covey em *The 7 Habits of Highly Effective People* (Nova York: Simon & Schuster, 1989). [Ed. bras.: *Os 7 hábitos das pessoas altamente eficazes*. Rio de Janeiro: BestSeller, 2015.]

16. James S. Russell, "At Columbia's $600 Million Business School, Time to Rethink Capitalism", *New York Times*, 6 jan. 2023.

Índice remissivo

As páginas indicadas em itálico referem-se às figuras

ESTA OBRA FOI COMPOSTA PELA ABREU'S SYSTEM EM INES LIGHT
E IMPRESSA EM OFSETE PELA LIS GRÁFICA SOBRE PAPEL PÓLEN NATURAL
DA SUZANO S.A. PARA A EDITORA SCHWARCZ EM ABRIL DE 2024

FSC
www.fsc.org
MISTO
Papel | Apoiando o manejo florestal responsável
FSC® C112738

A marca FSC® é a garantia de que a madeira utilizada na fabricação do papel deste livro provém de florestas que foram gerenciadas de maneira ambientalmente correta, socialmente justa e economicamente viável, além de outras fontes de origem controlada.